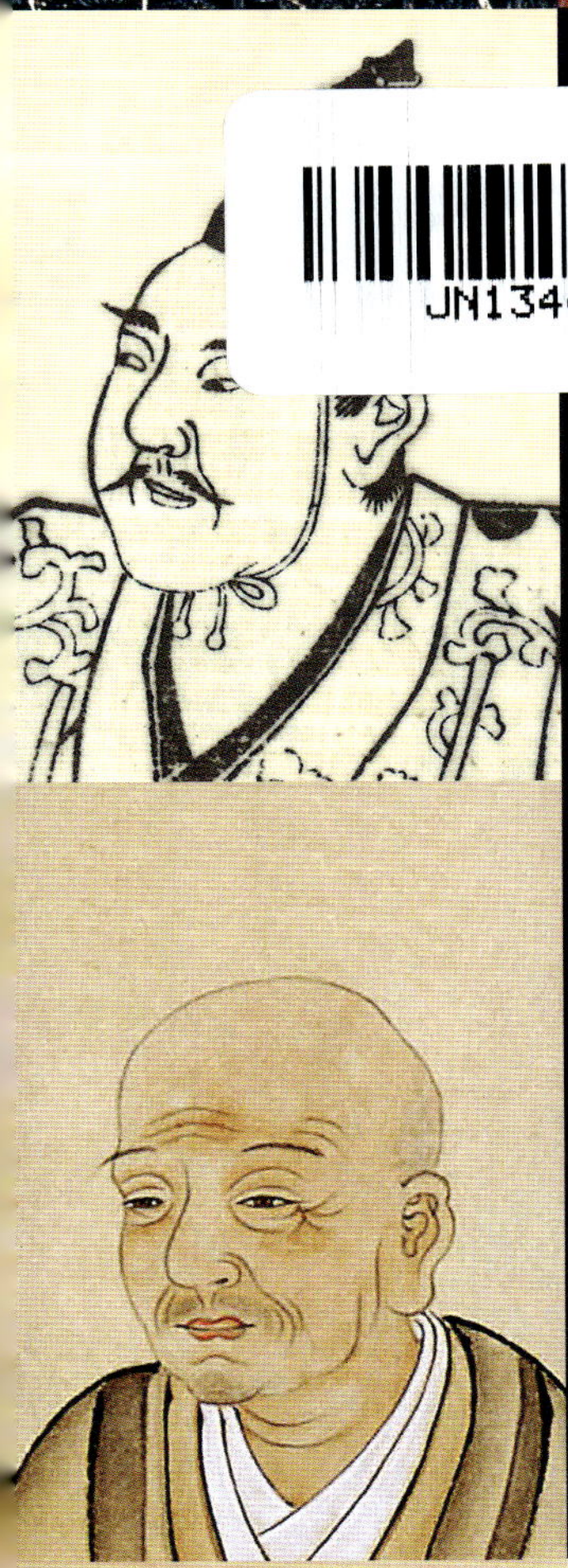

ビジュアル版

戦国武将茶人

桑田忠親／矢部良明
伊東潤／宮下玄覇 著

ビジュアル版

戦国武将茶人

目次

〔凡 例〕

・本書では、十五世紀後期から天正十八年（一五九〇）までに生まれた武将のうち、名物を所持したり茶会に参加するなど、茶人としての活動が文献で確認できた人物一九一名を収録した。

・公家、町人（医師、商人など）は対象外とした。

・本書に掲載した武将の選定および茶人度・名物数の判定については、宮下玄覇が担当した。

・各人物の記述の一部は、著作権者の承諾を得た上で、桑田忠親著『戦国武将と茶の湯』（宮帯出版社）、同著『武将と茶道』（一条書房）、および矢部良明著『エピソードで綴る戦国武将茶の湯物語』（宮帯出版社）から転載した。そのほかは、宮下および宮帯出版社編集部が作成した。

・『戦国武将と茶の湯』『武将と茶道』から転載した記事は、文末に（桑田）と、『エピソードで綴る戦国武将茶の湯物語』から転載した記事は、文末に（矢部）と、宮下が作成した記事は、文末に（宮下）と記した。宮帯出版社編集部が作成した記事については、クレジットを省略した。

戦国武将と茶の湯

—武将と素養と精神生活—

桑田忠親

武将と茶の湯とは、時に互いに受け入れ難く、しかも互いに渾然《こんぜん》として受け入れ、ともかく茶の湯は武将の生活を全面的に支配してきたもののようである。茶の湯は、次第に武将の生活にはなくてはならぬものとなったが、これに耽溺《たんでき》することは固く戒められた。ある者は全くこれを排斥し、ある者はこれを知らなければ武士の恥とさえ言ったが、詰まるところは、小早川隆景が「面白の茶の湯や、身を捨てぬ程すけ」といった程度のものが多かったようである。しかしながら、茶の湯というものが、彼ら武将の人柄をどれほど高め、武士の間に漲《みなぎ》っていた殺伐とした気風をどれだけ和らげたかを考えれば、わが国芸道史上における茶の湯の地位が、今更のように顧みられてならないのである。

強いばかりが武士ではない、という言葉通りに、わが国の武将は、千軍万馬のまっただ中にあって、しかも芸道の嗜《たしな》みを忘れなかった。太田道灌《どうかん》が「わが庵は松原近く」の和歌を詠んで都の公家衆を驚かせ、吉川元春が陣中に『太平記』を愛読したのは、花も実もある武将本然の姿であった。「武士道とは死ぬことと知れ」というのは、その究極のみを強調した江戸時代の言葉であって、戦国時代の弓矢の道とか、武辺道とか侍道とかいうものは、元来もっと実戦的に洗練された、余裕のある境地であったように思う。

戦国時代の武将にとって、茶の湯は単なる娯楽でなく、自己の品格を高め、生死の境をさまよう実生活に対して、一つの規範を創造するためのものであった。茶の湯は、元来仏に奉仕する禅家の作法であり、これが俗人の一般生活に移植されると、遊技的もしくは娯楽的な要素を多分に持つようになるが、武将の場合においては、一般人と異なり、これを精神的な糧とすることに成功したのである。彼らが茶の湯にふけることを戒《いまし》め合ったのは、それが遊技または娯楽として濫用《らんよう》されがちであったからであろう。

武将の邸宅に出入りして、茶事を掌《つかさど》る者を同朋《どうぼう》といった。これはすなわち茶堂であり、後には茶道とも書き、江戸幕府の御坊主である。元来は茶事を掌るだけの存在であったが、相阿弥・能阿弥を経て、紹鷗になって、その存在はようやく社会的なものとなり、利休に至って

大名物 唐物四耳茶壺 銘「松花」（重要文化財・徳川美術館所蔵）

信長、秀吉、家康という三人の天下人に愛された名壺。明るさが抑えられて、地味な侘びた趣をもつ。当時の茶会記に頻繁に登場し、北野大茶湯でも用いられた。室町幕府の管領斯波氏から、珠光を経て信長、秀吉・秀次へと伝わった。「新田肩衝」と同様、大坂の陣で被災後、徳川家康に献上され、尾張徳川家に伝来した。

武野紹鷗像

（武野宗延『利休の師 武野紹鴎』より転載）

千利休像（宮帯文庫蔵）

天下の茶事を指導する地位に到達したのである。利休は、天下一の茶匠として、従来の形式的な茶の湯の方式を改善し、茶の湯本来の精神を強調し、その精神を基礎として一般日常生活への復帰を図った。こうして、茶式に新味を添えることが多く、ひいては生活様式にさえ根本的な改良を加えたのであった。

したがって、利休に付いてこの道を学ぶ者がとても多く、数か国を支配する大名といえども、三軍を叱咤《しった》する武将といえども、利休の面前に出れば、茶の湯の一門弟子にすぎなかった。このような状態は、もとより茶の湯以外の芸道、すなわち歌道・筆道の方面にも全く見られなくはないけれども、茶の湯と比べるときはものの数ではない。試しに、『茶人系譜』というようなものを紐解いても、利休や織部の弟子など、ほとんど大名武将である。

しかも単に形式の上から門弟になったというにとどまらない。前田利家の子の利長がある友人に向かって述懐した言葉に、「何が怖かったといっても、利休居士《こじ》の面前で茶を点《た》てたのほどのことはなかった」とあるが、利休が単なる茶坊主や芸人の親方であったならば、このような逸話が後世に伝わることはあるまいと思う。彼ら武将が茶室にあるときは、社会的な地位も名誉もうち忘れ、茶匠の指導のもとに、ただ茶の湯三昧《ざんまい》の境地に浸りうることをもって徳としたのであるが、このような三昧の境地は、単

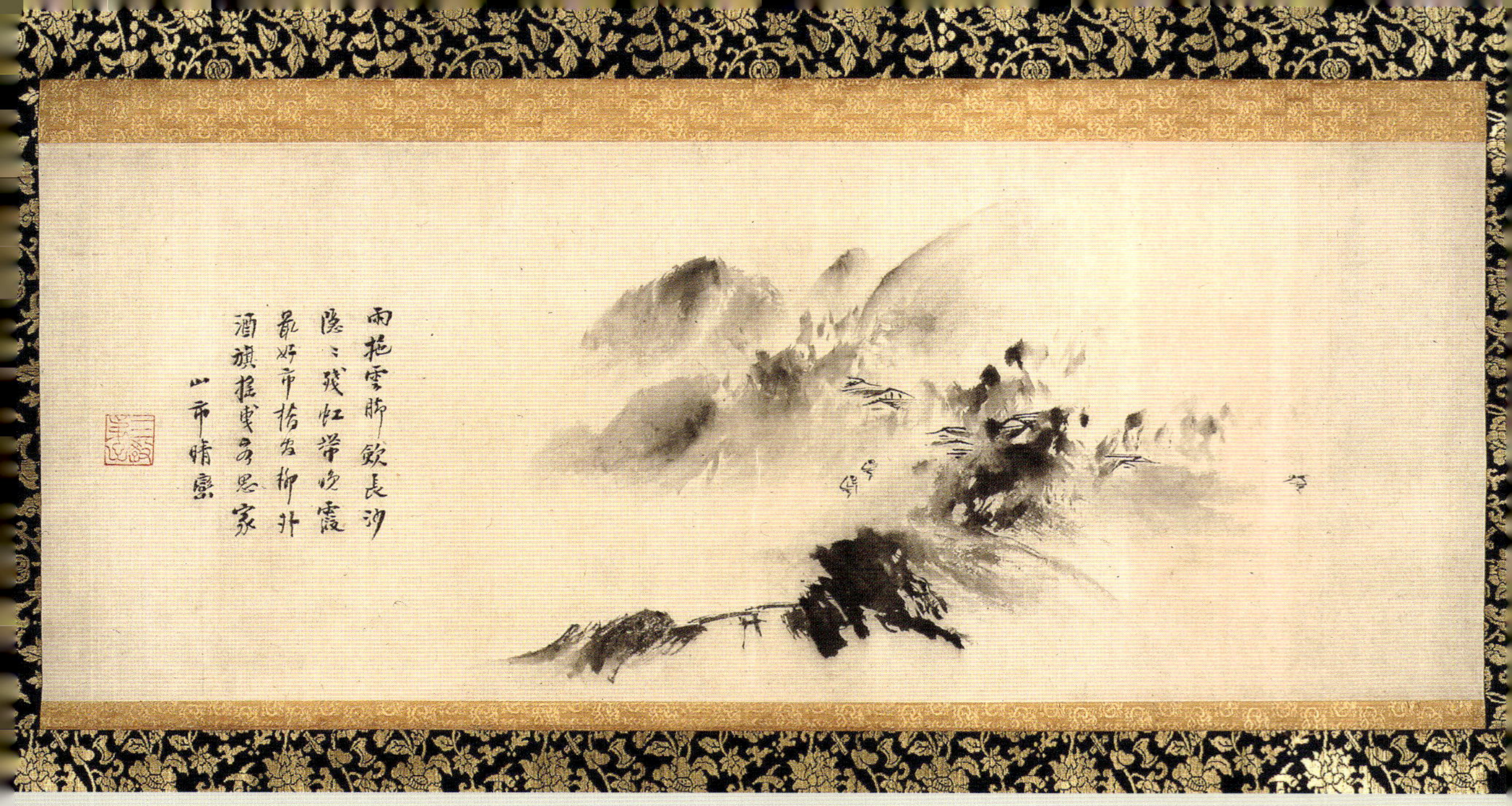

山市晴嵐図 玉澗筆（重要文化財・出光美術館所蔵）

「東山御物」の名品として知られた瀟湘八景図巻の一図。足利義政が巻物を切断し、幅装させたもので、現存する三幅の一つ。美しい省略画法で微妙な光明の変化を表現し、日本の室町期の水墨画に強い影響を与えた。足利将軍家から大友宗麟を経て豊臣秀吉が所持した。その後、金森可重、松平不昧とわたり、現代まで伝わっている。

に茶室にあるときだけでなく、あらゆる機会を利用して味わわれたのである。

たとえば秀吉が催した茶会の中で、妙喜庵や山里の茶会などは侘《わ》びの精神に立脚しているとはいえ、茶人の生活を武将がまねた程度のものであるが、総見院の茶会、北野の大茶会、名護屋陣中の茶会、醍醐《だいご》の花見の茶会の趣向などに至っては、いかにも大名らしく武将らしい特徴の表れた茶会と言えよう。しかもこれらの茶会は、貴族的な、礼儀的なものでなく、すこぶる平民的な、精神的なものである。万人とともに楽しむといった大乗的精神に立脚したものであった。

これは、もとより秀吉の性格的な偉大さを裏書きするものには違いないが、秀吉をこのような境域まで進出させた功績は、やはり利休の指導がよかったと言って差し支えないと思う。伝説によると、初めて利休から茶の湯の秘事を授けられたのは秀吉であったということであるが、その真偽はともかくとして、実質的に見て、やはり利休門下の第一人者は太閤《たいこう》秀吉であったということができるであろう。

その他の武将も、その規模の大小に差異こそあれ、茶の湯の歴史の上にそれぞれ一ページを占めている点に変わりはない。特に注意に値するのは、信長が茶の湯流行の傾向を利用し、これを戦功者にのみ初めて許可を出すという特権の遊戯と定め、一個の茶入に一国の知行以上の価値を持たせ、武家に存する唯物史観を根底から破壊したことである。

そのよい実例として挙げられるのは、滝川一益が三国《みくに》一太郎五郎に与えた手紙の文句である。関東管領の名職も、上野《こうずけ》一国の大名としての地位も、一益にとっては物の数ではなく、これをたとえて地獄に落ちたと称し、茶の湯の冥加《みょうが》もはや尽き果てたと言い、遠国で道具の調《ととの》わないのをひたすら嘆いている。一国の大名も、茶人としての立場からすれば、その領地よりも小茄子の茶入の方がはるかに高く感じられてならなかった。茶の湯三昧の心境においては、名誉も地位も財産も問題ではなかったらしい。茶の湯というものがいかに武人の精神生活を徹底的に左右したかが知られるではないか。

　このようにして、信長の指導のもとに、名物の茶の湯道具の価値は次第に高まり、とどまるところを知らぬ有様であったが、利休や織部などのすぐれた茶匠が社会の上層部に進出してきてからは、名物の単なる価値というものが否定され、いわゆる骨董《こっとう》的相場にしばしば大混乱が起こっている。それは、武将と茶の湯道具に関する種々の逸話によってもうかがわれるであろうが、それらは要するに、利休が東を西となし、山を谷となしたところから始まっている。完全な茶碗を三つに割ったり、竹を削って茶杓を作り、あるいは唐物写しの茶入を作らせたりし、それに東山殿以来の名物以上の価値を持たせようとした。そこに価値基準の大転換が行われたのである。

大名物 唐物肩衝茶入 銘「新田肩衝」（徳川ミュージアム所蔵）

「楢柴肩衝」「初花肩衝」と並んで天下三肩衝と呼ばれた茶器の一つ。古来「大名物」として名高い茶入で、中国の南宋または元時代の作と推定される。珠光から三好宗三（政長）へ渡り、後に織田信長の所有になった。本能寺の変後、大友宗麟を経て豊臣秀吉の所有となり、大坂城落城後、藤重父子が、被災したこの茶入の欠片を探し、修復して家康に献上した。

　この大転換に対して、すべての大名武将がどの程度理解したかは別として、ともかく単なる名物本位の道具茶のほかに、名器が一つもない、精神本位の、いわゆる侘び茶の境地に精進したと思われることは、加藤清正・小早川隆景・黒田如水・片桐石州などの実例によって明らかである。

　江戸時代に入り、大名武将の生活はある点において固定したと見られるが、茶の湯の道は武家の礼法として長く諸藩に伝えられた。現在においても、茶の湯は有産階級の独占物となり果てたという見方があり、また武将の生活とも特に関わりの薄いものになっている。これには種々な社会的事情もあろうが、強《し》いて言えば、後継者である茶匠たちの怠慢によって、茶の湯というものが時代から取り残されてしまったからである。その方式と精神は伝承していても、これを現代人の実生活に応用させる能力と気概が欠けているためであろう。

　強いばかりが武士ではない。和歌を詠み、詩を吟じ、戦場に尺八を吹くことも、もちろんそのすぐれた素養の一面であろうが、その上戦国時代の武将が茶の湯を理解することによって、いかにわが国の芸道の精神を満喫することができたかを回顧したい。

※桑田忠親『武将と茶道』（昭和十八年刊）の「結論」の文章を、現代表記に改め、文語調の表現は必要に応じて口語調に置き換えて掲載した。

師匠　相阿弥

朝倉孝景《あさくらたかかげ》

生没年 一四九三〜一五四八　**通称** 孫次郎
官位・官途名・受領名 弾正左衛門尉
領地 越前国

茶人度 ★☆☆
名物数 ★★★

越前《えちぜん》の大名。朝倉貞景の子。義景の父。宗滴《そうてき》（教景）ら一族の補佐を受け、朝倉氏の全盛期を現出させた。たびたび近隣諸国に出兵し、また将軍の要請で京都を実効支配したこともある。ただし、これらは宗滴の指揮によるもので、孝景自身は出陣していない。

文芸の素養が深く、文化面でも最盛期を築いた。居館があった一乗谷には文化人が多く訪れ、蹴鞠《けまり》や歌道などが隆盛した。茶の湯では、孝景在世中にはすでに宇治から茶を購入していた。

また、一乗谷の発掘調査では、居館などから数寄屋の遺構が検出され、茶陶が大量に出土した。孝景の時代のものばかりではないが、彼の治世にも茶の湯が盛んであったことが推定できる。

なお朝倉氏は、「木枯肩衝《こがらしかたつき》」茶入をはじめとする、唐物の名物を多数所持していたほか、絵は玉澗《ぎょくかん》や牧谿《もっけい》など唐画を多数所持していた。

師匠　相阿弥

朝倉教景《あさくらのりかげ》（宗滴《そうてき》）

生没年 一四七七〜一五五五
通称 太郎左衛門　孫右衛門尉　**号** 宗滴
官位・官途名・受領名 美作守
領地 越前国敦賀

茶人度 ★☆☆
名物数 ★★☆

越前国《えちぜんのくに》の守護大名・朝倉孝景（英林）の八男。養子に景紀がいる。兄の子貞景から義景に至る三代に仕えたが、死去までは朝倉家の実質的な統括者として軍事・外交・政務を取り仕切った。

軍事的にはたびたび外征して武功を顕し、在世中は近隣諸国の侵攻を許さなかったばかりか、室町幕府の要請による出兵が多かったため、朝倉家の家格を上昇させた。外交・内政両面で辣腕《らつわん》をふるい、朝倉家の全盛期を築いた。後世、浅井《あざい》長政が織田信長を裏切って朝倉氏に加担したのは、宗滴が浅井氏との間に築いた信頼関係によるものと考えられる。

しかし、宗滴があまりに偉大であったため、その死後に朝倉家は衰退してゆくことになる。

文化的には、連歌《れんが》に堪能《たんのう》で、連歌師宗長と親しく交わった。茶の湯に関しては、「九十九髪《つくもがみ》茄子《なすび》」茶入を一時所持していたことで知られる。

師匠　武野紹鷗

足利義輝《あしかがよしてる》

生没年 一五三六〜一五六五
別諱 義藤
官位・官途名・受領名 従三位　左馬頭　左近衛中将　征夷大将軍　参議

茶人度 ★☆☆
名物数 ★★☆

十一歳で室町幕府第十三代将軍となる。しかし、当時将軍家・細川京兆《けいちょう》家・その家臣三好《みよし》長慶《ながよし》が抗争を繰り返しており、将軍は近江国《おうみのくに》への逃亡と京都への復帰を繰り返している状態であった。最終的に長慶と和睦《わぼく》して京都に戻ることができたが、義輝の立場は実権のない傀儡《かいらい》将

足利義輝像（国立歴史民俗博物館 所蔵）

軍に過ぎなかった。

　義輝は、戦国大名間の調停を盛んに行うなどして、将軍権威の回復を図った。だがそうした権力志向ゆえに、長慶没後権力を握った三好一門や松永久秀と対立、永禄八年、京都の二条御所にいたところを、三好三人衆や三好義継、松永久秀の子・久通の襲撃を受け、自ら太刀を振るって戦ったが戦死した。享年三十歳。この将軍暗殺事件を永禄の変という。

　坂上田村麻呂以来の歴代の征夷大将軍の中で唯一戦死した将軍である。剣は塚原卜伝《ぼくでん》に学んで奥義を授けられ、達人の域に達していたとされる。しかし、本来は個人技でしかない兵法（剣法）を学んでいたところに、義輝の、将軍でありながら天下を掌握できない焦燥と絶望が見て取れるという。

　茶の湯は武野紹鷗に学んだ。所有した名物には、天下三茄子の一つで、かつ茄子茶入の中で最も優れていることからその名がついたとされる、大名物の「富士茄子」茶入がある。医師の曲直瀬《まなせ》道三、織田信長、豊臣秀吉と伝わり、前田利家に下賜され現代に至っている。

　後に、徳川家の政商として重きをなす茶屋四郎次郎家の屋号は、義輝がたびたび立ち寄って茶を所望したことによるとされる。

　剣にまつわる逸話と比べて茶の湯に関する逸話が少ないのは、その最期が壮絶であったためであろうか。

安宅冬康《あたぎふゆやす》

茶人度 ★★☆
名物数 ★★☆

生没年 一五二八〜一五六四
別諱 鴨冬　**通称** 神太郎　**号** 一舟軒　宗繁
官位・官途名・受領名 摂津守
領地 淡路国

　織田信長が上洛する以前、畿内《きない》に覇《は》を唱えていた三好長慶《みよしながよし》の実弟。兄弟はほかに、次兄三好実休（之虎）、弟に十河一存《そごうかずまさ》らがいる。

　長慶の命により淡路《あわじ》の安宅《あたぎ》治興の養子となり家督を継いだ。安宅氏は淡路の水軍衆であり、三好長慶の覇権《はけん》確立に大きく寄与した。実休が戦死し、弟十河一存、長慶の嫡子義興も病没すると、残された最後の兄弟として長慶をよく補佐した。

安宅冬康像
（国立国会図書館ウェブサイトより転載）

　しかし、長慶の疑心暗鬼により、その居城・飯盛山城に呼び出され自害を命じられた。享年三十七。これは、長慶が松永久秀の讒言《ざんげん》を信じたためとも、長慶自身が精神を病み判断力を失っていたためともいう。そして、直後に長慶も没し、三好政権は滅亡への道をたどることになる。

　冬康は、心優しい仁将といわれ、人望が高かった。戦場で殺戮《さつりく》を繰り返した長慶を、「鈴虫でさえ、大切に飼えば長生きする。まして人間であればなおさらだ」と諫《いさ》めたともいわれる。また、連歌に秀で『安宅冬康句集』が伝わる。和歌も、当時の最高権威であった細川幽斎から、高く評価されている。

　武野紹鷗《じょうおう》の弟子の津田宗達と交流し、茶の湯を深く嗜《たしな》み、また天下三茶碗の一つ、青磁茶碗「松本」を所持していた。

　他にも、徳川家康とその子義直の手を経て、尾張徳川家に伝来した井戸茶碗「大高麗《おおごうらい》」（徳川美術館蔵）を所持していた。

大井戸茶碗「大高麗」
（『大正名器鑑』）

師匠　聚楽法印

今川義元《いまがわよしもと》

茶人度 ★★☆
名物数 ★★☆

生没年 一五一九〜一五六〇
法号 梅岳承芳
官位・官途名・受領名 治部大輔
領地 駿河国　遠江国

駿河《するが》・遠江《とおとうみ》の守護大名。今川氏第十一代当主。武田信玄、北条氏康の義兄弟にあたる。

今川氏親の五男として生まれ、四歳で仏門に入り梅岳承芳《せんがくしょうほう》と称した。後に軍師・外交官となる太原雪斎と共に京都に上り五山で学んだ。

父の死後、長兄と次兄が死去したため、家中の要請を受けて還俗《げんぞく》し義元と名乗った。しかし、異腹の三兄を推す一派が反旗を翻したため、家督継承は困難を極め、一時は苦戦するが後北条氏の支援を受け鎮圧に成功した。

その後、甲斐《かい》の武田氏と同盟を結んだことで後北条氏との関係が悪化、相続の際の家中の不和もあり苦境が続いた。しかし、後北条氏と敵対する山内上杉氏と同盟し挟撃態勢を築くことで和睦《わぼく》に成功し、侵攻された領土も回復した。

今川、北条、武田の関係が安定したことで、西への進出が可能になった。徳川家康の父松平広忠が死去したことから三河《みかわ》の領国化を進め、それに対抗しようとした尾張《おわり》の織田信秀と戦い、最終的に三河から駆逐することに成功する。人質に取ろうとした松平竹千代（後の家康）を、信秀に横取りされるという椿事《ちんじ》も起こったが、信秀の長子信広を捕虜にして人質交換で取り戻し、三河を完全に掌握した。

その後、信秀が急死し「うつけ」と評判だった信長が家督を継いだ。武田氏、後北条氏と「三国同盟」を締結して体制を整え、永禄二年に二万五千の大軍を率いて尾張に侵攻した。緒戦で勝利し順調に進軍したが、桶狭間で休息中に信長の攻撃を受け討死した。享年四十二歳。

桶狭間で敗死したため、京都の文化に耽溺《たんでき》した軟弱で無能な武将という評があったが、実際には軍事、内政ともに優れた手腕を発揮した武将である。ただ、幼少時に京都で学んだため、文化的素養が深かったことは事実である。茶の湯に関しては、駿府《すんぷ》の居館に数寄屋を設けて武田氏の使節を饗応している。武野紹鷗の師という「聚楽法印」なる人物が駿府に滞在していたといわれ、駿府では茶の湯が盛んであった。

また、数多くの名物を所持しており、なかでも玉澗《ぎょくかん》の瀟湘八景《しょうしょうはっけい》図巻のうち「遠浦帰帆」を義元が所持していた。

なお、これは伝承であるが、桶狭間で信長に急襲されたとき、台子《だいす》を用いて茶を点《た》てていたという。義元の茶への執心を示す逸話であろう。

師匠　（不明）

大内義隆《おおうちよしたか》

茶人度 ★☆☆
名物数 ★★★

生没年 一五〇七〜一五五一
官位・官途名・受領名 従二位　左兵衛権佐　兵部権大輔　兵部卿　左京大夫　大宰大弐　侍従　周防介　筑前守　伊予介
領地 周防国　長門国

大内義隆は、周防《すおう》・長門《ながと》を中心とする西国随一の戦国大名であって、大内氏の最盛期を謳歌《おうか》したが、武断派の寵臣《ちょうしん》陶《すえ》隆房（晴賢《はるかた》）の反逆にあって、敗死し、大内家も実質的に滅亡したのである。

義隆は、元来、武将であるというより、むしろ、

大内義隆像（東京大学史料編纂所 所蔵模写）

文化人タイプの大名であった。それには、父祖以来の、京都文化へのあこがれや摂取という血筋と環境が、大きくものをいっていた。十七代の主、弘世以来、大内氏の当主で和歌の詠めない者はいなかったが、なかでも、義隆は、あらゆる学問文芸に並みなみならぬ関心を示した。儒学、古典文学、有職故実《ゆうそくこじつ》を修め、漢詩文、和歌、連歌《れんが》を嗜《たしな》み、催馬楽《さいばら》、今様《いまよう》、管弦など公卿《くぎょう》の好む芸能をすべて身につけ、能楽は、上方から諸座の役者を招いて鑑賞し、保護を加えた。そのため、義隆は、「末世の道者」と呼ばれて、称讃されたという。

山口の町は、その地勢が盆地であって、京都の地形に似ていた。そのうえ、京都の賀茂川《かもがわ》や淀川《よどがわ》と同様に、一の坂川、椹野川《ふしのがわ》まで流れていた。そのため、西国の京都と呼ばれていた。町筋も京風をまねて、何々大路《おおじ》、何々小路《こうじ》と呼び、祇園社《ぎおんしゃ》をはじめ、北野社や八幡社などの神社が、京都から勧請《かんじょう》された。そして、文化都市というのにふさわしく、領主の居城とてなく、義隆は、大内館と称する居館に住んでいた。応仁の大乱を避けて京都からやってきた学者や芸能人の遺跡や伝統も、この地になお温存されていた。戦国時代には、耶蘇会《やそかい》の宣教師フランシスコ・ザビエルもやってきて、この地で布教し、聖堂を建てたし、また、南蛮人、中国人、朝鮮人もやってきた。義隆のころ、山口の町は、住家がおよそ二万戸に達したといわれる。

山口の大内館の文庫は、内外の書籍で充満していた。たとえば、『青表紙本源氏物語』『河内本《かわちぼん》源氏物語』『源氏千鳥抄』『源語秘訣』『花鳥余情』『伊勢物語愚見抄《ぐけんしょう》』『伊勢物語山口抄』『李花集』『連歌十問最秘抄』『連歌延徳抄』『君台観左右帳記《くんだいかんそうちょうき》』『多々良問答《たたらもんどう》』などの和書のほか、仏書、漢籍が多い。また、出版事業としては、『大般若婆羅蜜陀経《だいはんにゃはらみたきょう》』『聚分韻略《しゅうぶんいんりゃく》』『正平版論語集解《しっかい》』『三韻一覧《さんいんいちらん》』『吉川本吾妻鏡《きっかわぼんあずまかがみ》』などを刊行し、世に大内版、または山口版と呼ばれている。

さて、茶の湯に関しては、『大内物語』に、「天下にかくれなき物、茶碗・茶壺や天目を、京・堺まで尋ねつゝ、松本茶碗と天目の七つ台、はいかつぎ、新たまむしに、なすびの擂茶《るいざ》壺、掛画は夜雨《やう》に、水こぼし合子《ごうす》、何《いずれ》も十万疋《びき》。此《こ》の道具は、相良《さがら》ぞ求め置く。其《そ》の外《ほか》、数寄衆《すきしゅう》の求めとる一ツ一ツの茶道具、かた田舎《いなか》、山畑のをほぢや、うばの嗜《たしな》める磨《うす》・鑵子《かんす》の古きをば、取らぬ物こそなかりける」と記述している。天下に知られた茶碗、茶壺、天目茶碗など、つまり、名物茶器を、京都や堺まで探しに行き、「松本茶碗」、天目の七つ台、灰被《はいかつぎ》天目、「夜雨」の掛絵、合子水翻《みずこぼし》など、どれも十万疋もするようなものを、相良武任《たけとう》が買い求めた、というのである。

このうち、「松本茶碗」は、茶の湯の開山といわれた珠光《しゅこう》の高弟松本珠報《しゅほう》の秘蔵した青磁の茶碗で、きざみ五つ、篦《へら》五つ、糸尻で、色が薄めで、美しい茶碗で、袋は紺地金襴《こんじきんらん》、長盆にのっていた。珠報の死後、三好実休《みよしじっきゅう》の弟にあたる安宅摂津守冬康《あたぎせっつのかみふゆやす》が入手したが、その後、松永弾正《だんじょう》久秀が、冬康を討ち滅ぼしたとき、これを横領した。久秀は、これを堺の住吉屋宗無に譲り、宗無は、のちに、これを信長に献上したが、当時、代価五千貫文といわれた。しかし、遺憾《いかん》ながら、天正十年（一五八二）六月二日、本能寺の変で焼失したと、『山上宗二記』に記してある。だから、この「松本茶碗」が大内家にあったというのは、ちょっと考えられないが、松本珠報の死後、それが大内家に渡り、それをまた、安宅冬康が入手したかもしれないのである。

天目の七つ台というのは、漢器で、七つ揃《そろ》った天目台、つまり、天目茶碗をのせる台のことである。七つ数が揃っているから、数の台ともいった。松平直亮《なおあき》家秘蔵の『茶伝記録』によると、これは、元来、京都の建仁寺興禅院にあったが、応仁の大乱のころ、美濃国宇留間《みののくにうるま》の某寺に移した。それがまた、見出されて、東山御物《ごもつ》となったという。

『山上宗二記』によれば、この七つの数の台のうち、一つは、松永弾正の所持で、大和《やまと》の多聞山《たもんやま》落城のときに焼失し、もう一つは、信長の秘蔵品で、本能寺の変で焼失したが、当時の代価は二百貫文であったという。なお、秀吉が二つ所持したが、黒い台で、覆輪《ふくりん》が鍮鉐《ちゅうせき》（真鍮《しんちゅう》か）で、梅鉢《うめばち》の内に朱で一文字があるものと、ないものとがあった。そのほか、大和大納言《だいなごん》秀長(秀吉の弟)、前田利家、津田宗及《そうぎゅう》のところにも、一つずつあった、というから、七つの台のうち、二つが焼け、二つが残ったことになる。しかし、これらと、大内家伝来の七つ台とは、おそらく、別物であったに相違ない。要するに、七つの数の台は漢器で、これを本歌として、天王寺屋宗柏《そうはく》が入明して、二十三個を写して作らせたものが、有名な尼崎台《あまがさきだい》なのである。

灰被天目は、中国産の建盞《けんさん》天目の一種で、焼成の際に窯中《ようちゅう》の降灰《こうかい》によって、灰のなかに黒胡麻《くろごま》を点々と無数に散らしたようなもの、また、青白く濁《にご》ったものなど、釉色《ゆうしょく》の変化したものをいう。日本では、これを、天目茶碗のなかでの佗《わ》びた風姿の作品として珍重していたのである。

「夜雨」の掛絵は、玉澗《ぎょくかん》の画《か》いた瀟湘八景《しょうしょうはっけい》のうちの「瀟湘夜雨」の一幅である。玉澗は、元の世祖帝の頃の画家で、字《あざな》を仲石といい、牧谿《もっけい》と併称《へいしょう》されている。玉澗の絵は、文人画の本領である奔放《ほんぽう》な水墨による美しい省略画法で、わが室町時代の水墨画に及ぼした影響は甚大である。その代表作が、瀟湘八景の八幅対である。これは、元来、一軸の長巻であったが、これを八等分し、その一画にそれぞれ表装をこらし、八幅対の掛軸に仕立てたのである。瀟湘八景は、中国の洞庭湖《どうていこ》の南の風光佳絶《かぜつ》の名所八景を選び、画題としたもので、「平沙落雁《へいさらくがん》」「江天暮雪《こうてんぼせつ》」「洞庭秋月《どうていしゅうげつ》」「漁村夕照《ぎょそんせきしょう》」「遠浦帰帆《えんぽきはん》」「山市晴嵐《さんしせいらん》」「遠寺晩鐘《おんじばんしょう》」「瀟湘夜雨」の八幅に分かれる。この八幅が、一幅ずつ、ばらばらに、諸家に伝わったのである。

『山上宗二記』によれば、天正十七年(一五八九)当時、「平沙落雁」は関白秀吉、「洞庭秋月」は堺の天王寺屋道叱《どうしつ》、「漁村夕照」は堺の満田常庵、「遠浦帰帆」は北条氏直、「山市晴嵐」は豊後《ぶんご》の大友義統《よしむね》、「遠寺晩鐘」は関白秀吉の所蔵であったが、「江天暮雪」の一幅については、「大内殿ノ代ニ周防ノ山口ニテ滅」とあって、大内義隆の滅亡と運命をともにしたことがわかる。また、「瀟湘夜雨」の一軸については、「九州島井宗叱」とあって、大内義隆の滅亡後、筑前《ちくぜん》博多の豪商島井宗叱《そうしつ》(宗室)の手に渡ったことが知られる。

合子の水翻は、金物の食器形の建水《けんすい》をいう。唐物《からもの》の薄金の食器で、色は金味、つまり、酢色で、元来は蓋《ふた》がついていた。その身だけを、台子《だいす》用の茶器の建水に使い、真の水翻と称したのである。台子皆具《かいぐ》の一つである。珠光の好みのを珠光合子というが、義隆所持のものは、普通の合子の建水であろう。

そのほか、大内家伝来、義隆秘蔵の名物茶器については、『山上宗二記』を見てゆくと、蕪《かぶら》なし花入、「玉堂肩衝《ぎょくどうかたつき》」茶入、瓢箪《ひょうたん》の茶入などがある。

まず、蕪なしの花入とは、蕪といって、首と胴とのなかほどが蕪のようにふくれている部分の、ないものをいう。

『山上宗二記』には、関白秀吉秘蔵の天下一の蕪なし花入と、京都新在家《しんざいけ》の池上如慶所持のものと、それから、ここに問題とする、周防の大内家中の相良遠江守《とおとうみのかみ》という武士が所持して、のちに堺の薩摩屋宗忻《さつまやそうきん》の手に渡ったものとを、挙げている。山上宗二は、この三種の蕪なしを名物と称し、「このほかにも十種ほどあるが、少々ぬるいもので、数寄道具には数えられぬ」と批判している。この周防の大内家中の相良遠江守という武士は、おそらく、義隆の寵臣で文治派を代表する相良武任のことと思われる。したがって、前に引用した『大内物語』に、「此の道具は、相良ぞ求め置く」とあるのと合致する。要するに、義隆の側近にあって、茶の湯を奨励し、自ら京都や堺を訪れて、名物茶器を蒐集《しゅうしゅう》したのは、文治派の巨頭、相良武任であったことが実証される。

つぎに、「玉堂肩衝」茶入というのは、大名物の漢作唐物茶入であった。『津田宗及茶湯日記』によると、これは、大形の黒色の肩衝で、上に梨子地《なしじ》のように飴色《あめいろ》の釉が吹き出し、底はへげ土。袋は金襴小文。大内義隆が愛用したが、のちに山口の竜福寺の玉堂和尚《おしょう》に寄進したため、この名がある。ついで、堺衆の針屋宗和を経て、秀吉の所有となったが、奉行の浅野長政に与えられ、浅野家から徳川将軍家に寄進し、さらに水戸家のものとなったという。

　瓢箪の茶入は、瓢箪形の茶入であるが、大内家伝来のものは、元来、足利八代将軍義政所蔵というから、これも東山御物だったらしい。それを、珠光が義政から拝領し、松本珠報、古市播磨守澄胤《ふるいちはりまのかみすみたね》らの手を経て、大内義隆の秘蔵品となり、「大内瓢箪」と呼ばれたのである。

　天文二十年（一五五一）の九月一日、義隆は、武断派の陶隆房に襲われて、周防の山口を出奔《しゅっぽん》し、長門の大寧寺で自害する。義隆は、嗣子《しし》を戦死させたため、継嗣《けいし》に事欠いていた。そこで、陶隆房は、同二十一年の三月、豊後の大名大友宗麟《そうりん》の弟晴英《はるひで》を迎えて、大内の家督を相続させた。晴英は、大内義長と改めた。ところが、弘治元年（一五五五）の十月、陶晴賢（隆房）は、大内氏の属将であった毛利元就《もとなり》と、安芸《あき》の厳島《いつくしま》に戦って、敗死した。

　元就は、つづいて、同三年の四月、大内義長を長門の勝山城に攻め、これを降したが、義長の処分について、その兄の大友宗麟の意見を問うた。すると、宗麟は、「大内瓢箪」茶入さえ当方に譲ってくれるなら、義長など殺害させてもよいと、返答している。かくして、「大内瓢箪」茶入は、毛利元就の手で大友宗麟に譲渡され、大内義長は自害して果てた。瓢箪の茶入は、宗麟の所有となり、「大友瓢箪」と呼び改められたのである。

　宗麟は、これを、その子の義統に譲ったが、義統は、これを秀吉に献上した。しかし、その後、上杉景勝が秀吉から拝領し、「上杉瓢箪」と呼ばれた。そのころ、瓢箪の茶入には、このほかに、「稲葉瓢箪」「佐久間瓢箪」「茶屋瓢箪」「玉津島瓢箪」「真珠庵瓢箪」があり、あわせて、天下六瓢箪といわれたが、「上杉瓢箪」茶入は、その随一に位した。やはり、いわれが深いからでもあった。これは、景勝の孫の上杉綱勝のとき、徳川将軍家に献上されたが、その後、加賀《かが》藩主前田利常に下賜された。

　なお、このほかに、「大内椀」「大内盆」と呼ぶ漆器《しっき》があるが、これは、大内義隆が工夫して作らせたものだと伝えられている。うるみ色の地に、黄・緑の漆《うるし》で草花を描き、菱形《ひしがた》の切箔《きりはく》を貼ったもので、どれも、会席（懐石）器具として好んで使用されたらしい。

　さて、これらの名物茶器を蒐集し、かつ愛用した大内義隆は、当時、都鄙《とひ》を問わずに流行していた茶の湯の会にも参席し、乱世にあって静かな茶の心境を味わい、それを、ひとときの娯《たの》しみとしていたらしい。義隆の茶会記と称するものは、現存しないが、『義隆記』の天文四年（一五三五）二月の条に、「国モ治リテ、山口内ノ悦《よろこ》ビハ、ワレサキグサノ殿作リ、三葉四葉ニ咲ク花ノ、柱花瓶ニイケ置テ、茶ノ湯座敷四畳半、三畳半、三畳敷ニ、次ノ間ヲツクラヌ人ハナカリケリ」とあって、その情況の一端がうかがえる。（桑田）

師匠　丸山梅雪

斎《さい》藤《とう》利《とし》政《まさ》（道《どう》三《さん》）

茶人度 ★★☆
名物数 ★★☆

生没年 生年不詳～一五五六
別諱 正利 規秀 **通称** 勘九郎 新九郎
号 道三 **官位・官途名・受領名** 山城守
領地 美濃国 **石高** 推定五十四万石

　武士の子であったが、十一歳で得度して京都妙覚寺に入る。還俗《げんぞく》して美濃の小守護代長井長弘に仕え、以後は権謀術数の限りを尽くして立身してゆく。長弘を殺害し、守護職土岐《とき》政頼の弟頼芸《よりのり》に取り入って政頼を追放、守護代の斎藤家を乗っ取り、最後に自分が守護職に祭りあげ

斎藤利政像（東京大学史料編纂所所蔵模写）

た頼芸も追放して美濃一国の主となった。こうした経歴から、「美濃の蝮《まむし》」の異名を持つ。

その後、家督と稲葉山城を嫡子義龍に譲って隠居したが、親子で戦うことになる。道三に味方する者は少なく、敗れて討ち死にした。

茶の湯に関しては、江戸時代前期に成立したと思われる『築山庭作伝』という書物に、道三の、内外二重露地を持つ草庵風の数寄屋の図が描かれている。庭に、当時ほとんど用いられなかった桜を多用していることが注目される。千利休の晩年以降に普及する様式が見られることから、後世の想像が加えられている可能性もあるが、道三の好みを知るよすがとなり得よう。

また、『数寄厳之図』（『茶湯座敷之置合』）という茶書を、当時将軍足利義輝に仕え、後年信長の茶頭を務めた丸山（不住庵）梅雪という人物から伝授されている。道具の置き合わせと点前《てまえ》を解説したもので、道三はこれを家臣の稲葉良通（一鉄）に相伝している。

斎藤道三が築いた露地庭数寄屋の図
（『築山庭作伝』より。岐阜市歴史博物館所蔵）

師匠（不明）

相良武任《さがらたけとう》

茶人度 ★☆☆
名物数 ★★☆

生没年 一四九八～一五五一
官位・官途名・受領名 従五位下 遠江守
領地 筑前国花尾

大内義隆に右筆《ゆうひつ》・奉行人として仕えて頭角を現した。出雲遠征などをめぐって陶隆房《すえたかふさ》（後の晴賢）らと対立、文治派の頭目として家中で主導権を握るが、隆房の巻き返しで失脚し、その後は出奔と復帰を繰り返した。大寧寺の変で大内義隆が陶隆房に殺害されると、隆房の家臣の攻撃を受け自害した。享年五十四歳。

『松屋名物集』によれば、牧谿《もっけい》の「瀟湘夜雨《しょうしょうやう》」や、天下三茶碗といわれた青磁茶碗「松本」などを所持していたとされる。大陸との貿易を盛んに行った大内氏の家臣ならではの所持品といえよう。

また、『山上宗二記』には、大内家中の「さがら遠州」なる人物が、「かぶらなし」の名物花入を所持していたとの記述がある。武任自身が京・堺まで赴《おもむ》いて名物を買い集めたともされるので、相当に茶の湯を嗜《たしな》んでいたと考えられる。

師匠（不明）

下間頼資《しもつまらいし》

茶人度 ★☆☆
名物数 ★☆☆

生没年 不詳
別諱 頼充 正秀 通称 源二郎
官位・官途名・受領名 左衛門大夫 上野介

本願寺の坊官。顕如《けんにょ》が門跡になった際に、同族の頼総、頼良と共に坊官に任命された。それまでも下間《しもつま》氏は坊官的な職務を果たしていたが、あくまでも本願寺の私的なものであり、顕如の代に公的なものとなった。

坊官は在家の武士であり、平時は大名でいう家老的な立場で、僧侶が関与できない本願寺内部の俗事や、諸大名などとの外交を取り仕切るのが役目である。戦時ともなれば、衆徒を率いて実戦の大将として出陣した。頼資も石山合戦では嫡子《ちゃくし》・頼純《らいじゅん》や一族の頼龍《らいりゅう》とともに織田信長方であった細川昭元を破っている。

数寄座敷を構え、津田宗達・同宗及《そうぎゅう》・同道叱らの茶人たちと交友した。また、頼純とたびたび茶会を開いていたといわれ、『茶道具之記』（『天正名物記』）では「白雲」と呼ぶ葉茶壺を所持したとされる。

師匠（不明）

下間《しもつま》頼総《らいそう》

茶人度 ★☆☆
名物数 ★☆☆

生没年 不詳 **官途名** 丹後

本願寺の坊官下間光頼の子で、奏者に任じられた。加賀一向一揆では大将として朝倉家と戦った。織田信長との対決では前線指揮官として活躍したが、宗主の顕如に突如追放された。『天正名物記』によれば「双月」という茶壺を所持しており、後に豊臣秀吉が入手したという。

下間《しもつま》頼龍《らいりゅう》

茶人度 ★☆☆
名物数 ★☆☆

生没年 一五五一～一六〇九 **通称** 松菊
号 了明 **官位・官途名・受領名** 按察使 法橋

本願寺の坊官。石山合戦では細川昭元を撃破して軍功を挙げた。本願寺の東西分立後は教如の東本願寺に仕えた。堺の町衆とも親しく、津田宗達らの茶会に出席している。

師匠（不明）

下間《しもつま》頼廉《らいれん》

茶人度 ★☆☆
名物数 ★☆☆

生没年 一五三七～一六二六
通称 源十郎 **号** 了入 了悟
官位・官途名・受領名 法橋 法眼 法印 刑部卿

下間《しもつま》家は親鸞《しんらん》以来の本願寺の坊官の家系である。頼廉《らいれん》は十一代宗主顕如《けんにょ》に仕え、本願寺の内政・外交を司るだけでなく、織田信長との石山合戦では実戦指揮官として織田軍と戦っている。勅命講和にあたっては下間頼龍《らいりゅう》、仲之《ちゅうし》とともに誓詞《せいし》に署名している。

大坂退城後は顕如に従い、抵抗を続ける各地の一向一揆《いっこういっき》を説得した。聚楽第《じゅらくてい》落書事件を契機に、秀吉に命じられて本願寺町奉行を勤めている。

教如《きょうにょ》と准如《じゅんにょ》の継職問題に際しては、秀吉の裁定に強硬に異を唱え、その怒りを買って教如の即時隠居、准如の即時継職という結果を招いている。以後は准如に従い、子孫は刑部卿《ぎょうぶきょう》家と呼ばれ、歴代が西本願寺に仕えた。

千利休と親しく、大坂城山里丸の数寄屋に招かれている。

師匠（不明）

進藤《しんどう》貞治《さだはる》

茶人度 ★☆☆
名物数 ★★☆

生没年 一四九七～一五五一
官位・官途名・受領名 山城守

進藤氏は後藤氏とともに、南近江《おうみ》の六角氏の重臣で、「六角の両藤」と呼ばれ、また他の重臣とともに「六角の六家老」とも称された。

武将としては、天文法華の乱に際して六角定頼に従って上洛、法華宗の一揆勢を打ち破っている。しかし、むしろ外交官としての手腕に優れ、十二代将軍・足利義晴と細川晴元の和睦《わぼく》を斡旋《あっせん》するなど活躍したほか、九州豊後の大友氏とも誼《よしみ》を通じていた。

牧谿《もっけい》の絵を複数所持するなど、多くの名物を持っていたとされる。特に牧谿の栗の絵については、細川晴元に贈呈し、その後晴元から玖首《きゅうしゅ》座《そ》という人物の手を経て大徳寺龍光院《りょうこういん》に伝わったが、その価値は三万疋であったという。

また、連歌師《れんがし》の宗牧が、六角氏の居城観音寺城を訪れた際に、城中はもとより城下の貞治の屋敷にも「座敷飾」があり、会席でもてなされたと記している。

師匠（不明）

陶《すえ》興房《おきふさ》

茶人度 ★☆☆
名物数 ★★☆

生没年 一四七五～一五三九　**通称** 次郎
官位・官途名・受領名 中務少輔　尾張守

周防《すおう》の大内氏の重臣で、晴賢の父。戦功随一といわれる。主君大内義興は上洛して足利将軍家の内紛に介入し、義稙《よしたね》を将軍に擁立《ようりつ》して、十年にわたって天下を牛耳った。興房は、義興に従って反義稙派と戦い、永正の船岡山の戦いなどで活躍している。

義興の没後は子の義隆に仕え、北九州へ出陣し、大友氏、少弐《しょうに》氏らと戦い、大内氏の九州における覇権《はけん》の基礎を固めた。

興房は上洛した際、義興とともに都の文化の吸収に努めたようで、和歌に堪能《たんのう》であり、また一流の歌人である飛鳥井《あすかい》雅俊らと交流している。

興房が九州から凱陣《がいじん》したころ、山口では三畳半や四畳の草庵茶室が流行したことが、記録に見える。外征での勝利によって国内が安定し、君臣ともにその恩恵に与《あずか》ったというところであろう。

師匠　丸山梅雪

土岐《とき》頼芸《よりのり》

茶人度 ★☆☆
名物数 ★★☆

生没年 一五〇二～一五八二
官位・官途名・受領名 従四位下　修理大夫
左京大夫　美濃守　**領地** 美濃国

美濃国《みののくに》守護土岐《とき》政房の次男として生まれる。家督を巡って兄頼武と争い、頼武を追放して守護の座に就いたが、その後も、頼武の子頼純と抗争し、そのため朝倉氏や織田氏といった国外勢力の介入や侵攻を招くことになる。その過程で斎藤道三を重用するようになったが、結果的には道三によって追放された。

頼芸は、和歌に巧みであったほか、特に絵に堪能《たんのう》で鷹《たか》を好んで描いた。同時代の鷹を得意とした画家に土岐洞文と土岐富景がいるが、いずれも頼芸と同一人物と推測されている。

当然茶の湯にも親しんでいたと思われるが、頼芸個人の茶会の記録などは見あたらない。しかし土岐家には、「打曇大海《うちぐもり》」茶入や「浅見天目」茶碗など多数の名物が伝来していたとされ、頼芸自身もこれらを用いていたことは容易に想像できる。

師匠（不明）

長尾《ながお》為景《ためかげ》

茶人度 ★☆☆
名物数 ★☆☆

生没年 一四八九～一五四三　**通称** 六郎
官位・官途名・受領名 従五位下　信濃守
領地 越後国　越中国新河郡

越後守護代であったが、下克上の典型とされる大名であり、上杉謙信の父としても知られる。

機を見て守護上杉房能を襲い自刃させ、上杉定実を傀儡《かいらい》として擁立《ようりつ》し、反対する国衆の蜂起《ほうき》も苦戦の末に平定した。その後の房能の子らの報復に、一時は窮地《きゅうち》に立ったが、反攻に成功し房能派を一掃した。この間、幕府に献金して定実を守護に任命してもらい、その補佐役という自らの地位を正当化している。その後も幕府や朝廷と独自に交渉し、信濃守の官位を得ている。

幕府などと交渉しただけあって、深い文化的素養があった。茶の湯に関しては、北条氏綱から東山御物の牧谿《もっけい》の絵を贈られているが、これは先に贈られたものが為景の意に沿わなかったため、氏綱が探し出したものという。為景の道具への執心がうかがわれる。また、畠山義総から「老茄子《おいなすび》」という茶入を贈られている。

師匠　丸山梅雪

畠山義総《はたけやまよしふさ》

茶人度 ★☆☆
名物数 ★☆☆

生没年 一四九一～一五四五　**通称** 次郎
官位・官途名・受領名 従四位下　修理大夫
領地 能登国

能登《のと》畠山氏の全盛期を築いた七代目当主。父慶致《よしむね》と伯父義元の間で家督争いがあり、収拾するため義元の養子となり継嗣《けいし》に指名された。両者の存命中は共同統治者としてよく補佐した。

父の死後は統治を一元化し、家臣を統御して国づくりに邁進《まいしん》した。この間、日本五大山城に数えられる、難攻不落の七尾城を築いている。晩年は畿内の畠山本家を吸収・統合することを目指したが、実現できぬまま死去した。

優れた文化人でもあり、戦乱を逃れてきた公家などを保護したため、七尾城下は小京都とまでいわれた。義総自身も源氏物語などの王朝文学を憧憬《しょうけい》し研究もしていた。

茶の湯に関しては、長尾為景に「老茄子《おいなすび》」という茶入を贈呈しており、他にも油滴天目などを所持していた。また後奈良院から名香蘭奢待《らんじゃたい》を二度にわたって下賜されている。

師匠（不明）

平手政秀《ひらてまさひで》

茶人度 ★☆☆
名物数 ★☆☆

生没年 一四九二～一五五三
別諱 清秀　**通称** 五郎左衛門
官位・官途名・受領名 監物　中務丞
領地 尾張国春日井郡

尾張《おわり》の織田信秀の重臣だが、信長の傅役《もりやく》（教育係）として有名。外交官として美濃《みの》の斎藤道三との和睦《わぼく》交渉にあたり、信長と道三の娘濃姫との婚約を成立させた。武将としては安城合戦で織田信広を救援し、今川軍と戦っている。

信長が家督を継いで二年後に自害した。信長の奇行を諫《いさ》めるためとも、息子五郎右衛門と信長との間の確執《かくしつ》に悩んだためともいわれるが、よくわかっていない。信長は政秀の死を嘆き、政秀寺を建立している。

また、政秀は朝廷との交渉も担当したが、それができるほどの文化的素養があり、和歌や茶の湯に堪能《たんのう》であったとされる。山科言継《やましなときつぐ》が尾張を訪れた際、政秀の屋敷の数寄屋の出来映えに感嘆している。また、「平手肩衝《かたつき》」茶入、「平手」合子《ごうす》という名物も所持していたことがわかっている。

師匠（不明）

細川晴元《ほそかわはるもと》

茶人度 ★☆☆
名物数 ★★★

生没年 一五一四～一五六三
別名 六郎　**号** 一清
官位 従四位下　右京大夫　室町幕府管領
山城・摂津・丹波守護

細川澄元の嫡子として阿波で生まれる。正室は三条公頼の長女であり、その縁から武田信玄、本願寺法主・顕如の義兄に当たる。

大栄七年（一五二七）三好元長らに支援されて挙兵し、和泉や堺に兵を進め、畿内を支配した。享禄四年（一五三一）細川高国を滅ぼし、細川惣領家をつぎ、天文五年（一五三六）には室町幕府の管領職についた。実権を持っていた最後の管領といわれる。しかし天文十八年、江口の合戦で三好長慶に敗れ、将軍足利義輝やその父で前将軍の義晴とともに近江に逃れた。

政権復帰を図って何度も三好長慶を攻撃するが、結局は果たせなかった。摂津の普門寺城に幽閉され、失意の内に死去。享年五十歳。

名物記には、晴元が「北野茄子《なすび》」茶入、「新田《にった》肩衝《かたつき》」茶入、「返花《かえりばな》」水指《みずさし》、「玉箒《たまばはき》」香炉を所持していたことが見える。

師匠（不明）

本願寺顕如《ほんがんじけんにょ》（光佐《こうさ》）

茶人度 ★☆☆
名物数 ★★☆

生没年 一五四三～一五九二
諱 光佐　号 信楽院《しんぎょういん》

浄土真宗本願寺の第十一代宗主。門跡成《もんぜきなり》を果たすなど本願寺の最盛期を現出した。将軍足利義昭が信長包囲網の構築を呼びかけると、これに応じて大坂本願寺に籠城《ろうじょう》し、各地で一向一揆《いっこういっき》を展開した。朝廷の仲介で講和が成立するが、その際に嫡子教如と対立し、これが後の本願寺分立の遠因となる。

幾度か試みられた信長との講和交渉に際し、名物茶器の贈答が行われた。顕如は信長に白天目茶碗を贈り、それに対して信長は礼状を認《したた》めている。また、呉器茶碗の最高峰とされ、今も本願寺に所蔵されている一文字呉器《いちもんじごき》茶碗は、逆に信長から顕如に贈られたものと伝えられている。なお、秀吉没後に遺品として「残雪」と名付けられた盆石が贈られている。

顕如を含め歴代宗主が蒐集《しゅうしゅう》した多数の名器は、「本願寺名物」と呼ばれ、寺内における茶の湯の盛行を偲ばせる。

師匠　村田宗珠

丸山梅雪《まるやまばいせつ》（不住庵《ふじゅうあん》）

茶人度 ★★☆
名物数 ★☆☆

生没年 不詳　諱 家長　通称 清三郎
号 南窓軒　不住庵　梅雪

能登の畠山氏の家系は、室町幕府の管領職にあった河内畠山氏の支流であった。およそ一七〇年の間、能登の七尾を根城にしてこの地方を支配していたが、天正五年に上杉謙信によって滅ぼされ、城を明け渡し、ここに没落する運命となった。

この畠山氏の家臣に丸山梅雪がいた。父は遊佐《ゆさ》を名乗った畠山氏の一族で、母は管領家河内畠山氏の一門誉田《ほんだ》三郎長氏の娘という名門の家柄に生まれたのが、梅雪である。京都で養育されて、京文化に慣れ親しむという環境にあり、堺に移住した経験もある人物だが、病気がちで、病弱な青年期であったという。

その彼が永正十年（一五一三）には一族の能登畠山氏を頼って下向し、臣下の一人として千貫の知行を拝領したというから、大した待遇を得たのである。その死去の年次については、天文十一年（一五四二）説と永禄元年（一五五八）説があって、はっきりしていないようだ。

京都にて若くして教養を積んだ梅雪は、和歌に興味を示し、大永八年（一五二八）には人を介して三条西実隆に和歌の染筆を求めるという事跡を残している。また梅雪は享禄三年にも実隆の日記に登場しており、この時には銭三十貫文を贈呈している。

さて、当時の七尾の茶風については、天文九年（一五四〇）に能登に赴《おもむ》いた京都東福寺の塔頭《たっちゅう》の栗棘庵《りっきょくあん》の住職であった彭叔守仙《ほうしゅくしゅせん》の著作『猶如昨夢集《ゆうじょさくむしゅう》』に詳しい。仙境のような自然のなかで俗塵《ぞくじん》を離れて暮らす茶人の静謐《せいひつ》な茶席と、呈《てい》された茶が美味な宇治茶であったこと、その主人の茶道具の見事なことに三嘆する守仙。

守仙は、翌日になって七言絶句を捧《かか》げて曰《いわ》く、「茶を啜《すす》るに、榻《とう》（腰掛）に向かうと鬢糸《びんし》新たなり」と。榻にて茶をいただくというからには中国風に茶席が仕立てられていたという連想も生むが、どうであろうか。あるいは漢詩文に親しむ禅僧ならではの潤色《じゅんしょく》であろうか。

はたしてこの主人とは何者かと問うと、「我は福也」と答えたという。当時、梅雪のことを副人と呼んでいる史料に接した米原氏は、この人物こそ梅雪その人ではないかと推測している。

また、米原氏は梅雪に宛《あ》てた武野紹鷗の手紙を紹介している。その内容がとても興味深いので、披露《ひろう》しておきたい。

十五日に京都妙蓮寺の末寺の本行坊の住職が果てたので、悔《く》やまれること、茶の湯はだんだんと下火となるであろう。面白くないことだ。藤田宗理と十四屋(松本)宗伍との成長を大事にしていきたい。京都にあって相見え、申し承りたい希望をもっています。

という文面である。堺衆を主な茶友とした紹鷗ではあるが、かつて二十歳代に京都で三条西実隆のもとで和歌の勉強をしていたころに親交を結んだのであろう茶友宗理と宗伍の成長を期待する紹鷗にとって、肝胆《かんたん》相照らす間柄に梅雪があったことを窺わせる貴重な手紙である。

珠光の意を継承して冷凍寂枯の茶の湯を確固とした潮流に仕立て上げた天文年間の茶人たちについては、ほとんど堺・京・奈良にしか存在を知らない私たちにとって、その立役者である紹鷗と真摯《しんし》な交流をする地方のれっきとした茶人は、そうそう見つけ出せるものではない。梅雪という武将はその意味で、等閑視《とうかんし》することのできない茶人なのである。が、惜しむらくは、彼の茶人としての具体像がまるきり霧《きり》に包まれていることである。

（矢部）

所持した名物
- 唐物茶壺「薄雪」・唐物茶入「日野肩衝」
- 茶入「紹珍茄子」

師匠　武野紹鷗

三好政長《みよしまさなが》（宗三《そうさん》）

茶人度 ★★☆
名物数 ★★★

生没年 一五〇八～一五四九
別諱 善長 **通称** 神五郎 **号** 半隠軒 宗三
官位・官途名・受領名 越後守
領地 摂津国榎並

三好《みよし》氏の一族で、剃髪《ていはつ》後の宗三の名で知られる。三好家内では傍流《ぼうりゅう》だが、細川晴元に仕えて台頭《たいとう》した。

同じく晴元に仕えていた、三好宗家の長慶《ながよし》とは協力することもあったが、反目することも多く、政長の強権的な姿勢に対する家中の反発もあり、ついに長慶とは対決することとなる。主・晴元を味方につけたものの次第に追い込まれ、江口の戦いで戦死した。この結果、主家である細川家も没落し、三好長慶の覇権《はけん》がほぼ確立する。

唐物茶入「北野肩衝」
（『大正名器鑑』）

茶人としても著名で、『天王寺屋会記』には天文十八年（一五四九）に武野紹鷗《じょうおう》や津田宗達を招き、翌々日には宗達に茶会に招かれたことが記される。多数の名物茶道具を有しており、天下三肩衝《かたつき》の一つ「新田肩衝《にったかたつき》」や、天下三茄子の「九十九髪茄子《つくもがみなすび》」茶入を所持していたとされる。

また名物記には、政長が「松嶋」茶壺、「北野肩衝」茶入、「万歳大海」茶入、油滴《ゆてき》天目、「貨狄《かてき》」釣舟花入、「一葉」釣舟花入、玉澗《ぎょくかん》筆枯木図を所持していたことが見える。

なお、刀剣では、信長、秀吉、家康と伝わり、天下人の太刀といわれた左文字《さもんじ》の太刀《たち》も、政長が所持していたため、「宗三左文字」と呼ばれる。

師匠　武野紹鷗

三好政生《みよしまさなり》（釣竿斎《ちょうかんさい》）

茶人度 ★☆☆
名物数 ★☆☆

生没年 生年不詳～一五六九？
別諱 政勝 **号** 釣竿斎 宗渭
官位・官途名・受領名 右衛門大夫 下野守
領地 山城国木津

いわゆる三好《みよし》三人衆の一人。政長の子とされる。出家したので、釣竿斎《ちょうかんさい》の名で知られる。

父・政長とともに細川晴元に仕えるが、三好宗家の長慶《ながよし》と対立。政長が江口の戦いで戦死すると、守備していた摂津国《せっつのくに》榎並《えなみ》城から脱出し、以後、長慶に挑み続ける。しかし、事情は不明だが永禄元年ごろには長慶に臣従しており、以後は長慶麾下《きか》の武将として転戦し武功を挙げる。

長慶の没後は嫡子《ちゃくし》・義継を後見し、三好長逸《ながやす》・岩成友通と三好三人衆とよばれ、松永久秀と並ぶ三好家中の重鎮となる。

永禄の変で三人衆は久秀とともに将軍義輝を暗殺する。しかし、次第に三人衆と久秀が対立するようになる。一時は久秀を敗退させ、阿波《あわ》の篠原長房と足利義栄《よしひで》を十四代将軍に擁立《ようりつ》するまでになる。

しかし、主君である三好義継が離反して久秀と手を組み、二人が織田信長に与《くみ》すると持ちこたえられず、政康も居城の山城国《やましろのくに》木津城を放棄する。以後は、本圀寺《ほんこくじ》に足利義昭を襲撃したり、石山合戦に本願寺方として参戦したり、信長と激しく戦ったが、ついに挽回《ばんかい》できず消息不明となる。

茶の湯は武野紹鷗《じょうおう》に学んだ。また、利休とも親交があり、利休の釣竿斎宛書状が四通確認されている。なお、『天王寺屋会記』によれば、永禄七年（一五六四）、十一年に一族とともに天王寺屋の茶会に参加している。

三好之虎《みよしゆきとら》（実休《じっきゅう》）

茶人度 ★★☆
名物数 ★★★

生没年 一五二七？〜一五六二
別諱 之相 **通称** 彦次郎 **号** 物外軒 実休
官位・官途名・受領名 豊前守

畿内《きない》に覇《は》を唱えた三好長慶《みよしながよし》の次弟。弟に安宅《あたぎ》冬康《ふゆやす》、十河一存《そごうかずまさ》がいる。実休は生前に名乗った法号。

兄・長慶を助けて各地を転戦し、特に四国の阿波《あわ》、讃岐《さぬき》の政治・軍事を担当した。四国勢を率いて畿内を転戦し、河内国《かわちのくに》の守護も任されたが、永禄五年（一五六二）の久米田の戦いで戦死。その死は後の三好政権崩壊に少なからず影響を与えている。

三好之虎像（京都市立芸術大学芸術資料館所蔵）

茶の湯を好み、武野紹鷗《じょうおう》に師事した。もともと三好家が堺の町衆と人脈をもっていたこともあって、津田宗達、今井宗久、北向道陳、千利休などと交わり、自らの茶会に招いている。『津田宗及茶湯日記《つだそうぎゅうちゃのゆにっき》』には、弘治二年（一五五六）から永禄四年（一五六一）に至るまでの茶会の記録が残る。また、博多の神屋宗湛《そうたん》とも交流があり、『宗湛日記』には、天正十四年（一五八六）十二月二十一日の茶会に使った肩衝《かたつき》茶入を、「三好実休より千貫文で」取得したことが記されている。

実休が所蔵した茶道具として、「草部屋肩衝」茶入、「浅茅《あさじ》」茶杓、「返花《かえりばな》」水指《みずさし》、耀変《ようへん》天目、「蛟龍《こうりゅう》」天目台、虚堂墨蹟《きどうぼくせき》、馬麟《ばりん》筆夕陽《せきよう》図があり、特に「四国猿」茶壺には、底に実休のものと思われる花押が書かれている。

また、『山上宗二記』は、実休が「小茄子《こなすび》」茶入、「三日月」茶壺をはじめとして、五十点もの名物を所持していたことを記している。宗二が認めた、ただ一人の武将の数寄者《すきしゃ》である。

唐物茶壺「四国猿」
（売立目録）

師匠（不明）

安見宗房《やすみむねふさ》

茶人度 ★☆☆
名物数 ★★☆

生没年 生年不詳～一五七一？
別諱 直政
官位・官途名・受領名 美作守
領地 河内国交野郡

大和国の出身で、木沢氏、細川氏の後、畠山氏に仕えた。謀略によって他の家臣を退け、畠山高政を擁立《ようりつ》し、家中屈指の実力者に成り上がった。

永禄の変で将軍足利義輝が暗殺されると、義昭擁立のために働いた。義昭が織田信長に擁立され上洛するとこれに従い、その功で幕府奉公衆に取り立てられ、河内で所領が安堵されたと考えられる。しかし、次第に表舞台に出ることがなくなり、家督を譲って京都で引退していたと考えられている。

畠山家中での権力争いに際して、重臣を茶会に招いて暗殺したことがあり、茶の湯は相当に嗜んでいたことが推測される。

また、『松屋名物集』を見ると、「玉垣文琳《たまがきぶんりん》」茶入や趙昌の林檎図《りんごず》など、多くの名物を所持したことがうかがわれる。

師匠　武野紹鷗

由良成繁《ゆらなりしげ》

茶人度 ★☆☆
名物数 ☆☆☆

生没年 一五〇六～一五七八
通称 新六郎
官位・官途名・受領名 信濃守
領地 上野国金山・桐生

由良成繁は、上野国金山《こうずけのくにかなやま》の城主である。彼は天文年間に将軍足利義晴の申次を勤めていた大館《おおだて》晴光の家来として京都からやって来た走衆の武野因幡守《いなばのかみ》仲村という者に就いて茶の湯を嗜《たしな》んだ。

この仲村こそ有名な武野紹鷗《じょうおう》のことであるという。

彼はこの紹鷗をしばらく金山城に留めておいて、それに就いて茶の湯を習得したのであるが、それ以来非常に茶の湯が好きになって、金山城から桐生《きりゅう》城へ移ってからも、専《もっぱ》ら茶の湯を慰《なぐさ》めとしたのである。そうして、姥口《うばぐち》の釜などを鋳《い》させた。その外《ほか》、いろいろな名物の茶器があったが、それらは、今もなお由良家に伝わっているということである。

そのようなわけで、成繁の子の国繁や一族の長尾但馬守顕長《たじまのかみあきなが》・横瀬能登守《のとのかみ》繁勝なども、その風を伝えて、茶の湯を嗜んだのである。

天正十一年十一月のことであった。相州《そうしゅう》小田原の城主北条氏政が、横地長家を使として桐生城に寄越して言うには、このたび氏政は上州厩橋《じょうしゅうまやばし》の城にやって来たが、そこには茶屋を一宇《う》建て、風雅な茶の湯を催している。小田原城での茶の湯は珍しくないので、特にこのような風流をやっているのである。貴殿は茶の湯の巧者と聞いているから、お茶を差し上げたい。御舎弟や御家来など同伴せられ、御来駕《らいが》願いたしとあった。

そこで、国繁も氏政の招きに応じて、厩橋の茶屋に行って茶の湯を娯《たの》しんだのである。

このように、この頃は、京都は勿論《もちろん》、東国にまで茶の湯が流行し、大名や侍衆などは、皆この道を嗜んだのである。

このことは、『新田金山城国司記』という書物に委《くわ》しく見えている。

しかし、紹鷗が仲村と称した頃、果たして上州の金山くだりまで使に行ったかどうかは、怪しい。関東地方に紹鷗風の侘《わ》び茶がはやっていたのは、あるいは強《あなが》ちに否定出来ぬことかも知れない。

（桑田）

〈参考〉信長所持写 姥口釜
（古田織部美術館所蔵）

師匠（不明）

六角定頼《ろっかくさだより》

茶人度 ★☆☆
名物数 ★★★

生没年 一四九五～一五五二　**通称** 四郎
官位・官途名・受領名 従四位下　弾正少弼
領地 近江国南部

南近江《おうみ》の戦国大名。六角高頼の子。幼くして僧籍に入っていたが、兄が早世したため還俗《げんぞく》して家督を継いだ。足利義晴を擁立《ようりつ》した功により管領代に任じられ、また将軍の後ろ盾として幕府政治に介入し権勢を振るった。

北近江の浅井久政を実質的に従属させ、六角氏の全盛期を築いた。政治家としても先進的で、織田信長の政策として有名な楽市楽座も、実は定頼の創始とされる。

連歌師《れんがし》の宗牧が、定頼の居城観音寺城を訪れた際、もてなされた様子を「数寄の御茶湯、名物数をつくされ」と記している。六角氏は「種村肩衝《かたつき》」茶入や油滴天目、牧谿《もっけい》の絵などの多数の名物を所持していたので、宗牧はこれらを見せられたのであろう。また、近年の観音寺城の発掘調査でも、定頼の時代のものかは不明であるが、池泉式の庭園と数寄屋様の建物と思われる遺構が検出されている。

師匠（不明）

六角義賢《ろっかくよしかた》（承禎《しょうてい》）

茶人度 ★☆☆
名物数 ★★☆

生没年 一五二一～一五九八
通称 四郎　**号** 承禎
官位・官途名・受領名 従五位下　左京大夫
領地 近江国南部

六角定頼の嫡男として生まれた。家督相続前から十三代将軍足利義輝や細川晴元を助けて三好長慶と戦ったが、次第に劣勢になった。観音寺騒動で嫡男義治とともに居城の観音寺城を追われたこともあったが、間もなく復帰。

その後、足利義昭を奉じて上洛戦を始めた織田信長に抗して戦ったが、観音寺城を奪われ甲賀に拠点を移す。浅井長政や朝倉義景が滅び、いわゆる信長包囲網が崩壊した後も抗戦したが、その後の動向はよくわかっていない。

晩年は豊臣秀吉に御伽衆《おとぎしゅう》として仕えたが、秀吉と同年に死去した。享年七十八歳。

父定頼より名物を受け継いでいたと思われる。安土城が落成した際に贈られ信長が喜んだという「金花」茶壺も六角氏の旧蔵とされ、義賢が手放した可能性がある。嫡男の義治も父と同じく秀吉に御伽衆として仕えた。

コラム① 戦国大名と名物数

足利義満が日明貿易を開始すると、中国から座敷飾りのための唐絵や唐物道具の名品が舶来、後に「名物」として珍重されるようになる。戦国武将は名物に憧憬《しょうけい》し、豪商らと争って高値で入手したり、戦による争奪を繰り返したりしたのである。

名物を複数所持した大名・武将を、おおまかな所持数の順に列挙してみよう。

室町幕府管領の細川晴元、晴元の家老であった三好長慶の弟三好実休（之虎）、三好一族の三好宗三（政長）、長慶の家老松永久秀、近江の六角定頼、越前の朝倉孝景、周防の大内義隆。彼らは他の大名たちと比べて格段に多くの名物を所持していた。

続いて豊後の大友宗麟（義鎮）、駿河の今川義元、長慶の弟安宅《あたぎ》冬康、定頼の家老進藤貞治、孝景の一族で家老の朝倉宗滴、義隆の家老の相良武任《たけとう》と、同じく陶《すえ》晴賢、宗麟の家老臼杵《うすき》鑑速《あきすみ》、美濃の斎藤道三、河内の畠山高政の家老安見宗房、能登の畠山義総の家老丸山梅雪、伊豆の伊勢（北条）早雲、出雲の尼子晴久、尾張の織田信秀、但馬の山名祐豊、美濃の土岐《とき》頼芸《よりのり》、若狭の武田信豊、北近江の京極高延となる。また、細川・六角・朝倉・畠山・織田家中の存在も見逃せない。

ここに挙げなかった大名家は、風雅の道にさほど関心がなかったか、あるいは経済上の理由で名物を入手できなかったのかもしれない。

（宮下）

師匠　津田宗及・織田有楽

明《あけ》智《ち》光《みつ》秀《ひで》

茶人度 ★★☆
名物数 ★★☆

生没年 一五二八～一五八二
通称 十兵衛　**号** 咲庵
官位・官途名・受領名 従五位下　日向守
領地 丹波国　近江国坂本　**石高** 三十四万石

明智光秀は、信長の家臣という意味でも、一流の武将ではあるが、文武両道に達する教養人であった。城攻めの戦法、剣技、槍術《そうじゅつ》、鉄砲の射法のほか、和歌、連歌《れんが》、茶の湯の嗜《たしな》みが深かった。ここでは、専《もっぱ》ら茶の湯について述べてみよう。

明智光秀像
（東京大学史料編纂所 所蔵模写、原本:本徳寺）

光秀の茶の湯の嗜みは、和泉《いずみ》の堺の茶匠との交誼《こうぎ》と関連して始まっている。永禄十一年（一五六九）九月、信長に従って上洛すると、光秀は、京都の奉行《ぶぎょう》として、京洛政治の一端にあずかっていたので、堺から上京して信長に近づいた富商、今井宗久や津田宗及《そうぎゅう》らとの接触も、自然と度数をかさね、そのあいだに、宗及から茶の湯を学ぶことになったらしい。光秀の茶会のことは、『津田宗及茶湯日記』の天正六年（一五七八）の正月十一日の条に初見する。秀吉が信長から茶会を開くことを許されたのも、天正六年のことだから、同年正月十一日の光秀の茶会も、おそらく、信長から公許された光秀茶会の最初のものと思われる。

この日の招客は、津田宗及、平野屋道是《どうぜ》、銭屋宗訥《そうとつ》の三人で、津田と銭屋は堺衆、平野屋は摂津《せっつ》衆である。

主催者の光秀は、この茶会で、同年（天正六年）の正月元旦に信長から拝領した八角釜を披露《ひろう》している。光秀がこの釜を拝領したわけは、その前年（天正五年）の十月に織田信忠に従って、反逆者、松永久秀を大和の信貴山《しぎさん》城に攻め滅ぼしたときの武功にたいする恩賞であったらしい。座敷飾りは、床の間に牧谿《もっけい》筆椿《つばき》の図を掛け、小板に頬当風炉《ほおあてふろ》を置き、八角釜を鎖《くさり》で天井から釣っている。津田宗及が亭主役をつとめて、炭手前をやり、一同が席を立ち、手水《ちょうず》を使って、後座入りすると、床畳の前に、金襴《きんらん》の袋に入った「青木肩衝《かたつき》」茶入を四方盆《よほうぼん》にのせて置き、棚《たな》には、上の段に堆黒《ついこく》の台に「霜夜《しもよ》天目」を据え、下段に砂張《さはり》の水翻《みずこぼし》（建水）を置いている。宗及が、光秀に代わって、濃茶《こいちゃ》の点前《てまえ》をする。茶事が終わり、食べ物が出て、それを食べ、一同が退席する。

ついで、薄茶《うすちゃ》の席では、床の間の掛物を取り払い、床の中央に「八重桜《やえざくら》」の茶壺を白地金襴の袋に入れて飾る。茶碗は唐物《からもの》で、薄茶の点前は、堺衆の若狭屋宗啓がやっている。これも堺の富商である。炭斗《すみとり》は瓢《ふくべ》、火筋（火箸《ひばし》）は六角。それから会席料理が出るが、本膳《ほんぜん》は綴折敷《とじおしき》、土器《かわらけ》に鮒膾《ふなます》、生鶴の汁。この生鶴の汁の鶴もまた、信長から拝領したものだという。だから、この頃は、信長も、随分と光秀に目をかけていたのである。冷遇していたとはいえまい。

さて、金箔を置いた上に絵のある桶《おけ》にあえもの。大土器に土筆《つくし》と独活《うど》のあえものを入れて、膳の上に出した。つぎに、鶉《うずら》の焼鳥が出る。菓子は、縁高重に造花を布いて、薄皮饅頭《まんじゅう》と煎榧《いりかや》。後段は白木脚付の膳に、冷やし麦麺に山椒《さんしょう》の粉と切柚《きりゆず》を添えて、添《そ》え肴《ざかな》に芹焼《せりやき》、魚肉の丸子を入れた吸物。土器にむき栗、金柑《きんかん》。食籠《じきろう》に味噌《みそ》と山椒、といった取り合わせであった。

食事が終わってから、光秀は、白綾《しらあや》の小袖《こそで》と茶の織色の小袖一重を、津田宗及に与えた。信長へ年賀に赴《おもむ》く際の着物であるというが、光秀の心づかいの細やかさは、さすがと、言いたい。

茶会が終わってから、津田宗及は、光秀から貰《もら》った白綾の小袖を着て、城内から御座船《ござぶね》に乗り、安土城へと、信長の年賀に赴いた、というから、この正月十一日の茶会は、近江坂本の光秀の居城で行われたらしいのである。

　風炉に釣釜《つりがま》を用いたのは、天文年間の古風であるという。会席料理の献立《こんだて》は、特に珍品揃《ぞろ》いで、奢侈《しゃし》を尽している。

　このころの光秀は、まだ、茶の点前に不馴《ふな》れであったとみえて、亭主のやることは、みな、津田宗及が代役しているが、師匠である宗及に対する光秀の態度は、すこぶる慇懃《いんぎん》をきわめ、茶の道に適《かな》ったものといえる。御座船を仕立て、宗及の安土参賀の便宜《べんぎ》をはかるなど、至れり、尽くせりと、いわねばなるまい。

　光秀は、ついで、天正七年（一五七九）の正月七日と八日、六畳の書院と三畳の茶室で丹波《たんば》出陣のための送別の茶会を開いている。これは、光秀が、信長の命令で丹波の八上城主波多野秀治を討つことになったからだ。

唐物茶入「青木肩衝」
（『大正名器鑑』）

　正月七日の茶会は、『津田宗及茶湯日記』によると、六畳座敷の床に、紅の口覆《くちおおい》をした八重桜の茶壺だけを飾り、茶席は三畳座敷で、八角釜、「霜夜天目」などを用いて催された。翌八日の朝会は、六畳座敷で開かれた。客は宗及と草部屋道設である。炉に筋釜を釣り、床の間には定家の小倉色紙「淡路島かよふ千鳥」の和歌である。高麗《こうらい》茶碗、備前焼の水翻。道設の所望で、光秀は、「八重桜」大壺を拝見させている。

　天正八年に、光秀は、正月九日に朝会を催している。その前年に、光秀は、細川藤孝を援《たす》けて、しばしば丹後に出兵し、これを平定したのであった。そこで、信長が媒酌人《ばいしゃくにん》となって、光秀の三女、おたまが、藤孝の長男細川忠興に嫁ぎ、また、光秀の四女が、信長の甥《おい》、津田信澄《のぶずみ》の妻となっている。そんなわけで、このとき、光秀は、すでに信長の縁族となっていたため、京都の明智屋敷に御成《おな》りの間を設け、信長の宿泊所と定められたのである。

　この朝会は、京都の明智屋敷で催されたらしいが、床の間に紅梅の大枝を一つ生け、長板の風炉に例の八角釜をかけ、南蛮物の芋頭水指《いもがしらみずさし》を並べ、高麗茶碗に茶が点《た》てられた。信長から拝領の嘉例《かれい》の生鶴の吸物一種で、御酒が出た。菓子は麩《ふ》一種。

　やがて、昼になると、例の御成り間に移って、料理をいただく。床に三幅対の絵を掛け、料理の本膳は菜数七つ、二の膳は同じく五つ、三の膳も同じく五つ。本膳には、みな、金箔を押している。そのほか、いろいろな肴が出た。

　同年（天正八年）の十二月二十日の朝、光秀は、筒井順慶と宗及を招いて、また、茶会を催している。床には青磁瓢《ひさご》形の花入に水仙花を生け、炉に鍋《なべ》形の釜を釣っている。炭手前が終わって、ひとまず退席し、手水を使って、ふたたび座敷に入ると、床には、花入をのけて、大燈《だいとう》国師の墨蹟《ぼくせき》を掛けた。茶入は「青木肩衝」、茶碗は高麗もの。「落葉」大壺を持ち出し、客の前で、その目張りの封を切った。つまり、口切の茶会である。

　この日、昼になって、次の間で、釜だけを丸釜にかえて、茶を点てたが、晩景から夜にかけては、斎藤内蔵助《くらのすけ》利三のところで茶会が催された。利三は、光秀の妹婿《いもうとむこ》である。

　翌二十一日（十二月）の朝、また、光秀の京都屋敷の別の部屋で、茶会があった。炉に八角釜を据え、床には、備前槌形の花入を卓に置き、紅の盆に大海の茶入をのせ、瀬戸天目を青貝の台にのせている。薄茶は、井戸茶碗に点てた。以上は、宗及の点前で茶を点てたのである。そのあとで、香炉、花入、水指、盆など、種々の道具を拝見した。帰りには、袷《あわせ》の小袖一かさねずつを、宗及と、その子の吉松に与えている。吉松は、のちの津田宗凡であろう。

　つぎが、天正九年（一五八一）の正月十日の朝会である。これは、津田宗及が、堺の山上宗二を初めて光秀の京都屋敷に同道したときの茶事であって、床に定家の小倉色紙を掛けているだけで、そのほかは、いつもと変わりなかった。その翌日、また、光秀の朝会があり、客は山上宗二と宗及であった。ただ、このときの茶席は、浜の座敷であって、宗及が代わって、茶を点てた。茶事が終わると、津田吉松に小袖一がさねが与えられた。

同年(天正九年)の四月九日、光秀は、連歌師の里村紹巴《じょうは》を伴い、丹波の亀山城を発ち、丹後の宮津に女婿の細川忠興を訪問している。光秀らが細川屋敷に入ったのは、十二日の朝であった。この日の茶会の人数は、光秀父子三人。これは、おそらく、光秀と息子二人のことであろう。この場合、光秀の息子二人というと、だれとだれを指すのであろうか。『系図纂要《けいずさんよう》』によれば、これは、おそらく、光秀の長男光慶と次男自然丸(定頼)のことではなかろうか。それから、細川藤孝父子三人。これは、細川藤孝と忠興と興元であろう。ついで、客は、里村紹巴、津田宗及、山上宗二、平野屋道是であった。

会席料理の本膳は七菜、二の膳は五菜、三の膳も五菜、四の膳が三菜、五の膳も三菜。引肴は二種であった。菓子は造花で、十一種出た。酒宴の最中に、細川忠興から舅《しゅうと》の明智光秀に対して、「地蔵行平」の太刀が進呈された。巳《み》の刻《こく》に、九世度を見物する。一同が御座船に乗って、天の橋立に遊び、船のなかで、また、さまざまな饗応があった。

天正十年(一五八二)は、六月に本能寺の変があった年だが、この年の正月七日の朝、光秀は、山上宗二と津田宗及を招いて、茶会を開いている。おそらく、京都の明智屋敷であろうと思うが、茶室の床の間に、信長直筆の書を掛けている。茶道具は、大体、いつもの通りだが、宗及が代わって茶を点て、光秀も一服飲んでいる。

ここで、面白いのは、光秀が、自分の茶室の床に、主君信長直筆の書を掛けたことである。茶室の床掛には、禅宗の墨蹟か、唐絵か、古歌などを用いるのが常則である。ところが、光秀は、その常則を破って、信長の自筆の書を用いている。その書が、どのようなものであったか、明らかでないが、信長の書は、現存の数少ない信長の筆蹟から推測して、決して、達筆とも麗筆ともいえない。むしろ、凡筆といえるであろう。

その凡筆の書を明智屋敷の茶室の床掛けにして、堺衆の山上宗二と津田宗及という客人に拝見させたということは、少なくとも、天正十年正月七日という時点において、光秀が、心から信長の恩恵に感謝し、その人物を崇敬していた史実を示すものである。だから、光秀がかねてから、天下盗《と》りの野望を抱いていて、その実現の機会をねらっていたというようなことが、いかに、いい加減な俗説にすぎないかが、わかるのである。光秀が、信長に怨恨を抱き、反逆の念をきざしたとすれば、少なくとも、この日より以後、同年五月末に至る五か月間のことであろうと、推測できる。

しかも、『津田宗及茶湯日記』によると、光秀は、同年(天正十年)正月二十五日にも、朝会を開いている。これも、おそらく、京都の明智屋敷においてであろうと、推測される。客は、博多の富商島井宗叱《そうしつ》と、津田宗及である。光秀は、この朝会で、信長から拝領した平釜を初めて炉にかけている。床には、例の定家の色紙。ただし、その前下に、定家所持という伝来のある文台二硯《けん》を飾っている。これは、光秀がどこから手に入れたか、明らかでない。

同月(正月)二十八日、光秀は、こんどは、近江坂本の居城で朝会を催している。客は、銭屋宗訥、山上宗二、津田宗及の三人であった。

要するに、『津田宗及茶湯日記』に見える光秀の茶会は、以上のようなもので、天正六年(一五七八)正月から同十年(一五八二)まで、十会近くを催している。しかし、これらは、津田宗及が招かれた会だけだから、このほかにも、光秀は、京都の明智屋敷、近江の坂本城、丹波の亀山城あたりで、しばしば茶会を開いていたに相違ない。つまり、光秀は、津田宗及について茶の湯を学び、信長から拝領の分をも含めて、「八重桜」茶壺、八角釜、「青木肩衝」茶入、定家筆小倉色紙の掛物などの名物茶道具を秘蔵していたのである。信長の茶の湯政道といった一種の奨励策によって、織田家中には茶の湯愛好の武将が多く輩出《はいしゅつ》したが、明智光秀などは、そのなかでも屈指の数寄者《すきしゃ》であったと、いえなくもなかろう。

(桑田)

荒《あら》木《き》村《むら》重《しげ》（道《どう》薫《くん》）

茶人度 ★★★
名物数 ★★☆

生没年 一五三五〜一五八六
通称 弥介　**号** 筆庵　道薫　道糞
官位・官途名・受領名 従五位下　摂津守
領地 摂津国　**石高** 推定三十五万石

荒木村重は、摂津《せっつ》の土豪の出身で、剛勇をもって知られ、さすがの信長も一目おいたほどの武将であるが、茶の湯を利休に学び、後世、利休七哲のうちにも加えられている。

村重は、初め摂津池田城主池田勝正に属して、足利義昭が十五代将軍となると、これに臣事したが、ついで信長に仕えた。信長に従って大いに手柄を立てたが、天正六年十月信長に叛《そむ》き、伊丹《いたみ》城に拠《よ》って抗戦した。しかし、ついに敗北し、剃髪《ていはつ》して、筆庵道薫《どうくん》と号し、もっぱら茶事三昧《ざんまい》に余生を終えた。

さて、『津田宗及茶湯日記《つだそうぎゅうちゃのゆにっき》』を見ると、天正五年の四月十三日の朝、摂津の伊丹城で、荒木摂津守村重の茶会があった。客は津田宗及一人である。風炉に姥口《うばぐち》の平釜をかけ、小板に手桶《ておけ》の水指《みずさし》を据え、床の間には蕪《かぶら》なしの花入を薄板に置き、それに竹を生けている。蕪なしなどという青磁の名物花入には、さびしい花を入れる習いはあるが、竹を生けたという前例はない。おそらく、四月のことだから、新竹のさわやかさを称美したのであろう。黄天目茶碗に、台はなく、薄茶《うすちゃ》は染付茶碗で飲んでいる。蕪なしの花入は、のちに、宗及が水をあけて、床の間の薄板の上にあげた。宗及が炭を置き、薄茶も点《た》てている。しかし、濃茶《こいちゃ》は、亭主の村重が点てたらしい。振舞は、足なしの会席膳に「吉野ごき」を出している。「吉野ごき」というのは、おそらく、吉野絵椀のことと思われる。黒地に朱の漆《うるし》で葛《くず》の花を描いたもので、ごきとは合器、つまり、身と蓋《ふた》と揃《そろ》った椀の総称であろう。料理は、蕗《ふき》に鯇膾《あめなます》、鶴の汁。そのあとで、焼鮎《やきあゆ》を出した。鯇というのは、淡水に生ずる鱒《ます》の一種であって、雨季に多く取れるから、雨の魚ともいった。菓子は、塗縁高に、むき栗《ぐり》、金柑《きんかん》、金飩《きんとん》であった。このとき、宗及は、村重所持の蕪なしの花入を初めて見たというので、その形状について、細記している。

同年（天正五年）の十月八日の朝も、荒木摂津守の茶会が開かれた。客は平野屋道是《どうぜ》と宗及であった。平野屋道是は、摂津の豪商である。炉に姥口の釜を釣って、床の間に定家の色紙を掛け、その前に、薄板に細口の花入を置き、菊を生けている。手水《ちょうず》のあいだに、手桶の水指、その前に染付茶碗、うしろに備前の水翻《みずこぼし》、赤折敷《あかおしき》、黒茶碗、といった取り合わせである。振舞の料理は、鯛《たい》の杉焼、蔓に鯛の頭を入れ、汁として出した。杉焼というのは、魚肉を杉の板につけて焼いたものである。菓子は、むき栗と乾瓢《かんぴょう》であった。

十二月六日の朝、村重は、摂津の尼崎《あまがさき》城で口切の茶会を催し、津田宗及と千宗易《そうえき》を招いたが、炉に平釜を自在で釣り、鎖《くさり》は、宗易の持参した「小豆鎖《あずきぐさり》」を使用している。この「小豆鎖」というのは、『山上宗二記』によれば、天下一の鎖として、荒木家に伝わったが、伊丹落城の際に焼失したという。この日の茶室の床《とこ》には、「寅申《とらさる》」壺と「兵庫」壺の二つを並べた。どちらの大壺も口切である。「寅申」壺というのは、天王寺の市から掘り出された壺であって、その市が寅と申の両日に開かれるから、この名がつけられたという。もと、樋口屋紹札が所持していたが、村重の手に入り、のちに祐長宗珍に伝わったという。なお、茶室の床には大壺をのけて、牧谿《もっけい》の「帆帰《はんき》」の絵を掛けた。濃茶は亭主の村重、薄茶は津田宗及が点てた。炭もまた、宗及が置いた。ただし、「帆帰」の絵は、千宗易が床に掛けている。振舞の料理は、本膳は、木具の足打に鯛の浜焼一つ、雁《かり》の汁に飯。鯛の浜焼とは、生の鯛を浜で焼いたものをいう。しかし、のちには、ただの塩焼のことを浜焼というようになった。また、振り塩をして蒸し焼にしたのも、浜焼といった。二の膳は、鯉《こい》の刺身、煎酒《いりざけ》、せり焼、土椀、冷汁。三の膳は、足打に雉《きじ》一つ。

これは羽がい盛りにして出した。尾首は、そのままである。羽がい盛りというのは、両翼を切りひろげ、その上に檜《ひのき》の葉を敷いて盛るのをいう。菓子は、縁高に蒲鉾《かまぼこ》、あぶらぶであった。

さて、天正六年になると、二月十六日に、荒木摂津守の朝会が開かれ、佐久間甚九郎信栄、千宗易、津田宗及の三人が招かれている。やはり、炉に姥口の平釜をかけ、鎖で釣るし、うしろに手桶水指を置いている。床に蕪なしの花入を飾り、手水のあいだに、松と紅梅を生けた。また、灰を入れて、火を取り、香を炷《た》く。香箱は、床の上にある。籠《かご》から尻ぶくらの肩衝《かたつき》を取り出し、それに茶を入れた。そして、染付茶碗で薄茶を飲む。それから、兵庫の壺を持ち出して、それを床に置き、蕪なしの花入に花を生けた。会席料理は、生鮎の膾である。これは、麩《ふ》をあえたものだ。それから、鳥蒲鉾、焼鮒《やきふな》、飯。菓子は縁高に三種出している。ここに出てくる「兵庫」壺というのは、村重の掘り出しものであって、瘤《こぶ》が二十もあった。『山上宗二記』によると、「茶味を保つこと、『四十石《しじっこく》』の壺に同じ」と、いうことだ。のちに秀吉が千五百貫匁でこれを買い、織田信雄《のぶお》（信長の次男）に贈っている。

唐物染付茶碗　銘「荒木高麗」
（『大正名器鑑』）

この年（天正六年）の三月十日にも、村重の朝会があり、津田宗及と油屋宗是が招かれている。この会は、風炉に姥口の釜を釣り、うしろに手桶の水指を置いた。手水のあいだに、蕪なしの花入を置いたが、あとで、床の薄板の上に置きかえた。花は牡丹《ぼたん》だが、折敷に据えて床の前に置いてあったのを、村重が、蕪なしの花入に生けている。また、宗及が山吹を生けた。料理は、鮒の大根あえ、汁、白鳥の刺身であった。

十月十二日の朝にも、村重の茶会が開かれた。客は、天王寺屋道叱《どうしつ》と宗及で、「兵庫」壺の口切の会であった。炉には、例の姥口の釜を釣って、うしろに手桶の水指を置いた。床には、蕪なしの花入を薄板にのせ、苅萱《かるかや》を生けている。濃茶が終わってから、道叱が菊の花を生けた。茶道具は、備前茶碗、棗《なつめ》、備前の水翻といった取り合わせである。その翌朝、村重の茶屋で茶会が催され、津田宗及一人が呼ばれている。このときは、炉に「小畠」釜を自在で釣り、手桶水指を置き、茶を点てるときに、壁《かべ》に定家の色紙を掛けた。伊勢天目茶碗を台にのせ、水翻は備前であった。これが、おそらく、伊丹城での最後の茶会であったらしい。

『津田宗及茶湯日記』を見てゆくと、信長が本能寺で横死をとげた翌年、天正十一年（一五八三）の二月二十日、堺の町で、荒木道薫という人物の昼会が開かれた。この道薫こそ、村重が入道してからの号であった。毛利と秀吉との講和が行われ、道薫は堺に戻ってきたものとみえる。敗惨の武将が、頭髪を剃《そ》り、入道となって、茶の湯三昧の境地に浸っているのであった。客は、天王寺屋道叱と宗及。古なじみの茶友である。床には、暦手《こよみで》の棒先花入に薄色椿《うすいろつばき》を生けて、薄板に置き、風炉には、例の姥口の平釜をかけている。籠から染付茶碗を取り出して、三色入れて、それから、床の棒先を、手水のあいだに、落として、水翻に使っている。いまや、荒木道薫は、その身もうらぶれて、暦手の棒先を、花入と建水に兼用するといった、まことに侘《わ》びた数寄者《すきしゃ》となりおおせたのである。それにしても、姥口の平釜、染付茶碗などは、堺衆の津田宗及のもとに預けておいたもののようである。

荒木道薫の最後の茶会として、例の『津田宗及茶湯日記』に見えるのは、天正十三年（一五八五）の二月十一日の朝会である。茶室の床に桃尻の花入を長盆に据えて、手水のあいだに花入をのけて、「兵庫」壺を取り出しておいた。炉に大きな釣り物を五徳にかけ、染付茶碗に三色入れて、備前の水指を用いた。振舞の料理は、千宗易から贈られた生白鳥であった。

『寛永諸家系図伝』によると、道薫は、天正十四年（一五八六）に亡くなっている。堺の南宗寺に葬られ、法名を秋英道薫居士といった。

（桑田）

師匠　丸山梅雪

安藤守就《あんどうもりなり》

茶人度 ★☆☆
名物数 ☆☆☆

生没年 一五〇三?～一五八二
号 道足　無用斎
官位・官途名・受領名 日向守　伊賀守
領地 美濃国北方

姓は安東とも表記することがあり、また時に伊賀姓も名乗った。羽柴秀吉の軍師として有名な竹中半兵衛重治の舅《しゅうと》としても知られる。

斎藤道三、義龍、龍興の三代に仕え、稲葉一鉄(良通)や氏家卜全《ぼくぜん》(直元)と並んで西美濃《みの》三人衆と呼ばれた。しかし、暗愚な龍興に愛想をつかし、半兵衛が龍興の居城・稲葉山城(のちの岐阜城)を乗っ取った際には、兵を出して協力している。

織田信長の美濃侵攻に際しては、三人衆は揃《そろ》って内応し、そのまま信長に仕えた。しかし、天正八年(一五八〇)に野心ありとの嫌疑をかけられ、林秀貞、丹羽《にわ》氏勝とともに織田家を追放された。本能寺の変が起こると、決起して北方城を奪回するが、一鉄の攻撃を受け敗死した。

なお、医師曲直瀬《まなせ》道三宛の、名物茶器拝見の謝礼を述べた書状が遺されている。

師匠　千利休

池田教正《いけだのりまさ》

茶人度 ★☆☆
名物数 ☆☆☆

生没年 生年不詳～一五九五?
官位・官途名・受領名 丹後守
領地 河内半国(若江三人衆による共同統治)

三好長慶《みよしながよし》を継いだ義継を補佐した野間長前《ながさき》と多羅尾右近《たらおうこん》、ならびにこの教正《のりまさ》の三人の家老を若江三人衆と呼ぶ。筆頭は教正。なお、永禄の変で将軍足利義輝を襲撃した武将の中に池田丹後《たんご》の名が見える。

一度は織田信長に服属した義継だが、やがて反旗を翻《ひるがえ》し信長の攻撃を受ける。その際に若江三人衆は義継を裏切り、寄せ手の指揮官であった佐久間信盛を城中に引き入れている。

その後、若江三人衆は信盛の与力《よりき》となり、信盛が追放された後も信長に従っている。のちに教正は豊臣秀次に仕え、秀次事件で罪を問われて秀吉に処刑されたともいわれる。

若江三人衆はそろって茶の湯に造詣《ぞうけい》が深く、大坂本願寺攻囲の陣中で佐久間信盛と茶会を開いたほか、津田宗及《そうぎゅう》の茶会にもしばしば参加している。なお、教正が自会を開いたことが、『天王寺屋会記』に記録されている。

師匠　丸山梅雪

市橋長利《いちはしながとし》

茶人度 ★☆☆
名物数 ★☆☆

生没年 一五一三～一五八五
通称 九郎左衛門　**号** 壱斎
官位・官途名・受領名 壱岐守
領地 河内国交野郡　美濃国池田郡

西美濃の豪族で当初は斎藤氏に仕えていたが、早くから織田信長に通じ、他の美濃衆の信長への臣従を仲介している。その後は、信長の馬廻として伊勢や近江などを転戦し、功を挙げた。天正四年(一五七六)に信長が嫡子信忠に家督を譲るとその家臣団に編入され、播磨《はりま》へ出陣している。天正八年(一五八〇)に剃髪《ていはつ》し壱斎を名乗った。本能寺の変の後は羽柴秀吉に従い、河内国交野《かたの》郡などで所領を安堵《あんど》されている。

茶の湯に関しては、天正六年(一五七八)安土城における信長の元日の茶会に、信忠や林秀貞、滝川一益、細川藤孝、明智光秀、荒木村重、羽柴秀吉、丹羽長秀ら十一名とともに参会している。また同月四日、信忠へ下された名物道具を披露する会が万見《まんみ》仙千代邸で開かれているが、その際に長利は信長から牧谿《もっけい》筆「芙蓉《ふよう》の絵」を賜っている。

師匠　丸山梅雪

稲葉良通《いなばよしみち》（一鉄《いってつ》）

茶人度 ★★☆
名物数 ★☆☆

生没年 一五一五～一五八八　**号** 一鉄
別諱 通似　通朝　貞通　**通称** 彦四郎　彦六郎
官位・官途名・受領名 伊予守　右京亮
領地 美濃国揖斐郡　**石高** 五万六千石

諱《いみな》は良通だが、号の一鉄の方が有名で、「頑固《がんこ》一徹」という言葉の語源とされる。また春日局《かすがのつぼね》（斎藤福）の外祖父にあたる。

美濃《みの》の斎藤道三に仕え、安藤伊賀守守就《いがのかみもりなり》、氏家卜全《ぼくぜん》（直元）とならんで西美濃三人衆と呼ばれた。織田信長の美濃侵攻に際しては、三人衆の他の二人とともに信長に内応した。

その後は信長に従って転戦し、姉川の合戦では浅井《あざい》勢を打ち破る大功を立てた。本能寺の変の後は豊臣秀吉に仕えるが、まもなく没した。

文化面では、志野宗温・省巴《しょうは》に香道を師事したことで知られる。茶の湯にも通じ、丸山梅雪が道三に伝授した茶書『数寄厳之図』を所持し、これを筆写して省巴に贈ったとされる。また、「稲葉文書」中に自身の点前《てまえ》の覚書も伝わっており、その好みを知ることができる。

あるとき讒言《ざんげん》を信じた織田信長が茶会にことよせて一鉄を暗殺しようとしたが、席に通された一鉄が、床《とこ》の虚堂智愚《きどうちぐ》の墨蹟《ぼくせき》「送茂侍者」を朗々《ろうろう》と読み下したので、その教養の高さと胆力《たんりょく》に信長は一鉄の無実を信じたという挿話が残る。この信長からは牧谿《もっけい》筆の叭々鳥《ははちょう》図と香炉を賜《たまわ》ったとされる。また、九州征伐から凱旋《がいせん》した秀吉を西宮まで出迎えたことで、大坂城山里丸の数寄屋に招かれてもいる。

稲葉良通像
（国立国会図書館ウェブサイトより転載）

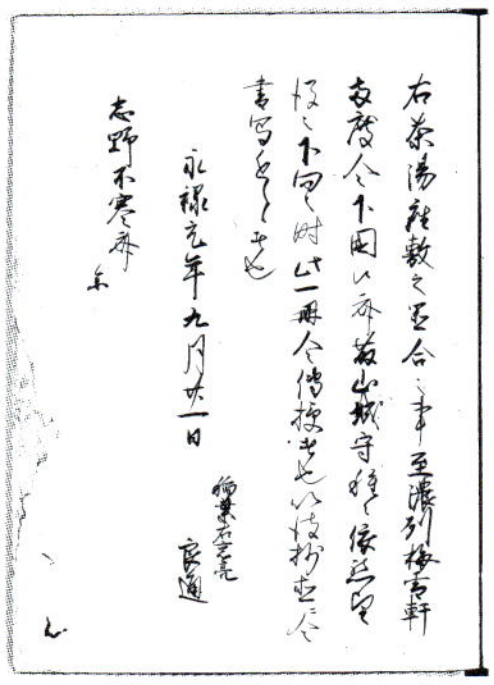

『数寄厳之図』
（国立国会図書館ウェブサイトより転載）
永禄元年（1558）稲葉良通（一鉄）が志野《しの》省巴《しょうは》に贈ったもの。丸山梅雪が斎藤道三に伝授した数寄屋や道具の飾り方を、良通が写したものといわれる。

師匠　（不明）

大津長昌《おおつながまさ》

茶人度 ★☆☆
名物数 ☆☆☆

生没年 生年不詳～一五七九
別諱 長治　**通称** 伝十郎

身分は馬廻《うままわり》だが、織田信長の代表的な側近で、行政官、外交官、あるいは検使として活躍した。妻は丹羽《にわ》長秀の妹。

永禄十二年（一五六九）の信長の上洛ごろから行政官としての活動が見られる。また、石山本願寺への攻囲（石山合戦）や、播磨《はりま》攻略での神吉《かんき》城攻めに検使として赴《おもむ》いている。

また天正六年（一五七八）には奥州《おうしゅう》の伊達《だて》氏と対上杉氏の戦略で交渉している。荒木村重が反旗を翻《ひるがえ》した際には有岡城攻めに従軍し、高槻《たかつき》城番衆に名を連ねるが城中で病死した。

天正六年の正月、年賀の礼のために安土に出仕した諸将に対し、酌《しゃく》の役を務めている。また同年、信長による津田宗及《そうぎゅう》邸御成に随伴したことが、宗及の自会記に記されている。このとき長昌は、同じく供を務めた堀秀政・矢部家定・菅屋長頼・長谷川秀一らとともに、数寄屋の外で菓子と酒をふるまわれている。

師匠（不明）

奥村秀正《おくむらひでまさ》

茶人度 ★☆☆
名物数 ☆☆☆

生没年 不詳
通称 平六左衛門尉

当初は美濃《みの》の斎藤家に仕えていたらしいが、その後、織田信長に仕えた。武将としては、永禄十二年の本圀寺《ほんこくじ》の変で、高槻《たかつき》城から救援に駆けつけたとする。だが、その他に軍功の記録はなく、むしろ行政官である奉行衆として活躍した。

信長の上洛の際には大和の法隆寺へ、織田吉清、志水長次、跡部秀次との連名で、銀子百五十枚の「家銭」の上納を命じている。「家銭」とは、軍用金として臨時に課税した「矢銭」のことであろう。このとき、信長は摂津、和泉に課税しており、特に堺と本願寺には莫大な額を課している。資金の徴収のほか潜在的な敵をあぶり出し威圧する目的であった。秀正らは、奉行としてこの実務を担った。

津田宗及《そうぎゅう》の会記には自会記、他会記を問わずしばしばその名が見える。本能寺の変の後は前田家に仕えたとされる。

師匠 千利休

織田長益《おだながます》（有楽《うらく》）

茶人度 ★★★
名物数 ★★☆

生没年 一五四七～一六二一
通称 源五 源五郎 **号** 有楽斎如庵
官位・官途名・受領名 従四位下 侍従
領地 大和国 **石高** 三万二千石

織田有楽《うらく》は、有楽流茶道の開祖といわれるが、茶人としては、数寄《すき》大名の部類に属する。強豪織田信長と十三ちがいの末弟であり、天文十六年（一五四七）に生まれている。通称源吾、名は長益。

織田長益像（正伝永源院所蔵）

天正十年（一五八二）の本能寺の変で、兄の信長が横死すると、長益は、秀吉に仕えた。信長の遺族のうちで、三男の信孝は別とし、あとは、大抵、秀吉の臣下同然となったため、長益もそうした運命に屈従せざるをえなかったとみえる。

兄の信長も名物茶器を集めたり、堺衆の千利休などを御茶頭《さどう》として、茶の湯に精進《しょうじん》し、茶の湯政道を唱えたりしたが、武断政治家としての色彩のほうが濃厚である。これに比べると、末弟の長益は、根っからの数寄者だった。したがって、武将としての活躍ぶりは、あまりはかばかしくない。

有楽は、秀吉に仕え、摂津国《せっつのくに》の内で二千余石しか与えられていなかったから、大名ではない。だから、位も侍従《じじゅう》であった。

そして、天正の末年（一五九一）ごろ、剃髪《ていはつ》して有楽斎と号した。略して有楽と呼ばれることになった。

『宗湛日記《そうたんにっき》』を見ると、有楽は、文禄元年（一五九二）の十一月二十一日、肥前国《ひぜんのくに》の名護屋城内で、朝会を催している。招客は小寺休夢と神屋宗湛の二人。長四畳座敷の炉に古釜をかけ、棚《たな》には「残月肩衝《かたつき》」茶入を袋に入れて置き、後入りには、竹の筒の花入に白玉椿《しらたまつばき》を生けた。高麗《こうらい》茶碗に道具を仕込んで、水指《みずさし》は瀬戸、水翻《みずこぼし》は面桶《めんつう》、蓋置《ふたおき》は引切《ひききり》、炭斗《すみとり》は瓢《ひさご》、といった取り合わせである。

このころ、有楽は、秀吉の御伽衆《おとぎしゅう》に列してい

大井戸茶碗「有楽井戸」
（『大正名器鑑』）

たが、秀吉は御伽衆のうちでも、有楽が、亡君信長の舎弟にあたる関係から、とくにこれを優遇し、慶長二年（一五九七）、伏見城内の山寺の数寄屋を有楽に与え、また、諸大名に遺物を分配したときには、有楽に「寺西肩衝」という名物茶入を与えている。

慶長五年（一六〇〇）の関ヶ原の戦いに、有楽は東軍に味方した。そこで徳川家康も、有楽に摂津・大和《やまと》の内で三万石を与え、大名に取り立て、また南禅寺金地院に数寄屋を建てるに際して、その設計図の修正を有楽に依頼したりしている。

そのうちに、有楽は秀吉の遺嗣豊臣秀頼の輔佐役となって、大坂城に居ることになった。これは、有楽が、秀頼の母淀殿《よどどの》の後見人だった関係からと思われるが、慶長十九年（一六一四）、大坂冬の陣が起きて、東西が手切れとなると、有楽は、秀頼や淀殿に、徳川氏に背くことの不利を説き、東西の間に介して、和議成立の斡旋《あっせん》につとめている。

しかし、一度成立した和議が再び破れて、大坂夏の陣が起こると、有楽は大坂城を出て、京都の東山に隠退し、茶事三昧《ざんまい》の余生を送ることにした。

大坂落城の後、元和三年（一六一七）から四年にかけて、有楽は建仁寺の正伝院の荒廃を嘆き、私財を投じて殿舎を復興し、ここを織田家累代《るいだい》の香華所《こうげしょ》と定め、ここに庭園と茶室を造った。有楽好みの茶室として名高い如庵がこれである。

如庵は室内の壁《かべ》の腰に古暦が貼ってあるので、暦の席とも呼ばれ、また、その平面に特徴があるから、筋違いの席ともいわれている。内外の意匠が極めてすぐれ、露地には「有楽」銘のある井筒、および「釜山海《ふざんかい》」の銘のある石を配している。

明治初年に正伝院がもとの永源院の地に移ってからは、有楽館といって保存され、明治の末年、三井男爵《だんしゃく》家の所有に帰し、庭石なども、元の形にのっとって移築されたが、現在は、愛知県犬山市に保管されている（犬山城の東側に有楽苑として現存）。

有楽は元和七年（一六二一）の十二月十三日、京都で死去した。享年七十五。

唐物茶入「残月肩衝」
（『大正名器鑑』）

『貞要集』によると、利休流新儀の台子《だいす》の直伝を秀吉から授けられた者が、七人いた。これを台子七人衆といったとのことで、それに、関白秀次、木村常陸介《ひたちのすけ》、蒲生《がもう》氏郷《うじさと》、細川三斎、高山右近《うこん》、瀬田掃部《かもん》、芝山監物《けんもつ》の七人を挙げている。

しかし、織田有楽は、この台子七人衆よりもはるかに茶の湯の巧者であったから、秀吉は、とくに、千利休に命じて、利休流新儀の台子の秘事を直伝させたとのことである。この話がどこまで本当かは別として、織田有楽が利休門下の逸材であったことだけはわかるような気がする。

なお、利休は有楽に新儀の台子の茶法を直伝したあとで、ひそかに有楽を近よせて、「いまは、秀吉公の御前であったから、茶の湯の極意を言い残した点がある」といって、さらに、口伝で秘事を語り伝えたとのことである。

そのとき、利休は、「茶の湯に、大事の習いというものは、別段ない。みな、自己の作意を機転で行い、他と比べもののないことを極意とする」と、述べたという。

（桑田）

その他の所持した名物

・唐物茶入「京極茄子」
・唐物茶入「玉垣文琳」
・茶入「草部屋肩衝」・茶入「万代屋肩衝」
・大井戸茶碗「有楽井戸」

織《お》田《だ》信《のぶ》雄《お》（常《じょう》真《しん》）

茶人度 ★★☆
名物数 ★★☆

生没年 一五五八〜一六三〇
別諱 具豊　信意　**通称** 三介　**法名** 常真
官位・官途名・受領名 正二位　侍従　左近衛権中将　中納言　内大臣　伊勢国司　**領地** 尾張国　伊賀国　伊勢国南部　**石高** 約百万石

織田信長の次男として生まれる。父信長の伊勢国攻略の一環として同国国司の北畠家へ養嗣子に出された。家中の実権の掌握に努め、家督を相続した後、同家一族や重臣を一挙に殺害または幽閉して乗っ取りに成功している。その後は兄の織田信忠に従って各地に転戦し軍功を挙げるが、独断で伊賀を攻撃して大敗を喫し、信長から叱責を受けたこともある。

織田信雄像
（国立国会図書館ウェブサイトより転載）

本能寺の変直後の清洲会議では家督を継げなかったが、翌年の天正十一年（一五八三）、賤ケ岳《しずがたけ》の戦いが勃発《ぼっぱつ》すると、信雄《のぶお》は秀吉方に属し、弟・信孝を岐阜城に攻めて降伏させた。

この戦で敗れた柴田勝家とお市の方が自害した後に、彼らの三人の娘を引き取って後見して面倒をみたのは、秀吉ではなく、信雄であるともいわれており、また、三姉妹の三女の江《ごう》を佐治一成に嫁がせたのも、秀吉ではなく、信雄であったとされる。

天正十二年の小牧・長久手の戦いでは、徳川家康と手を組んで秀吉と戦ったが、家康に無断で単独講和を結んだため、家康は大義名分を失って撤兵した。

以降は秀吉に臣従し、九州征伐などにも従軍したが、小田原征伐の論功行賞で移封命令を拒否したため、改易され、出家して常真と号した。のちに赦免され大名に復するが、関ヶ原の戦いでの日和見《ひよりみ》的態度を咎《とが》められ、再び改易された。

信雄所持 古銅花入
（古田織部美術館所蔵）

関ヶ原の戦いの後は秀頼に仕え大坂城に出仕したが、大坂冬の陣の直前に退城して徳川方に転身。元和元年（一六一五）、家康から大和国《やまとのくに》宇陀《うだ》郡、上野国《こうずけのくに》甘楽《かんら》郡などで五万石を与えられる。上野では風雅な庭園楽山園を造る一方、養蚕《ようさん》など産業育成にも力を注いだ。

信雄は、能楽をはじめ茶の湯・和歌などに活躍した、文化人でもあった。天正二年（一五七四）二月に、津田宗及《そうぎゅう》が岐阜で信長の茶に招かれたとき、弱冠十七歳の信雄が給仕に登場している。

信雄は「御本所様」と呼ばれ、茶の湯は叔父有楽《うらく》に学んだと考えられている。荒木道薫《どうくん》が所持した「兵庫」茶壺、秀吉から譲られた大名物「京極茄子《きょうごくなすび》」茶入などを所持した。

能の名手としても伝わっており、文禄二年（一五九三）、秀吉が主宰した天覧能を観た近衛信尹《このえのぶただ》は、「常真御能比類無し、扇あつかひ殊勝丶」との感想を残している。

晩年は京都北野に隠居し、悠々自適の日々を送った。『時慶卿記《ときよしきょうき》』には近衛信尋《のぶひろ》を招いて茶会を開いた記録が残る。寛永五年（一六二八）には、将軍・徳川家光から江戸城での茶会に招待されている。

師匠　千利休・織田有楽

織田信包《おだのぶかね》

茶人度　★☆☆
名物数　☆☆☆

生没年　一五四三〜一六一四
別諱　信良　信兼　信廉　**通称**　三十郎　**号**　老犬斎
官位・官途名・受領名　従三位　上野介　民部大輔　左中将
領地　丹波国柏原　**石高**　三万六千石

織田信長の弟。織田家中では、信長の子の信忠、信雄に次ぐ地位にあった。本能寺の変の後は、羽柴秀吉に御伽衆《おとぎしゅう》として仕えた。その後姪《めい》の子にあたる秀頼を補佐したが、大坂の陣の直前に急死した。

天正二十年、名護屋での秀吉の茶会に出席したことが、『宗湛日記』に記されている。

織田信包像（正伝永源院 所蔵）

師匠　松井友閑

織田信忠《おだのぶただ》

茶人度　★☆☆
名物数　★★☆

生没年　一五五五？〜一五八二
別諱　信重　**通称**　勘九郎
官位・官途名・受領名　秋田城介　従三位　左近衛中将
領地　美濃国　尾張国　**石高**　推定百十一万石

織田信長の嫡男《ちゃくなん》。元服後は、石山合戦、伊勢《いせ》長島攻め、岩村城の戦いなどに出陣して武名を上げた。信長は安土築城を開始すると同時に、織田家の家督と尾張《おわり》・美濃《みの》の一部ならびに岐阜城を信忠に譲っている。その後も、雑賀《さいか》攻め、上月城の戦いと転戦し、天正十年（一五八二）の甲州《こうしゅう》征伐では武田氏を滅ぼしている。しかし、同年の本能寺の変では、二条新御所に籠《こ》もって奮戦したが、衆寡《しゅうか》敵せず自害した。

信長があまりに偉大なため、父に劣る凡将という評価が専《もっぱ》らだったが、近年では信長の後継者として十分な資質を備えていたと評価されている。本能寺の変の際には脱出する機会があったともいわれ、もし信忠が生き延びていれば織田政権は崩壊せず、秀吉の天下は来なかったとする意見もある。

幸若舞《こうわかまい》を好んだ信長とは異なり、能や狂言を好んで名手であった。

信長は家臣に褒賞《ほうしょう》として茶道具をよく与えていたが、中でも信忠は数多くの名品を拝領している。天正五年（一五七七）十二月二十八日・二十九日、信長は信忠に、「この茶道具で茶の湯をし、皆に見せなさい」と命じて、「初花肩衝《はつはなかたつき》」茶入をはじめとする、十一点の名物茶器を賜与した。そして翌六年の一月四日、万見重元邸で、信忠は茶器披露の茶会を開いている。

織田信忠像
（東京大学史料編纂所 所蔵模写、原本：大雲院）

唐物茶入「初花肩衝」
（『大正名器鑑』）

また、名物記には、信忠が「初花肩衝」茶入のほか、「松花」茶壺、「藤波」釜、「道三」茶碗、玉澗《ぎょくかん》筆雁の絵を所持したことが見えている。

師匠　丸山梅雪

織田信長《おだのぶなが》

茶人度 ★★★
名物数 ★★★

生没年 一五三四～一五八二
通称 三郎　**官位・官途名・受領名** 正二位 上総守 上総介 右大将 右大臣
石高 八百十二万石

尾張《おわり》の一角から起こって、尾濃両国を平定し、さきの十三代将軍足利義輝の弟義昭を奉じて上洛し、日本全国統一の大業に先鞭《せんべん》をつけた織田信長は、先に述べた松永久秀などが一戦も交えずに降参したほどの強豪ではあったが、茶の湯の歴史から見ると、久秀の後輩と称してもよかったのである。

織田信長像（東京大学史料編纂所 模写）

松永久秀は、三好三人衆とともに、堺の大茶匠武野紹鷗《じょうおう》門下の数寄《すき》大名であったが、信長は、上洛の翌年（永禄十二年）、初めて堺の茶の湯文化に接触し、紹鷗門下の堺の茶匠、今井宗久、津田宗及《そうぎゅう》、千利休などの引廻しで、茶の湯を学び、名物茶器の蒐集《しゅうしゅう》を始めたのである。

永禄十一年（一五六八）の九月、信長が尾濃六万の大兵を率いて上洛すると、その武威に恐れた松永久秀は、降参のしるしとして、本朝無双の名物といわれた「作物茄子《つくもなすび》」茶入と「吉光」の太刀を信長に献上したが、このとき、堺の富商今井宗久もまた、天下にかくれなき名物茶壺「松島」と「紹鷗茄子」茶入を信長に進呈している。

「松島」茶壺は、足利八代将軍義政秘蔵のルソンの真壺で、葉茶が七斤《きん》余も入る大壺である。贅《ぜい》（こまかなこぶ）の数が陸前の名所松島の島の数ほどあるというので、この銘がつけられた。義政の死後、諸所を流転した末、武野紹鷗門下の数寄大名三好宗三の手に入ったが、宗三の子の三好右衛門大夫が紹鷗に売却し、紹鷗の秘蔵品となった。そして、紹鷗の死後、その女婿《じょせい》今井宗久の所有に帰したのである。

なお、「紹鷗茄子」は、漢作唐物、茄子形の茶入で、もと茶の湯の開山といわれた珠光が所持し、その高弟松本珠報がこれを譲り受けた。そこで、「松本茄子」と呼ばれたこともある。その後、堺の引拙《いんせつ》、武野紹鷗を経て、今井宗久の所有に帰した。珠報が引拙に売却したとき、百二十貫文だったという。

信長が名物茶器を手に入れたのは、これらが初めてで、これに味をしめたせいか、翌年（永禄十二年）の四月、丹羽《にわ》長秀と松井友閑に命じて、洛中に存在する名物茶器の徴収を行わせた。これを俗に信長の「名物狩」と称している。その結果、上京《かみぎょう》の大文字屋が所有する「初花肩衝《はつはなかたつき》」茶入、祐乗坊所持の「富士茄子」茶入、法王寺所有の竹の茶杓、池上如慶秘蔵の蕪《かぶら》なしの花入、佐野某所持の雁《かり》の絵、江村栄紀所有の桃底の花入などの名器が集まり、その代価として、信長から莫大な金銀や八木（米）が与えられたのである。

つぎに、法王寺所持の竹の茶杓については、その由来が明らかでない。竹の茶杓の逸品ではあろう。

蕪なしの花入は、蕪（首と胴との間の蕪の形にふくれている部分）のない形の青磁の花入で、京都新在家の池上如慶の秘蔵品であった。花桐の卓《しょく》の上にのせて飾るのを習いとした。

雁の絵は、元代の画家玉澗《ぎょくかん》の描いた瀟湘八景《しょうしょうはっけい》のうち、「平沙落雁《へいさらくがん》」図の一幅をいう。

桃底の花入は、胡銅《こどう》の花入で、底に高台のないものをいう。桃尻と形式は似ている。素文細口で、口からくびれて、細く長く、下部の胴がふくらんだ形のものである。

つぎに、元亀元年（一五七〇）には、和泉《いずみ》の堺にある名物茶器のことを耳にし、それらを一覧したい、ということを、松井友閑に命じて、町年寄に触れさせた。そのころ、堺はすでに信長の勢力範囲に入り、ここに信長の代官所が置かれ、松井友閑がその任にあたっていた。信長は、堺の富裕に垂涎《すいぜん》すると同時に、また、名物茶器にも心ひかれたのであった。

まもなく、堺の代官屋敷に名器が集まると、信長は、やってきて、それらを一覧したが、そのなかから、津田宗及所有の菓子の絵、薬師院所持の「小松島」茶壺、油屋常祐所有の柑子口《こうじぐち》の花入、松永久秀秘蔵の鐘《かね》の絵を召し上げ、その代わりに、多額の金銀をつかわした。

信長は、その後、また、天王寺屋了雲所持の「貨狄《かてき》」花入、今井宗久所有の「開山五徳」蓋置《ふたおき》、二銘の茶杓などを徴収し、代価として相応な金銀を与えている。

信長のこうした「名物狩」が評判になってくると、その歓心を買おうと考える者が、何かの機会に秘蔵の名物茶器を進呈したのであった。ちょうど、松永久秀が降参のしるしに「作物茄子」茶入を献上したように、命と引きかえに名物茶器を提出することが習いとなったのである。

たとえば、天正三年（一五七五）の三月には、領国駿河《するが》を失って、流浪の身となった今川氏真（義元の子）が、信長の権勢に頼ろうとして、徳川家康を仲介として、「千鳥」香炉と「宗祇《そうぎ》」香炉を贈呈した。しかし、このとき、信長が、「千鳥」香炉だけを受け取り、「宗祇」香炉を返却したため、氏真は、さらに、「百端帆」の掛絵を献上している。

それから、天正五年（一五七七）の十月、石山本願寺の顕如上人《けんにょしょうにん》（光佐）が、小玉澗、古木、花の絵の三幅を信長に進上し、和睦《わぼく》を申し出ている。信長の石山本願寺討伐は、同年の四月に始まったが、その後、河内《かわち》の三好康長（咲岩《しょうがん》）も信長に降伏し、越前・加賀の門徒衆も掃討されたため、さすがの顕如上人も閉口し、三好康長と松井友閑を間に立てて、信長に誓書《せいしょ》を提出し、和睦を求めてきた。そこで信長も、その要求を容れ、顕如上人に誓書を送ったが、その直後に、本願寺名物として世に知られたこの三幅の掛絵が、岐阜の信長に届けられたのである。

つぎに、三好咲岩（康長）が、秘蔵の「三日月」茶壺を信長に献上したのも、このときのことであった。やはり、降参のしるしだったらしい。

天正六年（一五七八）の四月には、宮尾道三所持の「宮王釜」が、信長に献上されたが、その代価は黄金五十枚だったという。

さて、信長が、このように、名物茶器の蒐集に意外な執心ぶりを見せたのは、なぜかといえば、『信長公記』の著者、太田和泉守牛一によれば、「もはや、金銀や米銭には不足がないから、この上は、天下の名物を思うがままにわがものとしたい」と考えたからだという。しかし、信長の「名物狩」は、単なる骨董《こっとう》趣味ではなかった。一国を支配する者は、一国の珍宝をも支配せねばならない、という異国の王者の所業にならったもので、足利将軍に代わって、日本を支配する権力者たることを自任した結果と考えられる。

しかし、信長が、東山御物を制定した足利義政と異なる点は、蒐集した名器を、代価通りに活用したことであった。

足利義政は、将軍のくせに一国をも支配できない劣等感を克服するために、せめて珍宝だけは独占したかった。が、下剋上《げこくじょう》の波浪は、足利将軍の権威をふみにじり、東山御物をも散逸させた。天下の珍宝は、将軍の手から大名の手へ、大名の手から豪商の手へと移っていった。そこで信長は、将軍に代って天下を支配する権威者として、その身辺を飾るために、天下の珍宝の再蒐集へと踏みきった。しかし、これを単なる骨董品として秘蔵するに止めず、これを活用することを考えた。

信長は、彼の配下の武将、または大名で、彼に忠勤をはげみ、戦功の著しかった者には、褒美《ほうび》と称して、彼の蒐集した名物茶器を惜しみなく賞与した。

たとえば、天正五年（一五七七）、近江の安土築城の工事が完成すると、その工事にたずさわった部下将士の労苦を賞し、丹羽長秀に市の絵を、羽柴秀吉には大軸の絵を与えたということが、『信長公記』に記してある。

長秀は、安土城普請の総奉行であり、これに与えた市の絵とは、玉澗の画《か》いた瀟湘八景のうちの「山市晴嵐《さんしせいらん》」図と思われる。また、秀吉に与えられた大軸の絵とは、どんなものか判明しないが、おそらく、玉澗か牧谿《もっけい》かの山水画の掛物でもあろうか。

つぎに、天正九年（一五八一）の十二月、秀吉が中国地方の経略に一段落をつけて安土城に伺候《しこう》したとき、信長は、秀吉の大功を賞し、これに、雀《すずめ》の絵、砧《きぬた》の花入、「朝倉肩衝」茶入、「大覚寺天目」、尼崎《あまがさき》の天目台、珠徳の竹の茶杓、鉄羽の火筋（火箸《ひばし》）、高麗《こうらい》茶碗といった八色の名物茶器を与えている。

このほかにも、信長から名物茶器を賞賜されたものに、信長の長男城介信忠、柴田勝家などがいた。彼らは、同時に、名物茶器を蒐集することも、それらの名器を使って茶会を催すことも、信長から許可され、公認された。

彼ら織田家の部将たちが、そのような信長の恩恵に対して、これを無上の光栄と思い、感謝感激していたことは事実であって、羽柴秀吉の例をあげると、秀吉は、信長が本能寺の変で自害した直後、信長の三男織田信孝の家老に送った書状に、「上様（信長）から、かさねがさね御褒美、御感状に預かり、その上、但州（但馬《たじま》）金山と、御茶の湯道具までを、取り揃《そろ》えて下された。茶の湯は、御政道の上から、並みなみの者には許されぬことになっているが、我らには、特別に許可され、茶の湯をつかまつれと、仰せ下されたことは、今生後生《こんじょうごしょう》、忘れがたきしあわせである。上様をさしおいて、そも何びとが、このような恩恵を下されるだろうかと、考えるにつけても、夜昼、涙を浮かべ、御一類の御事まで、かりそめには思いませぬ」と、いうのである。

これは、信長が、政道の上から、並みの者が茶会を催すことを禁止していたからだ。つまり、茶会を開くことは、信長の家臣のあいだでは、信長の許可制によったのである。武士の本分である武道をなおざりにして、茶の湯に耽《ふけ》ることを、信長が警戒したからだ。

たとえば、信長は、天正八年（一五八〇）の八月、部将の佐久間信盛・信栄《のぶひで》父子に折檻状《せっかんじょう》を与え、彼らを紀州の高野山に追放している。その理由は、「佐久間父子が、摂津《せっつ》の石山本願寺攻囲戦の最中、信長の命令で、天王寺の砦《とりで》を守り、石山城のおさえとなっていたにも拘《かかわ》らず、数年のあいだ、なんらの目だった手柄も立てず、武道を怠《おこた》り、無意味に月日を過ごしていた。とくに、父親の信盛は横着ものだし、息子の信栄は道楽もので、堺の町人衆を相手に茶の湯に耽溺《たんでき》していた」というのであった。

信長は、政道の一端として、茶の湯の持つ平和秩序を重んじた。彼は、「天下布武」の印章を使用して、武断政治を標榜《ひょうぼう》したが、天下統一の政治は、武断だけではおこないがたいことを、よく認識していた。そのため、将来、諸国の大名に封ぜられる筈《はず》の配下の武将たちに茶の湯を許可し、奨励し、野卑粗放な彼らに礼儀作法を習わせ、その品性を向上させようと考えた。戦功があり、大名の資格のある部将に、名物茶器を下賜し、茶会を開くことを許可したのである。

そしてそのために、まず、信長自身、率先して、名物茶器の蒐集につとめると同時に、茶の湯の道にも精進《しょうじん》したのであった。

信長は、はじめ、京都の新在家に住む珠光流の茶匠、不住庵梅雪を御茶頭《さどう》に召し抱え、これについて茶の湯を学んだ。しかし、まもなく、これをやめ、堺の茶匠、今井宗久、津田宗及、千宗易《そうえき》を御茶頭とし、この三人について茶の道を究《きわ》めようと志した。

『今井宗久茶湯書抜』によれば、元亀元年（一五七〇）の四月二日、今井宗久が、信長の御前で、千宗易の点前《てまえ》で薄茶《うすちゃ》を賜《たま》わったことがわかる。信長と宗易との交渉が文献に見えるのは、これが始めである。また、『津田宗及茶湯日記』や『信長公記』を見ると、信長は、天正元年（一五七三）から、しばしば、茶会を催している。

天正元年の十一月二十四日、信長は、京都の妙覚寺で朝会を開き、堺の代官松井友閑と、堺衆の今井宗久・山上宗二などを招いた。千宗易が、濃茶《こいちゃ》の点前をやっている。

唐物茶壺「初雪」
（売立目録）

「三日月」茶壺の口切の茶事で、その葉茶を茶臼《ちゃうす》で碾《ひ》き、茶を点《た》てたのである。座敷飾りは、床《とこ》に牧谿の「帆帰（遠浦帰帆《えんぽきはん》）」図を掛け、その前に「三日月」壺を置き、蕪なしの花入には、信長の生けた白梅が匂《にお》っている。炉に鎖《くさり》で鶴首の釜を釣り、「大覚寺天目」、「作物茄子」茶入、といった名物道具を用いた。会席料理は、雉焼《きじやき》、鶴の汁、蒲鉾《かまぼこ》、鯛《たい》の刺身、鶉《うずら》の焼鳥。菓子は、むき栗《ぐり》、金柑《きんかん》、橘飩《きんとん》、煎榧《いりかや》焼餅、といったもので、今井宗久の点前で薄茶を飲んだ信長は、上々の好機嫌であったと、『津田宗及茶湯日記』に記している。

天正二年（一五七四）の三月二十四日には、京都の相国寺で信長の茶会があり、堺衆が招かれている。

座敷の床に趙昌《ちょうしょう》の五種の菓子の図を掛け、方盆に「松本茄子」茶入を置き、台子《だいす》に「藤波」釜、桶《おけ》の水指、合子《ごうす》の水翻《みずこぼし》、柑子口の柄杓立《ひしゃくたて》、「犬山天目」を数の台にのせた。亭主の信長は、茶を棗《なつめ》に入れて、客席に持ち出し、堺の紅屋宗陽が進上した高麗茶碗に濃茶を点て、客に飲ませた。御茶頭は松井友閑だった。それから、相国寺の書院で、今川氏真が献上した「千鳥」香炉を、今井宗久・津田宗及・千宗易の三人に拝見させている。

なお、『津田宗及茶湯日記』によると、同年（天正二年）の四月三日にも、信長は、相国寺で昼会を催している。これは、前月（三月）の二十七日に信長が奈良に赴《おもむ》き、帰京してからの、突然の茶会であった。

床には玉澗の「万里江山」図を掛け、「初花肩衝」茶入と「安井茶碗」を長盆に飾り、小板に風炉《ふろ》、平釜、五徳、珠徳の茶杓、といった道具の取り合わせで、御茶（濃茶）を不住庵梅雪が点てている。

天正三年（一五七五）の十月二十八日には、信長は、京堺の数寄者十七人を京都の妙光寺に招き、茶会を催している。

床に玉澗の晩鐘（「遠寺晩鐘《おんじばんしょう》」）の図を掛け、その前に「三日月」茶壺を白地金襴《きんらん》の袋に入れて飾り、違棚《ちがいだな》の上には、数の台に白天目をのせ、内赤の盆に白地金襴の袋に入れた「作物茄子」茶入を据え、下の棚には合子の水翻、炉には乙御前の釜をかけ、千宗易が、「道三茶碗」で、「松島」壺を飾って茶を点てている。やはり、口切の茶事だった。『信長公記』には、このとき、宗易のことを、「茶湯者宗易」と記しているから、宗易が、すでに、信長の御茶頭になっていたことがわかる。

さて、天正四年（一五七六）に近江の琵琶湖《びわこ》の南岸に安土城が築かれ、やがて、信長がここに移ると、宗易に命じて、城内の数寄屋の事を掌《つかさど》らせたという。

信長は、また、天正六年（一五七八）の正月朔日《ついたち》の朝、諸国の大名が安土城に参賀したとき、長子信忠をはじめ、武井夕庵、林佐渡守（秀貞）、滝川一益、細川藤孝、明智光秀、荒木村重、長谷川与次、羽柴秀吉、丹羽長秀、長谷川宗仁などを六畳座敷に招き、茶を振舞っている。

床に玉澗の岸の図を掛け、東に「松島」、西に「三日月」壺を飾り、四方盆に「万歳大海」茶入をのせ、「返り花」水指、「珠光茶碗」、といった取り合わせで、炉に姥口《うばぐち》の釜を鎖で釣っている。御茶頭は松井友閑だった。

ところで、天正十年（一五八二）になると、三月十一日、信長は、徳川家康の協力を得て、宿敵武田勝頼を甲斐の天目山下に討ち滅ぼし、四月二十一日安土に凱旋《がいせん》したが、五月十五日、駿河を加増された謝礼を述べるために安土にやってきた家康を、部将明智光秀に命じて、饗応させた。ちょうど、そのとき、備中の高松城を水ぜめにし、毛利輝元の後巻きの大軍と対峙《たいじ》していた羽柴秀吉から、救援依頼の早飛脚が信長のもとに到着したため、信長は、光秀その他の部将にも備中出陣を命じ、自ら七十余人の近臣を連れ、五月晦日《みそか》、上洛し、四条西洞院《にしのとういん》の本能寺に宿泊した。

『仙茶集』所収の「楠長諳覚書《くすのきちょうあんおぼえがき》」によると、そのとき、信長は、安土城に秘蔵していた三十八種の名物茶道具を本能寺まで運搬し、六月朔日から本能寺で、名物披きの大茶会を催す予定であったことがわかる。

唐物茶入「紹鷗茄子」
（『大正名器鑑』）

その三十八種というのを挙げてみると、「作物茄子」茶入、「珠光小茄子」茶入、「円座肩衝」茶入、「勢高肩衝《せいたかかたつき》」茶入、「万歳大海」茶入、「紹鷗白天目」、「犬山灰被《はいかつぎ》天目」、「松本茶碗」、「宗無茶碗」、「珠光茶碗」、高麗茶碗、数の台二つ、堆朱《ついしゅ》竜の台、趙昌筆菓子の絵、古木の絵、小玉澗の絵、牧谿筆くわいの絵、牧谿筆ぬれ烏、「千鳥」香炉、二銘《ふたつめい》の茶杓、珠徳の「浅茅《あさぢ》」茶杓、「相良」高麗火筋（火箸）、同鉄火筋、「開山五徳」蓋置、火舎《ほや》香炉、「宗及炭斗《すみとり》」、「貨狄」花入、蕪《かぶら》なしの花入、玉泉所蔵筒瓶青磁の花入、切桶水指、「かへり花」水指、締切水指、柑子口柄杓立、「天下一」合子水翻、藍香合、立布袋《たちぼてい》香合、「宮王釜」、「田口釜」という当代の逸品ぞろいであった。

信長は、以上、三十八種の名器を、安土城から京都まで運ばせ、彼自身も、これを監督しながら、五月晦日、洛東、本能寺に到着したのであった。

嫡男城介信忠の率いる二千余の旗本隊とは別に、麾下《きか》の武士たちとも離れ、小姓と女中衆、合わせて七十余人を連れて、信長が単騎上洛したのは、このような事情があったからである。

明けて、六月朔日、信長は、本能寺において、これら秘蔵の名器を人々に披露《ひろう》する茶会、つまり、名物披《ひら》きの茶会を催したらしいが、その茶会の様子がどんなものであったかは、さっぱりわからない。

ただ、『宗湛由緒書《そうたんゆいしょがき》』によると、博多の富商神屋宗湛が、島井宗叱《そうしつ》（宗室）と同道して上洛し、本能寺において信長に謁見したが、そのとき、明智の乱が勃発《ぼっぱつ》したため、本能寺の書院の床の間に掛けてあった「遠浦帰帆」図の一軸をはずし、持って帰った、という事情を説明している。この図は、玉澗か牧谿かの筆と思われるが、前掲の三十八種の名器のなかには見あたらない。

また、『島井家由緒書』にも、この事情を裏書きするような記事がある。それによると、同じく博多の富商の島井宗叱も、本能寺の変のどさくさまぎれに、「どうせ焼けるものなら」と、思ったものか、弘法大師真蹟《しんせき》の千字文の掛軸を持ち出している。宗湛とともに、事変の難を避け、本能寺から脱出した様子が偲《しの》ばれる。

また、山科《やましな》家の『言経卿記《ときつねきょうき》』を見ると、天正十年の六月一日、近衛前久《このえさきひさ》以下四十人の堂上公家《くげ》、僧侶、地下人《じげにん》たちが、信長の宿所、本能寺に参上し、数刻雑談を交わし、茶の湯の会が催された、と記しているから、本能寺の変の前日、公家、僧侶、地下人を交じえての茶会が、本能寺であったことは、事実であろう。その地下人のなかに、神屋宗湛や島井宗叱が加わっていたことも、推測されなくはない。ただし、名物茶器披露の記事が見えないのは、あるいは、翌日に延期されたせいかもしれない。

さて、茶会が終わってから、夜に入って、酒宴が催されたというのが、通説であるが、また、日海（後の本因坊一世の算砂）という僧侶の囲碁《いご》の名人を相手に、信長が碁を打ち、九つ（午前〇時）を過ぎてから、それが終わり、日海が本能寺を退出した、とも伝えている。ともかく、信長が、その夜、深更におよんで就眠したことだけは、確かであろう。

そして、その翌日、六月二日の早暁《そうぎょう》、本能寺は、突如として、丹波《たんば》の亀山から備中への道筋を転じて京都に乱入した明智光秀の率いる一万余の大軍のために、十重二十重《とえはたえ》と包囲されたのである。

光秀謀叛《むほん》と知ると、信長は、自ら弓矢を取って防戦したが、衆寡《しゅうか》敵せず、「いたし方なし」と、つぶやいて居間に退き、自刃して果てた。享年四十九。小姓の森乱丸以下の近習・小姓たちも、奮闘防戦の末、みな、信長の死に殉《じゅん》じた。本能寺は兵火のために焼け落ち、三十八種の名物茶器も、その秘蔵者である信長と運命を共にしたのである。

この本能寺の急変で、信長秘蔵の名物茶器

が、一朝にして灰燼《かいじん》に帰したことだけは、事実である。それは、この事変から七年目にあたる天正十七年（一五八九）に書かれた『山上宗二記』を見ても、「松島」茶壺、「松本茶碗」、「引拙茶碗」、菱実盆《ひしのみぼん》香合、趙昌筆 菓子の絵双幅、玉澗筆 古木の絵、玉澗筆 岸の絵、小玉澗の絵、蕪なしの花入、「貨狄」花入、「勢高肩衝」茶入、「万歳大海」茶入、「作物茄子」茶入、「珠光小茄子」茶入、平釜、「珠光」柑子口柄杓立、「相良」高麗火筋（火箸）などが、惣見院《そうけんいん》（信長の法名）最期のときに、本能寺で火に入り、焼失したことが、確認される。

信長は、おそらく、西国出馬に際し、京都の本能寺で名物抜きの茶会を盛大に催し、数寄大名としての面目を天下に誇示したかったのであろう。そして、その催しが、図らずも、中国出馬の直前の饗宴となることを期待したが、明智の反逆のために、それを果たし得なかったのではあるまいか。

明智ほどの数寄者が、名物抜きの茶会を無視して、本能寺に乱入し、天下の名器をことごとく焼き果たすなどとは、到底、信じられなかったものとみえる。そこに、武略家としての信長の油断があり、不覚があった。

（桑田）

その他の所持した名物
・唐物茶壺「松花」・唐物茶壺「初雪」
・唐物茶入「北野肩衝」

師匠 千利休

河尻秀隆《かわじりひでたか》

茶人度 ★☆☆
名物数 ☆☆☆

生没年 一五二七～一五八二
別諱 鎮吉 **通称** 与兵衛
官位・官途名・受領名 肥前守
領地 甲斐国 **石高** 二十二万石

織田信長の父・信秀に早くから仕え、信秀の死後は信長に仕えた。信長が弟・信行を暗殺した際に手を下したのは秀隆であったとされる。その後は黒母衣衆《くろほろしゅう》の筆頭となり、各地を転戦した。信長の嫡男《ちゃくなん》・信忠が対武田氏の軍団の長とされると、副将格で信忠を補佐するようになる。東美濃《みの》の岩村城を奪回し、城主となっている。天正十年の武田征伐では、信忠を大将とする軍団は、信濃《しなの》、甲斐《かい》を攻略し武田氏を滅ぼした。この軍功で秀隆は甲斐一国を与えられた。

しかし、本能寺の変で情勢が一変し、武田氏の残党が起こした一揆《いっき》によって殺害された。享年五十六歳。この一揆は徳川家康が糸を引いていたと思われ、秀隆の死によって領主不在となった甲斐は家康が占拠している。

天正元年（一五七三）の津田宗及《そうぎゅう》の茶会に簗田《やなだ》政綱、塙《ばん》直政とともに出席している。

師匠 千利休・長谷川宗仁

佐久間信栄《さくまのぶひで》（不干斎《ふかんさい》）

茶人度 ★★☆
名物数 ★★☆

生没年 一五五六～一六三二
別諱 正勝 **通称** 甚九郎
官位・官途名・受領名 駿河守 **号** 不干斎
領地 武蔵国児玉郡・横見郡 **石高** 三千石

佐久間不干斎《ふかんさい》は、織田信長の重臣で近江《おうみ》の永原長光寺の城主であった佐久間右衛門尉《えもんのじょう》信盛の子である。初め甚九郎と称し、信栄《のぶひで》といい、父とともに、信長に仕えた。しかし、信栄は、荒武者の父信盛とは違い、千利休門下の数寄者《すきしゃ》であった。

甚九郎信栄が、初めて茶会を開いたのは、『津田《つだ》宗及《そうぎゅう》茶湯日記《ちゃのゆにっき》』によると、天正五年（一五七七）の二月二十五日の昼会であった。客は堺衆の銭屋宗訥《ぜにやそうとつ》と津田宗及。炉に平釜をかけた。ついで、同年の閏《うるう》七月四日に夜会を催している。この夜会の模様はよくわからないが、ここで、宗及が大甕《おおがめ》（日記では亀

唐物茶入「種村肩衝」
（『大正名器鑑』）

の字が当てられている）の蓋《ふた》を拝見したという。これは、南蛮物の水翻《みずこぼし》で、大甕の蓋を流用したらしい。信栄が平野屋道是《どうぜ》から譲り受けたとのことである。

同年の九月三日にも、信栄主催の夜会があった。炉に霰釜《あられがま》を鎖《くさり》でかけ、染付茶碗、手桶《ておけ》の水指、大甕の蓋の水翻という道具の取り合わせだった。

また、九月二十九日の信栄の夜会も同様な道具立てだったが、別に、天目茶碗を貝の台に据えて、茶を点《た》てた。そのとき、宗及は、自ら所持の「神事翁」天目茶碗を信栄に進上している。

同年の十月十八日には、信栄の朝会が催された。客は住吉屋宗無と津田宗及であった。炉に霰釜をかけ、茶入は肩衝《かたつき》。手水《ちょうず》のあいだに肩衝を四方盆《よほうぼん》にのせ、手桶の水指のそばに置いたが、点茶のときに、手桶はなかった。籠《かご》から台天目を出して、それに茶を点てた。水翻は大甕の蓋。天目は、前に宗及からもらった「神事翁」。天目台は貝であった。薄茶《うすちゃ》は、坂本の「永能肩衝」茶入を用い染付茶碗に点てた。この肩衝は、宗及も初めて見たらしく、その拝見記を委《くわ》しくしたためている。このときの振舞料理は、赤折敷《あかおしき》に、真名鰹《まながつお》、平茸汁《ひらたけじる》、蛸《たこ》、焼物、飯。大土器《おおかわらけ》に貝をいろいろ入れて、酢《す》でためて、小椀に鱠《なます》。大碗に蒲鉾《かまぼこ》、烏賊《いか》、塩鯛《しおだい》。縁高にあま海苔《のり》、蜘蛛蛸《くもだこ》、金柑《きんかん》。食後に、足打《あしうち》に土器にはらご、土器に独活《うど》。飯椀に薄皮。鯉《こい》の吸物、麩《ふ》の吸物を中椀にして、食籠《じきろう》。そのほか、いろいろな肴《さかな》が出た。ただし、このときの角の入れ物も、料理も、みな、津田宗及が調進したということである。

信栄作 竹茶杓（共筒）
（古田織部美術館所蔵）

天正六年（一五七八）の正月晦日《みそか》に佐久間甚九郎信栄の不時の茶会があったことも、『津田宗及茶湯日記』に見えている。このときは、炉に霰釜をかけ、手桶の水指。床《とこ》には雀《すずめ》の絵を掛けた。ただし、これは、信長から拝領の掛軸であるという。そのほか、高麗《こうらい》茶碗、大甕の蓋の水翻などが用いられた。

このころ、信栄は、父の右衛門尉信盛とともに、信長の命令によって、摂津《せっつ》の石山本願寺を攻囲するために、天王寺の砦《とりで》を守っていた。が、本願寺門徒との戦いも長期化していたので、信栄は、天王寺の砦在番中、暇を作っては、茶事に熱中していた。武人ではあるが、戦争には、少々、飽《あ》きあきしていたものとみえる。そこで、彼は、二月七日（天正六年）にも、師匠格の津田宗及を堺から夜咄《よばなし》の茶事に招いた。そして、巳《み》の刻《こく》（午前十時）に至った。つまり、徹夜で、しかも翌朝の十時ごろまで、茶の湯に熱中しながら、茶咄《ちゃばなし》に耽《ふけ》っていたわけである。このときの茶事は、炉に霰釜をかけ、手桶水指、備前焼茶碗、大甕の蓋の水翻といった道具立てだった。しかも、また、その翌朝（二月九日の朝）の卯《う》の刻《こく》（午前六時ごろ）から茶事を催している。つまり、朝会である。炉に自在竹で霰釜をかけ、水指は釣瓶《つるべ》。床には「鷂《はいたか》」大壺、つまり、茶壺を、葦棚《よしだな》には進上の天目茶碗が飾ってあった。「鷂」茶壺は、もちろん、呂宋《るそん》の壺であろうが、どのような形態のものか、明らかでない。

二月十四日にも、信栄は、夜会を催し、堺衆の千宗易《そうえき》、津田宗及、山上宗二の三人を招いている。炉に霰釜、手桶水指といった、いつもの道具だったが、それから一日おいた二月十六日、信栄は、荒木村重の朝会にも出席している。そして、その昼には河原林越後の昼会に、十七日には、また、荒木村重の朝会に、宗易や宗及とともに招かれた。しかも、二月二十一日には、信栄が主催で昼会を開き、炉には霰釜だが、伊勢《いせ》天目茶碗、釣瓶水指を使っている。釣瓶水指は、宗易新儀の水指である。

同年（天正六年）の五月四日の夕刻から深夜にかけて、また、信栄は夜会を催し、銭屋宗訥と津田宗及を招いた。小板、釣り物の釜を用い、床には、手桶の花入に宮城野（萩《はぎ》の名）を生けている。そして、あとでは、その手桶を水指にも用いた。これは、荒木村重が、蕪《かぶら》なしの花入を香炉に転用した前例にならったものとみえるが、このほうが自然味に富んでいた。茶碗は珠光好みの人形手の青磁、水翻は例の大甕の蓋であった。そして、振舞が三の膳まで出た。平赤折敷に鯛の焼物、土魚汁、白瓜《しろうり》の香の物、飯。三の膳が鯛の刺身、雲雀《ひばり》の焼鳥。樫薄皮《かしうすかわ》は菓子である。

それから、初秋になって、七月十日に、信栄は、宗及と宗玄を招いて、夜会を開いた。風炉《ふろ》に釣り物。小板、手桶水指、こゆみ茶碗、備前の水翻。料理は、海月《くらげ》のあえもの一つ、飯。後段では、膾《なます》、煮鮑《にあわび》そのほかのものが出た。宗玄というのは信長の家来、野々村主水《もんど》のことである。

それから、十九日の晩にも信栄の茶会があって、銭屋宗訥と宗及の二人が招かれた。茶の湯の趣向はいつもの通りで、料理は湯漬《ゆづけ》のほか、いろいろ出た。

八月三十日にも、信栄は茶会を催して今井宗久、津田宗及、山上宗二を呼び、また、九月一日、草部屋《くさべや》道設と宗及を招き、この時は、床に雀の絵を掛け、茶の湯はいつもと同様であった。

同年の十一月十一日にも、甚九郎信栄は朝会を開き、宗訥・宗二・宗及を招いた。炉に釣り物。そのうしろに手桶水指と備前の水翻を置いた。床には足軽の花入を置く。これは、銅の南蛮物。これに薄色椿《うすいろつばき》を生けた。茶碗は人形手。

さて、天正七年(一五七九)になっても、佐久間甚九郎信栄の茶の湯執心は、つのるばかりであった。石山本願寺攻めなど眼中になかったかのようである。

正月二十二日の朝会。このとき、信栄は、炉に釣り物。床に肩衝茶入を四方盆にのせ、黒塗の台にのせた天目茶碗で茶を点てた。二十八日にも、宗二・宗及・住吉屋宗無を招いて、いつものように茶事を催したが、花入は魚耳《うおみみ》の花入であった。

四月三日にも、宗及・宗二・水野監物《けんもつ》を招いて茶会を開き、炉に小板、大釣り物。床には魚耳の花入に芍薬《しゃくやく》を生けている。

五月六日の昼会には、宗訥・宗二・宗及を呼んで茶の湯を催し、道具立ては、蜻蛉《とんぼ》の釜、手桶水指。床に魚耳の花入を薄板に据え、花は、たびたび、さまざまなものを生けかえた。型破りの茶花といってよかろう。

六月十六日には銭屋宗訥の昼会、十七日には塩屋宗悦の昼会があり、十八日には天王寺屋道叱《どうしつ》の朝会があったが、甚九郎信栄は、それらの会に、みな、客人として出席している。

同年の十月二十八日、信栄は、朝会を催したが、このとき、宮内卿法印《くないきょうほういん》(松井友閑《ゆうかん》)は、土産に黄金五枚と灰被《はいかつぎ》の天目を持ってきた。客人は友閑と宗及と宗二。座敷の床には友閑の土産《みやげ》の灰被の天目を台に置き、炉には蜻蛉の釜を細鎖で釣り、手水のあいだに、手桶水指を置き肩衝を白地金襴《きんらん》の袋に入れ、盆はない。天目茶碗に三色を入れて、台に置き、手桶の前に二色を置き、内より大甕の蓋の水翻。薄茶も天目茶碗であったが、これには台がない。茶入を方盆に据え、友閑がそれを床の間へ上げた。振舞の本膳は、四方に内の縁を丸くつけて、内外を足まで金で彩《だみ》てある。生上がりのあぶりもの、鮎《あゆ》の膾、鉢の子の御椀に飯。真名鰹に飯。二の膳は、鳥の子皿に雁《かり》の汁。菓子は蒲鉾一板。東国物のあぶり貝。酒の前に菓子が出た。

このようなわけで、佐久間甚九郎信栄は、茶の湯の道にすこぶる精進《しょうじん》したのであったが、織田信長は、天正六年(一五七八)の十月朔日《ついたち》、堺の今井宗久の屋敷に赴《おもむ》いて茶を飲み、そのついでに、千宗易、津田宗及、天王寺屋道叱などの、いわゆる堺衆の茶人たちの座敷を見て歩き、その翌日、信栄の屋敷の茶会に臨み、三日に帰京している。

小瀬甫庵《おぜほあん》の『信長記』によると、それからというものは、信長の目の先にちらつくものは、堺の数寄者たちの、さまざまな趣向や好みであった。そして、甚九郎信栄の茶事に対しては、とくに、その趣向の巧みさに感嘆したのであった。ところが、そうした信長の態度に対して、右筆《ゆうひつ》の武井夕庵が、つぎのように、意見をしたという。「いやしくも、一国の主たる者が、この道の上手になったならば、世間一般の人々は、物事、奢侈《しゃし》に流れて、武道もゆるがせになるでありましょうぞ。また、それが原因で、洛中の若い職人たちや芸人の弟子どもが、その風をまねて、富めるも貧しきも伊達《だて》を好み、奢《おご》りの種になるでありましょう。侘《わ》びて真意の気味を旨とし、珍肴奇物《ちんこうきぶつ》を事とせず、安らかな道具を清浄に用いたならば、数寄ほどすぐれた娯《たの》しみはないわけでございます。武士の道は庶人に情を深くして、美膳の結構をさしおき、人々の出入りの多いようにし、賢愚の品をよくよく見分け、一挙一動、その所を得れば、万善、日に新たに、百悪、日に消滅するでしょう」と、述べたということである。

この武井夕庵の意見の言葉は、いかにも儒教の徳目を並べ立てたかの観があり、おそらく、著者、小瀬甫庵の作文であろうと思うが、夕庵か、だれかが、これに類した諫言《かんげん》を信長に呈したことは、事実かもしれない。それはともかく、信長は、この夕庵の諫言が、珍しく気に入ったとみえて、それから、茶の湯に対する彼の考え方が変わってきたらしい。つまり、武士としての茶の湯を嗜《たしな》む本当の意味を悟ったらしいのである。そこで、信長は、家臣である武将たちに、「茶の湯政道」ということを主張し、やたらな人物が茶の湯に執心することと、名物茶器を用いて茶会を催すことを禁止したらしいのである。つまり、茶の湯を政道に利用するために、信長の許可制にしたようである。このことについては、信長や秀吉の茶の湯のところでも触れるが、秀吉が、大徳寺で信長の葬式を盛大に挙行した三日後の天正十年（一五八二）の十月十八日付で、信長の三男織田信孝の老臣、斎藤玄蕃允《げんばのじょう》と岡本太郎左衛門の両人に与えた長文の披露状《ひろうじょう》の一節に、「上様（信長公）かさねがさね御褒美《ごほうび》、御感状にあずかり、その上、但州《たんしゅう》金山、御茶の湯道具以下まで取揃《とりそろ》え下され、御茶の湯は、御政道といえども、我らは免しおかれ、茶の湯を仕るべしと仰せ出だされ候こと、今生後生《こんじょうごしょう》、忘れがたく存じ候。たれやの御人か、ゆるしものにさせらるべきと、存じ出で候えば、夜昼、泪《なみだ》をうかべ、御一類の御事まで、あたにも存ぜず候事」と、書いてあることによって実証される。

そんなわけで信長は、天正八年（一五八〇）の八月になって、その頃なお、天王寺の砦の在番を勤めながら、かつ、茶の湯に耽溺《たんでき》し、武道をおろそかにしていた佐久間甚九郎信栄に対して、太田和泉守《いずみのかみ》牛一の『信長公記』によれば、折檻状《せっかんじょう》を送ったのであった。

ところで、いっぽう、小瀬甫庵の『信長記』を見ると、甚九郎信栄について、もっと具体的な批判を、信長がしたことになっている。それは、つぎのような折檻状である。

「甚九郎は茶の湯に熱心である。その百分の一も武道に心がけたならば、父信盛の失敗もこのようにはあるまいものを、無益の数寄に莫大な金銀を費《つい》やし、拾い首をした者にも恩賞を怠《おこた》り、朝な夕な露地《ろじ》に出て塵《ちり》を拾い、数寄屋に入っては堅柔《けんじゅう》を評し、あるいは宇治橋の三の間、佐目が井の水、大坂の水など、その勝劣を争い、数寄者の善悪にやたら暇を費やし、臣下の忠不忠や善悪に対する沙汰《さた》を忘却し、ただ、明けても暮れても、絵賛の長短不是、道具の古新、可不可などを論じ、月白く風清き境界に到らんことを欲し、あるいは茶の色香、食味の厚薄などに多くの月日を空《むな》しうし、詮《せん》もなき座敷の隅々までも念を入れるのは、無駄なことである」というのである。

このようなわけで、佐久間父子は、信長によって処罰され、紀州の高野山に登らされたが、まもなく、また、信長の厳命により、そこも立ち退き、領地はすべて没収され、紀州の熊野《くまの》の山奥を足にまかせて逐転《ちくてん》した。譜代の家臣たちにも見すてられ、素足に草履《ぞうり》をはき、草履取りもなく、歩み去った有様は、人の見る目にも哀れであったと、これは、太田牛一の『信長公記』に記している。牛一の『信長公記』のほうが、甫庵の『信長記』よりも、純粋な古記録であることは、いうまでもない。

父の信盛は、まもなく、天正十年（一五八二）のころ、紀州で果てた。しかし、息子の甚九郎信栄は、それからまだ、久しく生きながらえた。信栄は、信長の死後、その次男信雄《のぶお》に仕え、天正十二年（一五八四）の小牧の役には、信雄方にあったが、信雄と秀吉が講和を結ぶと、信栄は、ここで剃髪《ていはつ》して、不干斎と号したのである。そして、三年ばかり、信雄に味方した徳川家康の庇護《ひご》をうけ、三河に蟄居《ちっきょ》していたが、それから、家康の仲介によって、秀吉に仕え、御伽衆《おとぎしゅう》の一人に加えられたもののようである。

太田和泉守牛一の『大かうさまくんきのうち』

という古記録を見ると、文禄元年（一五九二）に朝鮮の役が起こって、太閤秀吉が肥前《ひぜん》名護屋の本営に出かけたとき、多くのお供の人数を連れて行ったが、そのなかに、御伽衆のおもだった者が十数人いて、佐久間不干斎の名前が見える。つまり、不干斎は、そのころ、御伽衆の一人として、秀吉に従って、名護屋に在陣していたのであった。そして、秀吉とともに、名護屋城内において、文禄元年の年を越したのであるが、その十月二十九日の昼、彼の主催で茶会を開いている。その茶会の様子は、筑前《ちくぜん》博多の豪商、神屋宗湛《そうたん》の日記、つまり、『宗湛日記』によって、委しくわかる。

その日、十二月十九日の昼会の客は、神屋宗湛一人であった。茶室の座敷は長四畳。床は無く、壁《かべ》に白玉椿を筒に生け、かけて釣っている。いわゆる壁床に筒の釣り花入。それに白玉を生けるといった趣向である。水指棚には、肩衝茶入を袋に入れ、側には茶杓を一つだけ置いている。手水のあいだに、つまり、後入りには、筒の花入を取り除き、面桶の水翻、道具（茶杓、茶巾、茶筅《ちゃせん》）を仕込んだ瀬戸茶碗。蓋置は竹の引切《ひききり》。炉には、大形の新釜をかけた。新釜というのは、おそらく、利休好みの与次郎釜であろう。

翌文禄二年の正月十九日にも、やはり、名護屋城内の不干斎の屋敷で昼会を開いている。これによると、佐久間不干斎は、秀吉の御伽衆として、屋敷まで建てて貰《もら》っていたことがわかる。客は宗湛一人。長四畳の座敷に、炉に大きな新釜をかけた。蓋は共蓋である。初め、筒の花入に白玉を生け、上座の壁に掛けた、とあるから、前年と、大体同じ趣向である。吊り棚には、肩衝を袋に入れ、側に茶杓を置いた。手水のあいだに、筒の花入を取り去り、勝手の内から、茶碗に道具を仕込み、それを水翻のなかに入れて、亭主役の不干斎が持って出て、座敷で茶を点てている。水指は土の物、蓋置は引切であった。

この両度の茶会記によって、名護屋陣中における佐久間不干斎の茶事の模様を見ると、長四畳の座敷には、床の間もなく、茶の湯道具にも名物らしいものがほとんどない、まことに侘びた趣向であったことが知られる。

不干斎は、秀吉の死後、慶長五年（一六〇〇）の関ヶ原の戦いには、弟の佐久間信実を徳川方に従わせ、彼自身は、京都の紫野《むらさきの》に隠棲《いんせい》していた。しかし、徳川家康の死後、二代将軍徳川秀忠に仕え、その御伽衆のうちに加わった。そして、駿河守《するがのかみ》に任ぜられ、武蔵《むさし》の内で三千石を知行したが、三代将軍家光の治世、寛永八年（一六三一）の四月に死去している。享年は明らかでない。ともかく、驚くべき長命であったことだけはわかる。

（桑田）

その他の所持した名物

・唐物茶入「佐久間肩衝」
・唐物茶入「種村肩衝」・牧谿筆 燕の絵

師匠 武野紹鷗

佐久間信盛《さくまのぶもり》

茶人度 ★★☆
名物数 ★☆☆

生没年 一五二八？～一五八二
通称 半介 **号** 夢斎 定盛 宗祐
官位・官途名・受領名 出羽介 右衛門尉
領地 尾張国 近江国 **石高** 推定二十万石

織田信長の家臣。信長の父信秀のころから織田家に仕え、幼少の信長につけられた。信長の家督継承の際の争いや弟信行の謀反《むほん》の際にも一貫して信長を助けたため、家臣筆頭として扱われた。殿軍の指揮が水際立っていたので「退き佐久間」の異名がある。

信長に従って転戦し、主だった合戦にはすべて参戦し武功を挙げている。ただ、三方ヶ原《みかたがはら》の戦いでは、徳川家康の援軍として派遣されたが、同じ援軍の平手汎秀《ひろひで》が戦死したのに比べ、ほとんど戦わずに退却している。

その後の石山合戦では、大坂本願寺の攻囲軍の総大将に任じられるが、積極的に攻勢に出ず、結局、勅命講和によって本願寺が開城するまで計十年、信盛が着任してからも四年を要することになる。

当時の織田家においては信盛が最大の軍団を

率いており、家臣筆頭であったことは間違いない。しかし、石山合戦が終結した直後、天正八年(一五八〇)に信長から十八カ条の折檻状《せっかんじょう》を突き付けられ織田家を追放された。高野山から熊野《くまの》へ落ちていったが、その際、付き従う家来はたった一人であったという。紀伊熊野で没。享年五十五歳。

子の信栄《のぶひで》(不干斎)は信忠の家臣として帰参を許された。折檻状については、内容を首肯《しゅこう》する意見から、言いがかりに近いという意見までさまざまである。

この追放事件は、信長が土豪連合の長に過ぎない中世的戦国大名から、絶対専制君主に脱皮していたことを示すが、同時に織田家中に心理的動揺を与えたことは否定できない。ことに、その後畿内で軍団を率いたのが明智光秀であったので、心理的にも軍事的にも本能寺の変に影響を与えた可能性がある。

後年、光秀が謀反を決断した理由として、「突然丹波と近江の領地を召し上げられたから」という俗説があるが、この信盛の事件が流布の背景にあると考えられる。

茶の湯に関していえば、石山滞陣中にしばしば茶会を開いており、茶人としての一面がうかがえる。だが、このことが職責を果たしていないと見られた可能性もある。なお、信盛が自会を開いたことが、『天王寺屋会記』に記録されている。

柴《しば》田《た》勝《かつ》家《いえ》

茶人度 ★☆☆
名物数 ★☆☆

生没年 一五二二～一五八三
通称 権六郎 権六　**法名** 浄勝
官位・官途名・受領名 従五位下 修理亮
領地 越前国　**石高** 約五十万石

柴田勝家は、越前《えちぜん》・尾張《おわり》の守護大名で室町幕府の管領職をつとめた斯波《しば》氏の一族、柴田土佐守《とさのかみ》の息子である。通称、権六。初め尾張末森城主の織田武蔵守《むさしのかみ》信勝(信長の弟)に仕えたが、信勝が信長に誅《ちゅう》せられてからは、信長に直属して、戦功をはげみ、信任を得た。

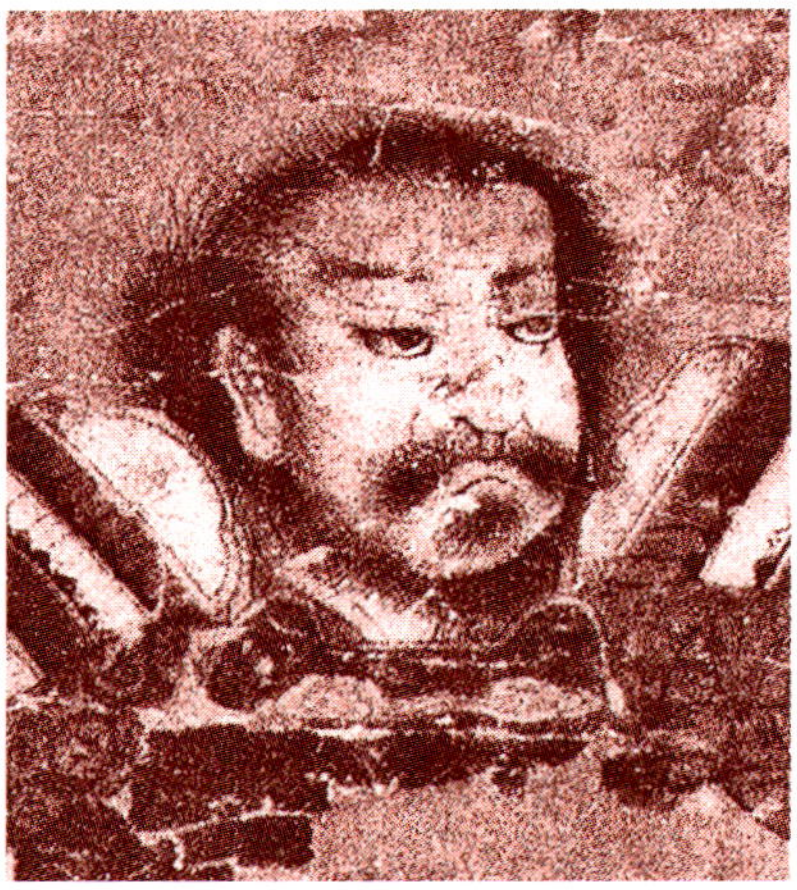

柴田勝家像
(柴田勝次郎氏所蔵、福井市立郷土歴史博物館 保管)

天正三年(一五七五)に信長が越前を平定した結果、勝家は、武功を賞せられ、越前八郡を与えられて、北庄《きたのしょう》(福井市)の城主となったが、領主としての勝家は、領内の治績を挙げ、刀ざらえを行った。これは、その地方になお一向一揆《いっこういっき》の弊害《へいがい》が甚《はなは》だしかったため、勝家は、この勢力を抑圧する手段として、一向衆徒の所持する刀剣の類《たぐい》を没収し、これらを鋳潰《いつぶ》し、農具を作って、領内の百姓に与え、その残余で鎖《くさり》を作り、それをもって、国中の津々浦々《つつうらうら》の舟を集めて、つなぎ、九頭竜川《くずりゅうがわ》に舟橋を架け、渡し舟の運賃を廃止している。これは、秀吉の刀狩の先蹤《せんしょう》であり、「智恵勝家」の異名に値する、といわねばなるまい。

江戸後期の大衆小説『絵本太閤記《えほんたいこうき》』は、勝家のことを、つねに秀吉の智謀《ちぼう》に翻弄《ほんろう》される智恵なし武将に作りあげた。しかし、これは、史実ではない。そして、そのことは、勝家が、当時、武家社会に流行し、信長も執心《しゅうしん》した茶の湯に対して、甚だ関心をもっていた史実によっても、了解できるのである。

勝家が、ある時、信長に向かって、

「それがしも、はや年老いたので、茶の湯を催して、老後を慰《なぐさ》めたく存ずる。ついては、御秘蔵の姥口《うばぐち》の釜なりと拝借いたしたし」

と申し出た。すると、信長は、

「姥口の釜をそのほうに遣わすのを、惜しむわけではないが、信長なりの考えもあるので、もう少々辛抱《しんぼう》せよ」

と、答えた。そこで勝家も、辛抱していると、それから、二、三年過ぎて、信長が越前一国を平定し、八郡を勝家に与えた。勝家は、その御礼のため莫大《ばくだい》な献上品を持って、近江《おうみ》の安土城に伺候《しこう》すると、信長は、かの姥口の釜を持ち出し、

「そのほうが、内々に所望しておったこの釜は、いままで、与え惜しみしていたわけではない。勝家が武功によって、百万石ほどの領主になりあがったならば、与えたいと、考えていたのだ。そのほうも、いまや、越前八郡を領し、この釜を所持しても苦しうない身上になった故《ゆえ》、下賜しようぞ」

といって、自筆で、狂歌一首をしたため、その釜に添えて、勝家に与えたという。「なれなれて添ひあかぬ仲のうば口を　人に吸はせんことをしぞおもふ」という一首であったと、『川角太閤記《かわすみたいこうき》』に記している。しかし、ある書物によると、「朝夕になれしなじみの姥口を人に吸はせんことをしぞおもふ」となっている。このほうが、わかりやすいが、原本は、『川角太閤記』の通りだったであろう。

この姥口の釜というのは、釜の口が、歯の抜けた老女の口つきに似ているので、形状からつけた名称であるが、『川角太閤記』によれば、信長の父、弾正忠信秀から、代々、織田家に伝わった名物釜であるという。

ついでのことだが、『川角太閤記』は、『絵本太閤記』などとは、性質を異にする江戸初期の純粋な覚書であって、その記事内容は、比較的確実性に富んでいる。

さて、天正十年(一五八二)の六月二日、本能寺の変が起こり、信長が家臣明智光秀のために横死すると、織田家中の勢力が分裂し、山崎の一戦で光秀を討った羽柴秀吉の権勢が、信長の遺子や織田家の重臣らを凌《しの》ぐようになってきた。そのため、織田家の将来を憂慮した柴田勝家は、滝川一益《かずます》らと謀《はか》って、秀吉を除こうとした。

ところで、やはり、『川角太閤記』によると、この年(天正十年)の十一月、勝家は、秀吉の使者として越前にやってきた秀吉の弟、羽柴小一郎長秀(のち大和大納言《やまとだいなごん》秀長)を、北庄城でもてなし、城内の数寄屋《すきや》で、朝晩五度にわたり、茶会を催している。床《とこ》に一休筆の達磨《だるま》の絵を掛け、建盞天目《けんさんてんもく》に茶を点《た》てて、小一郎に勧めた。炉にかけた釜は、信長から拝領の姥口の釜であった。

これは、勝家と秀吉とのあいだに、なお、講和交渉が重ねられていたからで、勝家は、講和使節として播州《ばんしゅう》の姫路城からはるばるやってきた秀吉の弟、羽柴小一郎を、心から北庄城内の数寄屋でもてなし、贈り物として、この茶席で小一郎がほめた一休和尚の達磨の掛絵と建盞天目を進上したのであった。

しかし、両者の一時的講和は、明けて天正十一年(一五八三)の閏正月《うるう》、織田信孝(信長の三男)を奉じて打倒秀吉戦線を形成することに賛同した滝川一益が、伊勢《いせ》の峰城で兵を挙げたことで、脆《もろ》くも崩《くず》れ去ったのである。

八方の形勢を城州《じょうしゅう》山崎城で観望していた秀吉は、さっそく出馬して、一益の与党佐治新介の籠《こも》る伊勢の亀山城を攻略し、ついで、一益を降伏させてしまった。行動の敏速果敢《びんそくかかん》な秀吉と対抗するには、三者の連絡が機動性を欠いていた。勝家の居城する越前北庄の冬は長く、しかも豪雪《ごうせつ》に包まれているために、兵を動かしがたく、むざむざ、一益の挙兵を単発に終わらせてしまった。

雪解けを待った勝家は、三月になって、二万数千の大兵を率いて北庄を出馬し、江北の柳瀬に本陣を据えた。これに対して、秀吉は、ただちに兵を長浜に進め、勝家の本陣にほど近い賤ヶ岳《しずがたけ》の大岩山に砦《とりで》を構え、守将として中川清秀を置き、また、岩崎山の砦には高山右近《うこん》を入れた。

両軍が賤ヶ岳で対峙《たいじ》している隙《すき》をうかがい、織田信孝が、美濃《みの》の岐阜城で兵を動かしたため、秀吉は二万余の軍勢を率いて美濃に入り、信孝の支城大垣を攻めた。すると、賤ヶ岳における秀吉の陣営が手薄になったのを見てとった勝家の甥《おい》、佐久間盛政は、大岩山の砦を攻略すべきことを進言した。勝家は、これに反対したが、

ついに盛政の熱意に動かされ、砦を落したならば、すみやかに柳瀬に撤兵することを条件として、それを許可した。

四月二十日の未明、一万五千余の大兵を率いた佐久間盛政は、余呉湖畔《よごこはん》を南下して、大岩山に猛攻を加え、守将中川清秀を討ち取った。岩崎山の高山右近も木之本に退却した。しかし、勝利に酔った盛政は、勝家の命令を無視し、その場を撤退しようとしなかった。

秀吉は、佐久間部隊が大岩山に滞留して動かないのを知ると、二十日の夜、大垣を出馬し、一騎駈《いっきがけ》で、賤ヶ岳の麓《ふもと》の木之本まで馳《は》せつけた。全軍がみな、これに続いた。

「秀吉来たる」との急報にあわてふためいた佐久間盛政は、二十一日の朝、ようやく全軍に岩崎山からの撤退を命じた。殿軍は、盛政の弟、柴田勝政であった。

秀吉は、馬廻《うままわ》りの小姓隊を先頭に立てて、勝政隊に襲いかかり、さらに急追して、盛政軍を突き崩した。この秀吉軍の勢いに呑まれた柴田方の属将、不破《ふわ》光治・金森長近・前田利家らの諸将も、みな、兵を撤退してしまったのである。

勝家は、狐塚に本陣を構えていた。敗残の兵士をかき集めて、最後まで戦おうとした。しかし、勝家の周囲には、三千の残兵がいるにすぎなく、勢いに乗じた秀吉軍を支える力とてなかった。そこで、勝家は、直臣毛受《めんじゅ》勝助の勧めに従い、わずかの手勢に守られながら、越前の北庄を目ざして、北国街道を敗走していった。

二十二日、秀吉は、前田利家の降伏を許し、越前の府中城を手に入れ、このほか、柴田勝家の属城をことごとく落としいれた。勝家は、百騎ほどの残兵を連れて、北庄城に逃げこんだ。

二十三日、秀吉は、勝家を追って、北庄城の惣構《そうがまえ》を攻め破り、城のまわり十数間の近くに陣取った。

二十四日、勝家は、九重の天守閣にのぼり、二百人ばかりの兵士と頑張《がんば》っていた。そこで、秀吉方では、精兵を選び、天守閣の内へ槍《やり》と刀だけで斬り入らせた。勝家も日頃から武芸に長けた猛将ゆえ、七度まで斬って出て、寄せ手を悩ました。

しかし、衆寡《しゅうか》敵せず、ついに、天守閣の九重めの頂上にのぼり、総軍勢に向かって、「修理の腹の切り方を見て、後学にせられよ」と、言葉をかけた。そこで、物のあわれを知る将兵は、敵味方の別を忘れて、みな、涙をこぼし、鎧《よろい》の袖《そで》をぬらした。

かくて、東西ひっそと鎮まるなかで、勝家は、まず、妻子を手にかけ、やがて、腹を十文字にかき切り、従者八十余人とともに申《さる》の下刻に果てたのであった。ときに、勝家は五十四歳。妻で天下一の美女といわれたお市の方(信長の妹)は三十七歳であった。

(桑田)

師匠（不明）

斯《し》波《ば》義《よし》銀《かね》（三松軒《さんしょうけん》）

茶人度 ★☆☆
名物数 ☆☆☆

生没年 一五四〇～一六〇〇
別諱 義近 **号** 三松軒
官位・官途名・受領名 従四位下 侍従 治部大輔 左兵衛佐

斯波武衛《しばぶえい》家は尾張国《おわりのくに》の守護であったが、十六世紀中期には、実権は守護代の清洲織田家に握られていた。その清洲織田家に仕える織田弾正忠家から輩出したのが、信長である。

父・義統を尾張守護代の織田信友に殺された際には、信長に信友を討たせたが、信長の尾張

斯波義銀像
(東京大学史料編纂所所蔵模写、原本:大龍院)

統一の助けになっただけで実権は戻らず、信長に傀儡《かいらい》として扱われた。そこで、駿河《するが》の今川義元の軍勢を引き入れて信長の追放を画《かく》したが露見し、逆に尾張を追放された。尾張の守護大名であった斯波武衛家はこの時点で実質的に滅びた。

後に信長と和解し、姓を津川に改め、娘を信長の弟・信包《のぶかね》の嫡男《ちゃくなん》に嫁がせ姻戚となり、織田家中の貴種として遇された。

本能寺の変の後は、弟・津川義冬が織田信雄《のぶお》の家老であった関係で信雄の下にいたと思われる。小牧・長久手の戦いでは義冬を信雄に殺されたこともあってか羽柴秀吉に降伏し、秀吉方として戦っている。

豊臣政権下では御伽衆《おとぎしゅう》として秀吉に仕え、特別待遇として公家成《くげなり》を認められる。また、斯波氏の嫡流《ちゃくりゅう》として、分家である最上氏や大崎氏など東北諸大名に対する外交官を勤める。しかし、小田原征伐に際して北条氏直の赦免を嘆願したことが秀吉の怒りを招き失脚した。

天正十三年（一五八五）の大坂での津田宗及の茶会に「武衛三松様」として招かれており、また十七年の秀吉の茶会にも招かれている。

義銀は、尾張を追放された後、河内国を支配していた畠山高政の庇護を受けたが、そのころ一時キリシタンに入信していたとされ、この「三松軒」の号も洗礼名の「サンショ」からという説がある。

師匠（不明）

進藤賢盛《しんどうかたもり》

茶人度 ★☆☆
名物数 ★☆☆

生没年 不詳　**通称** 小太郎
官位・官途名・受領名 山城守

近江国《おうみのくに》南部に勢力を張る国人。進藤貞治もしくは盛高の子。六角義賢（承禎《しょうてい》）に仕えた。後藤賢豊とともに「六角の両藤」と呼ばれた重臣で、室町幕府との交渉を担当。武将としては、浅井《あざい》氏との戦いに幾度も出陣している。

永禄六年（一五六三）、義賢に代わって六角氏の家督を継いだ義治が、後藤賢豊を殺害し、家臣団の反発によって父義賢とともに一時居城を追われるという事件が発生する（観音寺騒動）。このとき、賢盛も義治と対立するが、事件後に和睦《わぼく》した。

永禄十一年（一五六八）、織田信長が南近江に侵攻すると、六角氏を離れて信長に臣従。佐久間信盛の与力となり、石山合戦などに従軍した。信盛追放後も信長に従い、本能寺の変の後は、信長次男の信雄《のぶお》に、さらに羽柴秀吉に仕えた。

なお、信長による賢盛への名物茶器の披露が、一回確認されている。

師匠（不明）

菅屋長頼《すがやながより》

茶人度 ★☆☆
名物数 ☆☆☆

生没年 生年不詳～一五八二
別諱 長行
通称 九右衛門　玖右衛門　九郎右衛門

戦国時代の武将・織田信房の子。信房は織田姓ではあるが信長の一族ではなく、先祖に戦功によって織田姓が与えられたと見られる。いつごろから菅屋姓を名乗るようになったかははっきりしない。「菅谷」と書くこともある。

早くから信長に馬廻《うままわり》として仕えたが、戦陣の功はあまり見られず、戦場においても信長の側近としての活動が主であったとみられる。むしろ各種の奉行として活躍しており、正倉院の蘭奢待《らんじゃたい》切り取りや安土宗論などで奉行に任命されているほか、実に多方面にわたる任務をこなしている。福富秀勝、堀秀政、矢部家定、長谷川秀一とともに馬廻を統括する立場であったとされる。

特に、越前丹生《えちぜんにゅう》郡の織田氏の氏神といわれる劔《つるぎ》神社（織田大明神）の復興に関しては、当地を担当していた府中三人衆（不破《ふわ》光治・佐々成政・前田利家）すら叱責《しっせき》して強権的に指示を出している。その後は能登《のと》や越中《えっちゅう》の政務も担当し、七尾城の城代になるなど活躍している。しかも、軍政を敷いていた柴田勝家や佐々成政などを超える権限を持った信長の「上使」として活動していたことが注目される。

本能寺の変の際には、市中に宿を取っていた長頼が本能寺に向かったときには既に遅く、信忠が立て籠《こ》もった二条新御所に駆けつけ運命を共にした。享年は不明。子といわれる菅谷勝二郎と勝蔵も本能寺と二条新御所でそれぞれ討死しているので、ある程度の年配であったと推定される。

茶の湯との関わりでは、信長が「松本茶碗」を手に入れるに際し、その調達に当たったのが長頼である。天正二年（一五七四）十二月二十七日、この茶碗の件で、長頼の使者・平子弥伝次が津田宗及の茶会に参席している。

天正六年の宗及の茶会記『自会記』九月三十日条に長頼の名前が確認できる。しかし、長頼は茶会の場には参列できず、茶の湯座敷の外で、菓子や酒の接待を受けていたことがわかる。

天正十年五月、徳川家康が、信長への武田攻めの戦勝祝いと安土城見物を兼ねて、駿河から安土に参上した。このとき、信長自身による家康饗応の後で、信長は配下の者に接待役を命じている。長頼は丹羽長秀、堀秀政、長谷川秀一とともに、安土城内の高雲寺御殿での振舞を担当した。

滝川一益《たきがわかずます》

茶人度　★☆☆
名物数　★★☆

生没年　一五二五〜一五八六
通称　彦右衛門　**号**　入庵 不干
官位・官途名・受領名　従五位下 左近尉 左近将監 伊予守
領地　伊勢国 上野国 信濃国　**石高**　二万石

近江国《おうみのくに》甲賀郡の土豪に、滝川一勝という者がいた。一勝の子を一益《かずます》といったが、一益は長じて彦右衛門と称した。一益は、諸国を流浪した末に、尾張《おわり》の清洲城主、織田信長に仕えた。

連年の戦功を賞せられて、北伊勢《いせ》五郡の大名となり、長島の城主となった一益は、これ以上、

滝川一益像
（国立国会図書館ウェブサイトより転載）

領地の加増は望まなかった。ただ、茶の湯の嗜《たしな》みがあったので、武田討伐の恩賞として、信長秘蔵の名物茶入「珠光小茄子《しゅこうこなすび》」が欲しかった。この茶入は、茶の湯の開山といわれた珠光が愛用した茄子形の小さな茶入で、土釉が上質で、上釉《うわぐすり》には色釉を用い、露先《つゆさき》に蛇蝎釉《だかつゆう》がかかり、間道《かんとう》の袋に入れ、四方盆《よほうぼん》に飾ってある。「作物《つくも》茄子」「似《にた》り茄子」「松本茄子（紹鷗《じょうおう》茄子）」とともに、天下四茄子の一つに数えられていた。一益は、どうしても、この茶入が欲しかった。

信長の武将でこれまでに抜群の戦功を立てた者は、みな、名物茶器の一つも下賜され、茶会を催すことを許可されていた。しかし、一益は、こういった機会に恵まれなかった。

京都の太郎五郎という数寄者《すきしゃ》について茶の湯の手ほどきを受けていた一益は、内心、くやしくてならない。信長をはじめ、明智光秀、羽柴秀吉、丹羽《にわ》長秀のように、堺の茶の湯者から教えられないと、茶ごころがないように扱われるのが、不満だった。一益には堺衆と交わるチャンスが得られなかっただけのことだ。

だから一益は、武田討伐の恩賞沙汰《ざた》が噂《うわさ》にのぼったとき、信長の嫡子《ちゃくし》信忠を通じて、「珠光小茄子」茶入を賜《たま》わりたいという、彼の内意を、上申してみた。しかし、それは、一笑に付せられた。そして、一益は、破格の恩賞と称して、関東管領職に、上野《こうずけ》一国と信濃《しなの》二郡を与えられたのである。神妙に拝受したものの、一益は、

重い気持であった。

天正十年（一五八二）六月十二日の夜、伊勢の長島から飛脚が届いた。去る六月二日の早暁《そうぎょう》、洛中の本能寺で、信長公が、逆臣明智日向守光秀のために、討ち果たされた、というのであった。

滝川一益は、仰天《ぎょうてん》した。

関東管領の任務などは、たとい、信長が存命していたとて、日本の過半を征服しなくては、どだい、無理な仕事である。少なくとも、関八州《かんはっしゅう》を切り取らぬかぎりは、空手形に等しい。明智光秀とても、これまでの丹波一国と近江一郡を没収されたかわりに、出雲《いずも》と石見《いわみ》の二国を切り取り次第という空手形を信長から与えられたために、反逆したに相違ない。しかし、その光秀の反逆のために、主君の信長が頓死《とんし》し、一益もまた、関東管領という空手形の座から、見ごとに転落したのである。

とたんに、「珠光小茄子」茶入のことが、ふと、一益の記憶をかすめた。あの茶入は、どうなったか……。

長島城に落ちついた滝川一益が、天下の形勢をうかがうと、上方の政権は、信長の仇敵《きゅうてき》明智光秀を山崎の一戦で討ち破った羽柴筑前守《ちくぜんのかみ》秀吉の手に握られてしまっていた。柴田、滝川、明智、丹羽、羽柴という織田家の重臣の序列が狂ってきたのだ。

翌年（天正十一年）、柴田勝家が、信長の三男織田信孝を奉戴《ほうたい》して、打倒羽柴の兵を挙げたとき、一益も、これと呼応し、伊勢の峰城にたてこもり、秀吉に挑戦した。

しかし、一益の支城の亀山が、まもなく、秀吉の強大な兵力によって攻囲されて、陥落した。それを目の前に見た一益は、さっそく、峰城を出て、秀吉の軍門に降った。そして、信長の次男織田信雄《のぶお》の取りなしで、命だけは助けられた。

一益は、髪を剃《そ》り、入庵と号した。そのとき、一益は、信長から拝領の名物掛軸、馬麟《ばりん》筆朝山図を、降参のしるしとして、秀吉に進呈した。

まもなく、石山本願寺跡に大坂城を築いた秀吉は、天正十一年（一五八三）の七月二日、城内で初の昼会を催したが、同月七日の七夕の茶会には、一益が進呈した朝山図と、堺の祐長宗珍が持参した同じく馬麟筆夕陽図とを、双幅にして、床に掛けている。

信長に代わって天下に号令を下すことになった秀吉は、信長にならって、名物茶器の蒐集《しゅうしゅう》を始めていた。

堺の茶匠津田宗及《そうぎゅう》は、朝山図の拝見記を、つぎのように述べている。「朝山を再び拝見したが、前に見たときよりも、一段と面白い。言語に絶する絵である。山の描きよう、森のすがたなど、一段と面白い。船は小形である。前に見たときの感じと、これは変わらない」と。

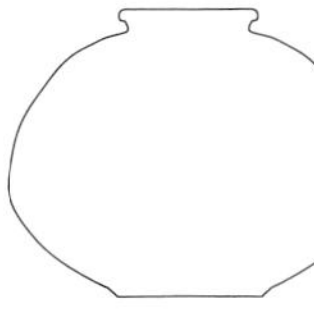

唐物茶入
「珠光小茄子」切形図

同じ年（天正十一年）の十月七日、一益は、秀吉の朝会に招かれた。相伴《しょうばん》は津田宗及一人である。床に玉澗《ぎょくかん》筆「遠寺晩鐘《おんじばんしょう》」図を掛け、炉に小霰釜《こあられがま》を細鎖《ほそぐさり》でつるし、芋頭《いもがしら》水指を籠《かご》（洞庫《どうこ》）から取り出した。後入りの床には、「四十石」茶壺を飾った。茶入は名物「初花肩衝《はつはなかたつき》」であった。

つぎの年、天正十二年（一五八四）の三月一日、一益は、久しぶりで朝会を催し、秀吉と津田宗及と富田知信を招いた。床には虚堂《きどう》の墨蹟《ぼくせき》を掛けたが、これは、秀吉からの拝領品であった。旧冬、秀吉が、堺の紅屋宗陽を罰し、没収した品である。

それでも、一益は、茶会の亭主ができて、満足感を味わった。ふと、「珠光小茄子」茶入のことを想ったが、それは、本能寺の変で信長公と運命を共にしたと聞いた以上、もはや、この世での望みは捨てざるをえない。遠い昔の、はかない望みにすぎなかった。

秀吉対家康の小牧山の戦いが長期化したその年の六月、一益は、伊勢の長島と尾張の清洲との中間にある蟹江《かにえ》城の守将佐久間信栄《のぶひで》の留守をねらって、留守居役の前田与十郎を、秀吉の陣営に誘致することを、秀吉から依頼された。

これを拒絶すれば、秀吉の怒りを買うに相違ない。一益は、信栄とも、与十郎とも、かねてから懇意《こんい》の仲だった。ことに、佐久間信栄は、信長の家臣のうちで随一の数寄者だった。石山本願寺との合戦の最中、天王寺の砦《とりで》を守備しながら、一度も敵に挑戦することもなく、茶の湯にばかり耽溺《たんでき》していたというので、信長の怒りを買い、高野山に追放された。その後、遠州浜松に赴き、徳川家康の庇護《ひご》を受けていた。そんな事情があったため、家康の命令を受けて、尾張の蟹江城を守っていたらしい。それに、前田与十郎という武士も、主人の信栄に輪をかけたような数寄者だった。

一益が説得した結果、前田与十郎は、秀吉方に寝がえりを打った。

一益は、六月十六日の夜陰に乗じて、九鬼嘉《くきよし》隆《たか》の水軍を誘引して、蟹江の城を乗っ取ろうとした。しかし、まもなく、信雄と家康の連合軍に包囲され、さすがの一益も、力つき、城を明け渡して、伊勢の楠《くすのき》に退去した。

そして、一益は、ここに初めて、滝川入道入庵として、数寄三昧《ざんまい》の佳境《かきょう》に入ることができたのである。その後、越前の大野に移ったが、天正十四年(一五八六)の九月九日、六十二歳を一期《いちご》として、病死している。

秀吉と家康の講和が成立し、京都の内野に秀吉の豪奢《ごうしゃ》な聚楽第《じゅらくてい》が建ち、やがて、九州遠征の壮図が行われようとしていた。

(桑田)

その他の所持した名物

・唐物茶壺「山桜」・唐物茶壺「白雲」

師匠　丸山梅雪

武井《たけい》助直《すけなお》(夕庵《せきあん》)

茶人度 ★☆☆
名物数 ☆☆☆

生没年 不詳　**号** 夕庵　爾云　妙云
官位・官途名・受領名 肥後守　二位法印

初め美濃国守護土岐《とき》氏に、次に斎藤道三・義龍・龍興に、右筆《ゆうひつ》として仕えた。

織田信長が斎藤氏を滅ぼした後、信長に仕え、やはり右筆を務めた。以降、蘭奢待《らんじゃたい》切り取りの奉行や安芸《あき》毛利氏との交渉、石山本願寺との勅命講和の使者をはじめ、様々な重要事に参与して活躍している。なお、佐久間信盛が追放された時、使者を務めた一人でもある。

助直には、茶の湯にのめりこみつつあった信長に対して、奢侈《しゃし》を戒め尚武を説くなど(佐久間信栄の項参照)、信長に諫言《かんげん》したという逸話が多く遺る。それらの全てが史実であるとはいえないものの、信長に近侍してその信任が厚かったことは確かであり、ゆえにこそこのような伝承が生まれたのであろう。

天正六年(一五七八)元旦に、信長が重臣十二人を招いて開いた茶会に参加している。また、信長による助直への名物茶器の披露が、二回確認されている。

師匠　(不明)

多羅尾綱知《たらおつなとも》

茶人度 ★☆☆
名物数 ☆☆☆

生没年 不詳
官位・官途名・受領名 常陸介　右近
領地 河内半国(若江三人衆による共同統治)

三好義継を補佐した若江三人衆と呼ぶ三人の家老の一人。他の二人は池田教正《のりまさ》と野間長前《ながさき》。

義継は織田信長に帰服したが、やがて松永久秀と反旗を翻《ひるがえ》し、足利義昭を匿《かくま》ったことから信長の攻撃を受けて敗れる。

その後、若江三人衆は信長家臣である佐久間信盛に属し、信盛追放後も信長に従っている。綱知は三好義継の妹を室に迎えていたこともあり、その子・孫九郎生勝を義継の後嗣に立てている。

宗教面では反キリシタンで宣教師などから「大敵」と呼ばれ、同じ三人衆の池田教正がキリシタンであったのと対照的である。

綱知ら若江三人衆は茶の湯に熱心で、大坂本願寺攻囲の陣中で佐久間信盛と茶会を開いたほか、津田宗及《そうぎゅう》の茶会にも出席している。なお、綱知が自会を開いたことが、『天王寺屋会記』に記録されている。

師匠 千利休

柘植《つげ》与一《ともかず》

茶人度 ★☆☆
名物数 ☆☆☆

生没年 一五四一～一六〇九
通称 与八郎
官位・官途名・受領名 左京亮 大炊助
石高 三千五百石

元の姓は織田あるいは津田で、織田信長の従兄弟《いとこ》、あるいは従兄弟の子と考えられている。

桶狭間の合戦に参加するなど早くから信長に仕え、のち信忠に側近として仕えた。

本能寺の変の後は姓を「柘植《つげ》」に改め羽柴秀吉に仕えた。小牧・長久手の戦いや九州征伐、小田原征伐に従軍して加増を受けており、近江《おうみ》で加増し三千五百石余とするという秀吉の朱印状が残る。秀吉の晩年には御伽衆《おとぎしゅう》となっている。

秀吉没後は秀頼に仕えたと思われ、関ヶ原の戦いのあと、秀頼の謝罪の使者として大野治長とともに家康のもとに遣わされたという。

津田宗及《そうぎゅう》の茶会には「織田与八」の名で参加しているほか、『利休百会記』にも名が見える。秀吉が利休の罪状を数え上げ堺に蟄居《ちっきょ》を命じた際には、その命を富田左近知信とともに伝達している。

師匠（不明）

津田《つだ》信澄《のぶずみ》

茶人度 ★☆☆
名物数 ☆☆☆

生没年 一五五五？～一五八二
別諱 信重 **通称** 七兵衛
領地 近江国大溝

織田信長の実弟でありながら反旗を翻《ひるがえ》し、失敗して信長に殺害された織田信行の長男。柴田勝家に養育された。越前一向一揆《えちぜんいっこういっき》鎮圧で初陣《ういじん》、以後は丹波《たんば》攻めや石山合戦、荒木村重征伐などに従軍している。また東大寺正倉院の蘭奢待《らんじゃたい》切り取りや安土での相撲《すもう》興行などで奉行を務めている。父が謀反《むほん》したにもかかわらず、信長の信任が厚く、一族内の序列も高かったと考えられている。

本能寺の変の際には、予定されていた四国攻めに備えて、丹羽《にわ》長秀や織田信孝と大坂に駐屯していた。しかし、妻が明智光秀の娘であったことから内応を疑われ、信孝と長秀に殺害された。享年は二十八歳とも二十五歳ともいわれる。

天正二年（一五七四）に岐阜で行われた信長の茶会で「御通役」を務めたと、津田宗及《そうぎゅう》の日記にある。このことから、早くから茶の湯は嗜《たしな》んでいたと思われる。

師匠 曲庵

筒井藤政《つついふじまさ》（順慶《じゅんけい》）

茶人度 ★☆☆
名物数 ★☆☆

生没年 一五四九～一五八四
別諱 藤勝 **号** 陽舜房 順慶
領地 大和国 **石高** 十八万石

筒井氏は大和国《やまとのくに》に覇《は》を唱えた戦国大名であるが、順慶が父の急死によって二歳で家督を継いだ頃には、松永久秀に侵攻され、以後久秀とは激しい攻防を繰り返すことになる。

元亀二年（一五七一）に織田信長に臣従し、同じく信長に臣従した久秀とは和睦《わぼく》することになった。その後は信長に従い、石山合戦などに

筒井順慶像（伝香寺所蔵）

従軍している。

順慶は一貫して信長に従ったが、久秀はその後二度にわたって信長に叛《そむ》き、ついに天正五年（一五七七）に信貴山《しぎさん》城で滅ぼされる。この攻城戦には順慶も加わり、久秀の遺骸《いがい》を手厚く葬ったともいわれる。

その後は居城を大和郡山《やまとこおりやま》に移し、有岡城の戦いや天正伊賀《いが》の乱などを転戦した。本能寺の変に際し、順慶は明智光秀の与力《よりき》であったため加勢を迫られたが、積極的に動かなかった。順慶を威圧するために光秀が洞ヶ峠《ほらがとうげ》に布陣したことが、順慶が山崎の合戦を洞ヶ峠で傍観《ぼうかん》したと間違って伝えられ、日和見《ひよりみ》をさす「洞ヶ峠」という言葉の語源となった。

戦後は所領を安堵《あんど》され秀吉に仕えた。そのころから病に冒され、小牧・長久手の戦いには無理を押して出陣したが、大和に帰還してまもなく病死した。享年三十六歳。

謡曲や茶の湯にも通じており、謡本や能道具、刀剣などの遺物が伝わる。茶道具では、大名物「筒井肩衝《かたつき》」茶入や「青苔《せいたい》」信楽《しがらき》茶入、「筒井筒」井戸茶碗などの名品を所持していたことで知られる。なお、順慶が自会を開いたことが、『松屋会記』に記録されている。

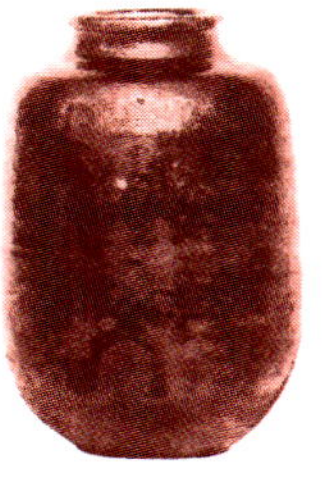

瀬戸茶入「筒井肩衝」
（『大正名器鑑』）

丹羽長秀《にわながひで》

茶人度 ★★☆
名物数 ★★☆

生没年 一五三五～一五八五
通称 （惟住）五郎左衛門尉
官位・官途名・受領名 越前守
領地 若狭国 越前国 **石高** 百二十三万石

早くから織田信長に仕え、桶狭間《おけはざま》の戦いにも従軍しているが、台頭《たいとう》したのは織田家の美濃《みの》進出に際してと考えられる。上洛戦や六角征伐で功を挙げ、姉川の戦いの後佐和山城が降ると城主に任じられている。

天正元年（一五七三）には若狭《わかさ》一国を与えられ、織田家中では最も早く国持大名になっている。その後も各地を転戦し、功を挙げ続けた。佐久間信盛が失脚すると、柴田勝家に次ぐ二番家老となり、織田家の双璧《そうへき》といわれた。木下藤吉郎は、丹羽と柴田から一文字ずつもらって羽柴を称したといわれる。それを証明する史料はないが、この逸話の存在は、長秀が織田家中で重きを成した証左であろう。

織田家中では勝家に並ぶ猛将といわれたが、安土城築城では奉行を務めるなど、行政にも優れた手腕を発揮した。ただ、本能寺の変当時には、席次は勝家に次ぐ二番家老ではあったが、軍事的にも知行の面でも、勝家のほか羽柴秀吉、明智光秀、滝川一益《かずます》に差をつけられていた。

本能寺の変に際しては、織田信孝と四国攻めのため大坂に駐屯していたが、兵が四散し独力で明智光秀に抗することができず、中国地方から反転してきた秀吉に合流して、山崎の戦いに参戦している。清洲会議では、信長の嫡孫《ちゃくそん》三法師を織田家当主にするという、秀吉の案に賛成している。賤ヶ岳《しずがたけ》の戦いでも秀吉に与《くみ》し、その功で若狭に加えて越前《えちぜん》と加賀《かが》の一部を領し、大大名となった。しかし、二年後に病を得て死去した。

茶の湯に関しては、信長から「白雲」の茶壺と、玉澗《ぎょくかん》の山市晴嵐図《さんしせいらんず》を拝領している。また、「木枯」茶入、古林清茂墨蹟《くりんせいむぼくせき》、玉澗《ぎょくかん》筆市の絵を所持したことが、名物記に見える。

丹羽長秀像
（東京大学史料編纂所所蔵模写、原本：顕本寺）

師匠（不明）

野間長前《のまながさき》

茶人度 ★★☆
名物数 ★☆☆

生没年 不詳
別諱 康久 **通称** 左吉 佐吉兵衛 左橘兵衛
領地 河内半国（若江三人衆による共同統治）

三好義継を補佐した三人の家老を若江三人衆と呼ぶが、その一人。他の二人は池田教正《のりまさ》と多羅尾右近《たらおうこん》である。

義継が織田信長に敗れた後、若江三人衆は信長家臣の佐久間信盛の与力《よりき》となり、大坂本願寺を攻囲している。信盛が追放された後も信長に従っており、天正九年（一五八一）の馬揃《うまぞろえ》にも参加している。長前《ながさき》については、後の発給文書は信盛や柴田勝家との連署が多く、新参ながら高い地位にあったと思われる。

若江三人衆はそろって茶の湯に造詣《ぞうけい》が深く、大坂本願寺攻囲の陣中で信盛と盛んに茶会を開いたとされる。長前は信長から茶会を開く許しを得た家臣の一人に数えられる。天正八・九年には津田宗及《そうぎゅう》、山上宗二を招いて茶会を開いており、『天王寺屋会記』にその記録が遺っている。また、牧谿《もっけい》筆 燕の絵・高麗茶碗を所持したことが、名物記に見える。

師匠 千利休

長谷川与次《はせがわよじ》

茶人度 ★☆☆
名物数 ☆☆☆

生没年 生年不詳〜一六〇〇
通称 与次 **号** 可竹 嘉竹
官位・官途名・受領名 丹波守

織田家中の武将。子に、織田信長の小姓ならびに奉行衆として有名な秀一がいる（長谷川秀一の項参照）。

初め信長に仕え、信長の嫡男信忠が元服した頃から信忠の配下となって、長島一向一揆攻めや甲州征伐に従軍。甲州征伐では恵林寺を焼き討ちしており、この時の同寺の住持・快川紹喜《かいせんじょうき》の言葉が「心頭滅却すれば火もまた涼し」である。本能寺の変の後は、羽柴秀吉に仕え、信忠の嫡男である三法師（秀信）の養育係を務めた。

天正六年（一五七八）元旦、信長が茶会を開き、十二人の家臣に茶を振る舞うが、この十二人の中に、信忠や秀吉・明智光秀・丹羽長秀らとともに、与次も名を連ねている。その三日後に、万見重元邸で、九人を招いて名物茶器の披露の会が催されるが、この時も与次は招待されている。また、天正十三年（一五八五）正月、津田宗及の茶会に参加したことが記録されている。

師匠（不明）

林《はやし》 秀貞《ひでさだ》

茶人度 ★☆☆
名物数 ☆☆☆

生没年 生年不詳〜一五八〇
別称 通勝 **通称** 新五郎
官位・官途名・受領名 佐渡守

尾張国古渡城主・織田信秀に仕え、その嫡男である信長の一番家老につけられる。信長の当主としての適性を疑問視し、信長の弟・信勝の擁立《ようりつ》を画策する。弘治二年（一五五六）、信勝を擁して挙兵するが敗北。それにもかかわらず、このとき信長からは赦免《しゃめん》されている。

武将としての活躍は少ないものの、政治面で重きをなしており、例えば、信長上洛時に、信長の重臣と足利義昭の重臣が交わした起請文では、一番目に署名している。信長が開く茶会にはしばしば招かれ、名物茶器の披露に二回あずかり、また安土城落成時には、特別に天主の見物を許されるなど、信長との関係は良好であった。

しかし、天正八年（一五八〇）、かつての信勝擁立の罪で追放処分とされる。なぜ二十年以上前の行為が罪に問われたのかは不明である。その後京都や安芸《あき》に退隠し、まもなく死去した。

細川藤孝《ほそかわふじたか》（幽斎《ゆうさい》）

茶人度 ★★☆
名物数 ★★☆

生没年 一五三四〜一六一〇
通称 与一郎　**号** 幽斎玄旨
官位・官途名・受領名 従四位下 侍従 大蔵卿法印
領地 丹後国宮津　**石高** 十一万石

細川幽斎は、足利幕臣三淵晴員《はるかず》の次男といわれるが、一説によると、足利十二代将軍義晴の四男であるといい、明らかでない。天文七年（一五三八）、五歳のとき、将軍義晴に拝謁《はいえつ》し、翌年、義晴の命令によって幕臣細川元常の養子となり、細川万吉と称した。しかし、同十五年、義晴の子の義藤が十一歳で元服して十三代将軍となると、義藤の一字を貰《もら》って、細川与一郎藤孝《ふじたか》と改め、新将軍義藤の側近に侍し、申次の役を勤めた。この義藤は、のちに義輝と改めている。藤孝の初陣《ういじん》は、同十八年、十六歳のときで、幕府の管領細川氏の執事三好長慶《みよしながよし》と戦ったのである。

細川藤孝像
（東京大学史料編纂所 所蔵模写、原本：天授庵）

義晴や長慶の死後も、長慶の一族の三好三人衆と長慶の家老の松永久秀が共謀して、十三代将軍義輝を二条の新館に夜襲するといった反逆事件が起こった。そのとき、細川藤孝は、義輝の危急を救うことができなかったが、義輝の弟の足利義昭を助け出して、近江《おうみ》、若狭《わかさ》、越前《えちぜん》へと亡命し、ついに、織田信長の援助を得、その武力に守らせて、義昭の上洛を成功させ、三好三人衆と松永久秀の推戴《すいたい》した十四代将軍義栄《よしひで》を廃し、義昭を十五代将軍としたのである。

しかし、その後、義昭と信長が不和になると、細川藤孝は、足利将軍を見限って、信長に仕え、信長の死後は豊臣秀吉に、秀吉の死後は徳川家康へと、主君を乗りかえ、戦国末期から江戸初期への政局激動の浪を巧みに泳ぎ渡ったのである。そして、幽斎玄旨《げんし》と号し、長子忠興をして、豊前《ぶぜん》の大名となし、細川家の安泰と子孫の繁栄を図ったのである。

細川幽斎は、武人として、武道の嗜《たしな》みが深かったことはいうまでもないが、和歌、連歌《れんが》、狂歌の素養も深く、また、古典文学者としては、当代一流であった。

茶の湯は、『茶人系譜』によると、早くから武野紹鷗《じょうおう》に学んだといわれるから、千利休と同門であったことになる。彼が、信長や秀吉の催した茶会にしばしば参席したことは、『信長公記』や『宗湛日記《そうたんにっき》』などを見れば、明らかである。

また、幽斎の詠んだ和歌のなかに、教訓の和歌というものも伝えられているが、茶の湯に関するものとして、つぎのような二首がある。

武士《もののふ》の知らぬは恥ぞ馬茶の湯　はぢより外
に恥はなきもの

歌連歌乱舞茶の湯を嫌ふ人　そだちのほど
を知られこそすれ

武士があまり茶の湯に耽《ふけ》ることはいけないと戒《いまし》めたものは多いが、幽斎のこの教訓歌は、武士として必要欠くことのできない武芸の一つの馬術と並べて、茶の湯の必要性を説いているのである。

これは、当代の武家社会に茶の湯が流行していたからでもあろうが、幽斎が茶の湯の必要性を強調したのは、単なる外見上のことではなく、文武は車の両輪のごとしといった考え方が根本になっていたらしく思われる。

あるとき、蒲生氏郷《がもううじさと》が、細川家に茶の湯道具のよいものが沢山《たくさん》あるということを聞き、「御道具を拝見したい」と申し出て、日を約し、その日に幽斎の屋敷に行ってみた。すると、幽斎は、何気ないふうで、細川家に代々伝わる名作の武具、槍《やり》、太刀《たち》などを飾ってみせた。

氏郷は、あっけにとられて、「身どものお願い致したのは、茶の湯の道具のことでござる」というと、幽斎は、それに答えて、「ただ、道具と承ったので、武具と心得たのでござる。茶の湯道具をお見せするのなら、これまた非常にたやすいことでござる」といって、おもむろに、茶の湯の名物道具数種を取り出し、氏郷に見せたということである。

この逸話は、幽斎の茶の湯に対する関心の程度を明らかにしたものといえよう。武士の本分が飽《あ》くまでも武道であったからだ。

なお、幽斎が、その頃の茶の湯流行の風俗を批判したものがあるから、つぎに紹介しておこう。

大井戸茶碗「筒井筒井戸」
（『大正名器鑑』）
元は秀吉の有。小姓が誤って割り、怒る秀吉を幽斎が狂歌でなだめた。

「知る者も、知らぬ者も、ただ、茶の湯、茶の湯といって、薄暗い四畳半の座敷に、庭蔦《にわつた》や葡萄《ぶどう》を這《は》わせ、土瓶《どびん》の口の欠けたのなどを、いかにも風流人のように面白がって、もてはやす。道具の用い方も作法もろくに知らないですることだから、お茶を二三服点《た》てると、そこいらの畳は水だらけという有様である。

そしてまた、その連中の話というと、やれ、定家の菖蒲《あやめ》だとか、牧谿《もっけい》の達磨《だるま》だとか、誰の山水が、どうのと言い、話す本人も知りもしないで、虚堂《きどう》の文字はなかなか面白い、などと批判している」

といった具合に、七五調の文章で、半可通《はんかつう》の連中を手ひどくやっつけている。幽斎の文章としては、甚《はなは》だ趣《おもむき》の変わった面白いものだ。あらゆる芸道の奥義を究め、極意を悟った幽斎にとっては、世間の人々のすることが、随分と滑稽《こっけい》に見え、流行を追うことの馬鹿らしさが痛感されたことと思うのである。

なお、幽斎は、料理の方面にも冴えた腕前を持っていたらしい。鯉《こい》の料理をしたとき、ある人が、幽斎を困らせてやろうという考えで、こっそり、鯉に火箸を通しておいた。幽斎は、こんなこととは知らず、鯉に庖丁《ほうちょう》を押しかけたが、刃が火箸にあたると、いきなり、脇差を抜いて、俎板《まないた》まで切りおとしてしまったそうである。

幽斎は、慶長十五年（一六一〇）の八月二十日、京都で病死している。享年七十七。

（桑田）

所持した名物
- 唐物茶入「利休尻膨」
- 唐物茶入「安国寺肩衝」
- 虚堂墨蹟

師匠　津田宗及

松井《まつい》友閑《ゆうかん》

茶人度 ★★☆
名物数 ★☆☆

生没年 不詳　**号** 友閑　徳庵
官位・官途名・受領名 正四位下　宮内卿法印

松井康之の叔父《おじ》。足利将軍家の幕臣であったが、十三代将軍義輝が暗殺されると、後に織田信長に仕えた。

織田家中では、村井貞勝、武井夕庵《せきあん》と並んで重用された行政官であった。信長上洛後、右筆《ゆうひつ》に任じられ、信長の側近として、財務や外交において活躍する。京畿の政務の担当や堺の代官に任じられ、東大寺正倉院の蘭奢待《らんじゃたい》切り取りに際しては奉行を務めている。また、石山本願寺開城の目付でもあった。なお、堺の代官であったことから、津田宗及《そうぎゅう》ら堺の茶人と交友があった。

唐物茶入「宮王肩衝」
（『大正名器鑑』）

本能寺の変の際には、堺で徳川家康を接待中であった。その後は羽柴秀吉に仕え、引き続き堺の代官を務めたが、天正十四年（一五八六）に突然に罷免《ひめん》され、その後の消息は不明である。

文芸・教養面において深い造詣《ぞうけい》を有し、信長の文化政策においても重きをなした。茶の湯・連歌・能はもちろんのこと、禅にも通じたとされる。

信長の名物茶器の調達を担当し、京都や堺の豪商に名物茶器を供出させ、茶器の代金を遣わす使者を務めている。また、天正五年（一五七七）十二月、信長が嫡男《ちゃくなん》信忠に「初花肩衝《はつはなかたつき》」茶入をはじめとする名物茶器を譲った際にも、使者を務めた。

信長は史料から判明する限り十三回の茶会を開いているが、友閑はそのうち七回に参加しており、家臣団中最多である。また、信長の茶会で茶頭を務め、信長に代わって点前《てまえ》をしたことが、『兼見卿記《かねみきょうき》』『津田宗及茶湯日記』などに数多く見える。天正六年正月一日の信長の茶会、および同四日の信忠の茶会でも、友閑は茶頭を務めている。他に信長の茶頭を務めた者には、丸山梅雪・今井宗久・津田宗及・千利休らがいるが、いずれも回数においては友閑に及ばない。なお、信長の御成に供奉《ぐぶ》したり、御成を受けたりした事例も、複数確認できる。

「宮王肩衝」茶入、「朝倉肩衝」茶入、無準《ぶじゅん》、痴絶《ちぜつ》などの墨蹟《ぼくせき》をはじめ、多くの名物を所持していた。また、『相阿弥茶湯書《そうあみちゃのゆしょ》』を武野紹鷗《じょうおう》から伝えられたとされる。

松永久秀《まつながひさひで》（弾正《だんじょう》）

茶人度 ★★☆
名物数 ★★★

生没年 一五一〇～一五七七　**号** 道意
官位・官途名・受領名 従四位下　山城守
弾正少弼
領地 大和国　**石高** 約二十万石

松永弾正《だんじょう》久秀というと、足利十三代将軍義輝を暗殺した張本人で、中央政界における下剋上《げこくじょう》の代表的人物にみなされている。しかし、彼は、泉州《せんしゅう》堺の大茶匠武野紹鷗《じょうおう》門下の数寄《すき》大名であり、「作物茄子《つくもなすび》」茶入、「平蜘蛛《ひらぐも》」釜などという名物茶器を秘蔵していた。久秀にも、そうした教養の豊かな反面があったのである。

松永久秀は、山城国《やましろのくに》の人とも、四国の阿波《あわ》の生まれともいわれている。元来、商家の出で、たいそう計算高い男であったともいう。室町幕府管領細川氏の執事三好長慶《みよしながよし》に仕え、右筆《ゆうひつ》として重く用いられた。天文十九年（一五五〇）、長慶に従って上洛し、京都検断職に補せられ、その権勢は、三好氏を凌《しの》ぐほどになった。

永禄三年（一五六〇）二月十六日、久秀は、泉州の堺の町で、昼会を催し、富商の津田宗達を招いた。宗達とは、かつて、武野紹鷗の同門であった。

茶室の床に牧谿《もっけい》の船子和尚《おしょう》の絵を掛け、文琳《ぶんりん》（すもも形の茶入）の茶入を四方盆《よほうぼん》に飾った。台子《だいす》には、秘蔵の「平蜘蛛」釜、桶《おけ》の水指《みずさし》、合子《ごうす》の水翻《みずこぼし》、柄杓立《ひしゃくたて》を飾り、台天目を持ち出し、それに濃茶《こいちゃ》を点《た》てた。茶杓は珠徳、替茶碗は高麗《こうらい》、蓋置《ふたおき》は錫《すず》である。台天目は、あとで、台子の上の板にのせた。ひとかどの数寄者になっていた久秀は、秘蔵の「作物茄子」茶入を、出さなかった。名物は「平蜘蛛」釜一つで沢山《たくさん》だ。それが茶の湯の本旨《ほんし》であるくらいであることは、さすがに心得ていた。

その翌月、三好長慶が幕府の管領になると同時に、久秀は、弾正少弼《しょうひつ》に任ぜられた。

ついで、久秀は、河内と大和の国境に信貴山《しぎさん》城を、大和の北部に多聞山《たもんやま》城を築こうと計画した。久秀自ら、大和に入り、大和の北部を平定し、信貴山に城を築き、そこに初めて天守櫓《やぐら》を造った。それから、大和の土豪と連年にわたって戦いを交じえ、奈良の眉間寺《みけんじ》に城を築き、多聞山城と称し、ここにはのちに多聞櫓を造った。

永禄六年（一五六三）の十一月五日、奈良の多聞山城内で、朝会を開き、堺衆の津田宗達・今井宗久・若狭屋《わかさや》宗可の三人を招いた。茶室は六畳座敷で、床に牧谿の「遠寺晩鐘《おんじばんしょう》」の絵を掛け、「円座茄子」茶入を間道《かんとう》の袋に入れ、四方盆に据えた。台子に「平蜘蛛」釜、餌畚《えふご》の水指、合子の水翻、筩《とう》の柄杓立を飾っている。茶碗は黒塗の台にのせた只《ただ》天目で、盞置は火舎《ほや》。濃茶だけで、薄茶《うすちゃ》は点てずに、吉野紙百束を引出物としている。

「円座茄子」茶入については、正客の津田宗達が、つぎのように、拝見記を書いている。「土が白け、心がある。薄い朱心である。底は糸切。総体に黒めの釉《ゆう》がかかっている。口ぎわに色釉がかかっており、面になだれが一筋ある。露先《つゆさき》、釉のとまり所は、円座のきわでとまっている」と。やはり、「作物茄子」茶入は出していない。

翌年（永禄七年）の七月四日、三好長慶は、僅《わず》か四十三歳で死亡した。長慶の跡目は、弟の十河一存《そごうかずまさ》の子、三好義継が嗣《つ》いだので、松永久秀は、いよいよ権勢をほしいままにすることができた。

ところが、永禄十一年（一五六八）の五月になって、久秀は、驚くべき風聞を耳にした。それは、尾張《おわり》と美濃《みの》を平定した織田信長という無類の強豪が、足利十三代将軍義輝の遺弟、義昭を奉じ、大軍を率いて上洛してくるという噂《うわさ》であった。

久秀は、すぐに、使者を岐阜に派遣した。率直に降伏の意を表したのである。しかし、信長の返事はなかった。

信長は、九月七日に岐阜を出馬した。

五畿内《ごきない》を平定した信長は、京都の清水寺に陣取り、足利義昭は本圀寺《ほんこくじ》に陣した。やがて、信長の奏請によって、義昭は足利十五代将軍の座に就くことができた。

松永久秀は上洛し、清水寺に信長を訪ねた。もちろん初対面である。彼は、秘蔵の名物茶入「作物茄子」を献上した。

「作物茄子」茶入は、久秀にとって、命にも代えがたい宝物だった。一名を「九十九髪《つくもがみ》」茶入ともいい、茄子形の漢作唐物茶入である。白地金襴《きんらん》の袋に入っている。初め、近江《おうみ》の守護大名佐々木道誉が所持し、山名氏清、朝倉太郎左衛門、越前《えちぜん》の小袖《こそで》屋へと伝わったのを、久秀が一千貫文の代価で手に入れ、二十年も秘蔵していたという。それを、降参のしるしに、なお、「吉光」の太刀《たち》を添えて、信長に献上したのである。

ちょうど、そのころ、この茶入を、じきに拝見した堺の茶匠津田宗及《そうぎゅう》は、その日記に、つぎのようにしたためている。

「『作物茄子』茶入を初めて拝見した。その小壺は、形が平めに見える。ころは大形である。土はあまりこまやかでない。

釉の色は赤黒い。思いのほか、くすんで小壺である。表面のなだれは、なだれのようには見えない。釉ににじんだように見える。盆付のところで、釉が止まっている。なだれの左右に釉をまぜたところがある。石間は、小壺の右のほうにある。脇よりは少ししろのほうにある。色釉が、少しかすれはげたように見える。釉は薄いようだ。

土は、なだれの右方にあり、底は糸切で、刷毛目《はけめ》がまるくある。一段と土が厚く見える。

口づくりは、受けたようにあり、また、ひねり返しもある。内へ釉が少しかかっている。

石間と思われるところは、少し上に高くあがっている。しかし、目だたない。かたよった石間が、指一つ置いたほど下にある。帯は少しさがっている。肩が少しついているが、中高のように見える。帯はひとすじあり、小壺は、はけだかには見えない。

口などは、蓋をすれば、大きいように見えるが、ひねり返しが、ひらりとあるので、口の内は狭く見える。小壺の年は、四十ばかりに見える。くすんだように見えるが、また、はなやかなところもある。ひねり返しの下のほうに、少し出入りがあるのか、盆付が透いている。

小壺の中ほどから下のほうには、腰ばかり見える。この石間が土などだったら、それほど目には立たないだろうが、釉の中にあるので、異様に見える。けれども、この石間は火間である

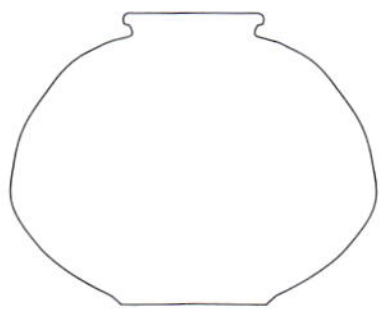
唐物茶入「作物茄子」
切形図

唐物茶壺「落葉」
（売立目録）

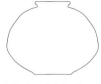

と、昔から申し伝えている。ある説によると、山名殿が、具足の袖につけたので、疵がついた、などとも申し伝えているが、そんなようには見えない。この小壺の生まれつきと思われる。
一体に、この小壺は、少しも卑《いや》しい様子が見えない。あまりに位がありすぎたように見える。拙者(宗及)の所持する文琳などよりは、茶が入るまい。しかし、ほんの少しの違いだろう。
蓋は象牙《ぞうげ》。ただし、切目である。榎の実に似て、玉ぶちがある。蓋は一段と厚く、殊《こと》に、内へのふくみなどは、一段と深い。蓋の裏は箔である。袋は白地の金襴。ただし、金地である。袋の裏は浅黄。緒つがりも浅黄である」と。

ずいぶん念の入った目利きであるが、ともかく、山名氏清が、この小壺茶入を、具足の袖につけて、戦場に出たので、具足ずれの痕がある、といわれたほど、由緒の深い茶入であった。

この「作物茄子」茶入を信長に献上することによって、ようやく、命拾いをした松永久秀は、これ以後、信長に臣従し、各地の戦いに参加し、外面的には忠節をぬきんでていたのであった。

天正元年(一五七三)の正月、久秀は岐阜城に伺候《しこう》し、信長に謁《えつ》した。

信長は、いろいろと名物茶器の話をした揚《あ》げ句《く》、
「弾正殿秘蔵の『平蜘蛛』の釜というのを拝見したいものだ」
と、いい出した。

「いずれ、いや、必ずお目にかけます」

至極、曖昧《あいまい》に答えておいたが、「平蜘蛛」釜だけは、こんなことでは渡せない、と思った。

その後、信長の口から、しばしば、「平蜘蛛」の話が出たが、久秀は、その都度、代わりの品物を進呈し、その場、その場を糊塗《こと》した。

そのため、牧谿の「遠寺晩鐘」の掛絵のほか、「不動国行」の太刀、「薬研藤四郎《やげんとうしろう》」の脇差《わきざし》などが、久秀の秘蔵品のなかから消えていった。

信長に対する無念の情は極度に達した。久秀は、反逆のチャンスを必死にうかがっていた。

天正四年(一五七六)、近江に安土城を築いて、岐阜城からここに移った信長は、その翌年から、摂津の石山本願寺討伐を開始した。

四月に安土から上洛した信長は、石山城を攻囲したが、本願寺門徒兵もよく抗戦し、勝負が容易に決せず、持久戦に入った。

〈参考〉平蜘蛛釜(古田織部美術館所蔵)

松永久秀も、信長に従って、石山城を攻めたが、八月、天王寺の砦《とりで》の定番を命ぜられた。

その頃のことである。越後の上杉謙信が、信長と雌雄《しゆう》を決するために大軍を率いて上洛する、という風評がたった。

石山本願寺の招きによって、上杉謙信が数万の大兵を率いて西上すると、近江の琵琶湖の南岸あたりで、謙信と信長の一大決戦が行われるに相違ない。背後に、石山本願寺、雑賀一揆《さいかいっき》、毛利などの強敵をまわしている信長のほうが、不利である。

松永久秀は、天王寺の砦を脱出し、本城の信貴山にたてこもった。

ところが、謙信は突然、越後に引き揚げた。

大和《やまと》に乱入した城介信忠の大軍は、信貴山城を、ひしひしと包囲した。

両軍の死闘が繰り返されたが、十月十日、信貴山城もついに陥落《かんらく》した。

落城の前日、佐久間信盛の使者がやってきて、口上を久秀に伝えた。

使者は、城の櫓《やぐら》の下から、城内に向かって、叫んだ。

「いまや、信貴山も落ちんとしている。それにつけても、御秘蔵の『平蜘蛛』の釜は、信長公が、つねづね御所望の品であるゆえ、お渡しあってしかるべきであろう。このまま焼いてしまうのは、数寄者として、まことに残念な次第と存ずるが……」と。

しばらくして、城内から、久秀の返答が、櫓の下にいる信盛の使者に伝えられた。

「『平蜘蛛』の釜と『作物茄子』の茶入とは、あの世の御伽《おとぎ》に持参いたす所存であったが、去る

ころ、『作物』をば、致し方なく、信長殿に進呈してしもうた。されば、『平蜘蛛』の釜と弾正の白髪首《しらがくび》は、せめて信長殿のお目にかけたくない……」

それから間もなく、松永久秀は、その首に鎖《くさり》で、「平蜘蛛」釜を結びつけ、近臣に命じ、火薬をしかけて、粉々に焼き砕かせてしまったのである。享年六十八。

松永久秀が、あの世への道づれとした「平蜘蛛」釜というのは、平釜の異態であり、蜘蛛が、ぺったりと地べたに、へばりついたような、低い姿勢の平釜なので、このように名づけられた。

千利休の高弟山上宗二の書いた『山上宗二記』の名物釜の項を見ると、「一、平蜘蛛　松永氏に失す」とあり、また、「当世在ても不用」と、説明している。

平蜘蛛のような、異態や奇形を尊ぶような釜は、すなおさと、侘《わ》びたる姿を良しとする利休時代の好みに合わず、はやらなくなっていたらしい。それは、松永久秀のような、謀略と数寄を生き甲斐とした戦国の武将が、信長や秀吉の出現と交替に亡び去ったのと同様に、新時代の茶の湯の本舞台から、姿を消し去ったのである。

（桑田）

その他の所持した名物
- 唐物茶壺「落葉」
- 唐物茶壺「初雁」

師匠（不明）

万見重元《まんみしげもと》

茶人度 ★☆☆
名物数 ☆☆☆

生没年 生年不詳～一五七八
通称 仙千代

織田信長の代表的な小姓で側近。取り次ぎや奉行、あるいは検使として活躍したが、残された記録は天正六年（一五七八）に集中している。

こなした任務は多岐《たき》にわたるが、最後の任務は荒木村重の謀反《むほん》に関するものである。同年十月、村重謀反の噂《うわさ》が立ち、重元は松井友閑《ゆうかん》、明智光秀とともに村重の有岡城へ糾問使《きゅうもんし》として派遣される。村重は潔白を主張したが、重元らが帰ると反旗を翻《ひるがえ》した。十二月に信長自身が出陣すると、重元は秀政、菅屋長頼とともに鉄砲隊を指揮して石垣まで迫るが、そこで戦死した。この時点まで記録には幼名の仙千代で記されているので、享年は不明ながらまだ若かったと考えられる。

茶の湯に関しては、この年の正月に、織田信忠が父・信長から賜《たまわ》った名物茶器を披露《ひろう》するのに安土の自邸を提供している。また、九月の信長の堺下向に従い津田宗及《そうぎゅう》を訪ねている。

師匠　千利休

水野守隆《みずのもりたか》

茶人度 ★☆☆
名物数 ☆☆☆

生没年 生年不詳～一五九八
別諱 守次
官位・官途名・受領名 監物
領地 尾張国常滑

尾張国《おわりのくに》の常滑《とこなめ》水野氏の三代目当主。早くから織田信長に仕え、幾多《いくた》の合戦で功を立てたというが、実際には鉄砲や煙硝《えんしょう》の調達や輸送で活躍したと考えられる。そのため、和泉国《いずみのくに》堺の町衆とも親しく交わった。

本能寺の変では、明智光秀に与《くみ》し、敗戦後は嵯峨野《さがの》に隠棲《いんせい》。茶の湯、連歌《れんが》などに日を過ごしたが、羽柴秀吉の追及の手が伸び、慶長三年に自害したとされる。一説に秀吉の北野大茶湯に来たところを見つかったともいう。

守隆は特に津田宗及《そうぎゅう》と親しく、その茶会にしばしば招かれた。隠棲後も宗及や千利休と交わっている。常滑にあったころは、地場産業でもある常滑焼を保護奨励し、茶陶を焼かせたとされる。

なお、守隆が自会を開いたことが、『天王寺屋会記』に記録されている。

師匠　武野紹鷗

三好康長《みよしやすなが》（咲岩《しょうがん》）

茶人度 ★★☆
名物数 ★☆☆

生没年 生年不詳～一五八五？
別諱 康慶　**通称** 孫七郎　**号** 咲岩
官位・官途名・受領名 山城守
領地 河内半国

三好長慶《みよしながよし》、実休、安宅冬康《あたぎふゆやす》らの叔父《おじ》にあたる。甥《おい》の実休（之虎）に仕え各地を転戦した。実休・長慶の死後は織田信長に仕え、四国に地盤があることから、四国攻め担当とされた。覇業《はぎょう》を引き継いだ羽柴秀吉からも四国征伐の担当とされ、秀吉の甥の治兵衛（後の豊臣秀次）を養子とする。紀州《きしゅう》攻め以降、消息不明。

茶の湯は武野紹鷗《じょうおう》に学び、『宗及茶湯日記』によれば津田宗達、宗及《そうぎゅう》父子の茶会にしばしば出席しており、永禄九年（一五六六）の天王寺屋了雲の朝会の正客となっている。

信長に降伏する際には、実休から引き継いだと思われる「三日月」茶壺を献上している。『今井宗久茶湯抜書』によれば、信長に相伴《しょうばん》して天正六年の宗久の茶会に参じている。また『山上宗二記』によれば名物「弥帆壺《やほつぼ》」を所持していたとされる。

師匠（不明）

村井専次《むらいせんじ》

茶人度 ★☆☆
名物数 ☆☆☆

生没年 生年不詳～一五八二
別諱 清次

京都所司代の村井貞勝の次男。貞成の弟とされる。

本能寺の変に際して、父や兄とともに織田信忠の宿舎であった妙覚寺に駆けつけ、二条新御所に移って明智軍と戦い、そろって討死したとされる。

津田宗及の『自会記』に「清次」とその名が見えるが、それ以外の史料には登場せず、事績などは不明である。ただ、吉田兼見の『兼見卿記』に「専次」の名が見える。

同記には専次が村井長門守（貞勝）の「内衆」と記載されている。専次は、天正年間に京や安土で信長と兼見との間で会見や贈答の取次を務めており、父や兄とは別に、信長の側近的な職についていたのかもしれない。

また、同記には専次の子についての記述があり、『織田信雄分限帳』には「□十貫文　村井専次子」という記述がある。

師匠（不明）

村井貞勝《むらいさだかつ》

茶人度 ★☆☆
名物数 ★☆☆

生没年 生年不詳～一五八二
通称 吉兵衛　**号** 春長軒
官位・官途名・受領名 正六位下　民部丞　民部少輔　長門守

近江《おうみ》の出身とされるが、早くから織田信長に仕え、弘治二年（一五五六）に信長の弟・信行が反旗を翻《ひるがえ》したときには既に仕官しており、二人の生母である土田御前の依頼により和平交渉を行っている。

信長の上洛後は京都の政務にあたり、将軍に就いた足利義昭の御所の造営や禁裏の修築を担当している。このため朝廷とは密接な関係を築いている。

将軍義昭が信長に追放されると、京都所司代に任命され、京都に常駐し、政務と朝廷との連絡・調整を司ることになる。山城の北部を領していた明智光秀らが協力することもあったが、概《おおむ》ね貞勝が独力で多岐《たき》に渡る政務をこなしている。この間に、信長の京都における居館として二条新御所も建設するが、これは後に誠仁《さねひと》親王に献上された。

また、信長の有名な京都御馬揃の準備や、御所の修復や、南蛮寺の建立にも関わった。その辣腕《らつわん》は宣教師ルイス・フロイスからは「都の総督」と呼ばれ、「異教徒ながら尊敬すべき老人」と評されている。

本能寺の変では、貞勝の自邸は本能寺の門前にあったが、妙覚寺にいた信忠の下に駆けつけた。貞勝は、二条新御所のほうが要害であるので移動して籠城《ろうじょう》することを提案した。これは自らが造営した新御所の堅固さを知悉《ちしつ》していたからであろう。信忠はそれに従って二条新御所に移って奮戦するがついに力尽き自害した。貞勝と子の貞成・専次も殉《じゅん》じて討死した。

なお、共に討死した二人の子のほかに、信長と貞勝の菩提を弔うため見性寺を開いた、村井重勝という養子がいたという。この人物については裏付ける史料が乏しいものの、信長の庶長子信正と同人であるという説がある。これが事実なら、家臣で信長の子を養子に迎えたのは、四男秀勝を養子にした羽柴秀吉の他は貞勝だけであり、信長の貞勝への信任の深さを物語っている。

茶の湯に関しては、信長が甲斐《かい》の武田氏を滅ぼした際には、京にありながら津田宗及《そうぎゅう》を招いて茶会を開いている。この際「小紫肩衝《かたつき》」茶入を用いたことを宗及が『天王寺屋会記』に書き残している。また、「豊後《ぶんご》天目」茶碗も所持していたと記している。

師匠（不明）

村井貞成《むらいさだなり》

茶人度 ★☆☆
名物数 ☆☆☆

生没年 生年不詳～一五八二
別諱 貞盛　**通称** 作右衛門尉

織田信長の家臣で、京都所司代であった村井貞勝の嫡男《ちゃくなん》。父とともに信長に仕えた。当初は馬廻《うままわり》であったが、父・貞勝が所司代になるとそれを補佐した。天正九年（一五八一）に行われた京都御馬揃《おうまぞろえ》では、根来衆を率いて四番めに行進している。この年、父貞勝の出家にともない家督を継いだが、それ以前の天正六年に、貞成の名で一族の村井清三を家中から追放している。本能寺の変では、父と共に信忠の籠《こ》もる新二条御所で討死した。

所司代の補佐という職務もあって、京都の公家《くげ》、特に吉田兼見とは親しく交わった。なお、貞成が自会を開いたことが、『天王寺屋会記』に記録されている。それによると、天正十年二月、宗安、宗二、宗及を招き、大釜に「ふかきかう（らい）茶碗」を用いたとある。父貞勝も茶会を開いた記録があり、嫡子貞成も許されていたと考えられる。

師匠 千利休

森長可《もりながよし》（武蔵《むさし》）

茶人度 ★☆☆
名物数 ★☆☆

生没年 一五五八～一五八四
別諱 長一　**通称** 勝蔵 勝三
官位・官途名・受領名 武蔵守
領地 信濃国川中島　**石高** 二十万石

森可成《よしなり》の次男。弟に森（乱丸《らんまる》）成利らがいる。父と兄が戦死したため家督を継ぎ、早くから織田信長に仕え重用された。上杉景勝の越後に侵攻したが、そのさなかに起こった本能寺の変で長可《ながよし》は敵中に孤立、信濃でもほとんどの国衆が離反し窮地《きゅうち》に立ったが、優れた軍略で美濃《みの》の金山への帰還に成功した。

羽柴秀吉と徳川家康が対立すると、岳父《がくふ》・池田恒興《つねおき》とともに秀吉に与《くみ》した。小牧・長久手の戦いでは、家康の本拠地三河《みかわ》を襲撃しようとしたが、迎撃されて戦死した。享年二十七歳。

遺言書を残しており、そのなかで大名物「沢姫」茶壺を秀吉に献上することなどを指示していた。この茶壺は、長可が秀吉から借金してまで手に入れたもので、名物の収集に熱心であったことが知られる。また、津田宗及《そうぎゅう》の茶会に招かれたことが、宗及の自会記に記録されている。

師匠（不明）

矢《や》部《べ》家《いえ》定《さだ》

茶人度 ★☆☆
名物数 ☆☆☆

生没年 不詳
別諱 広佳 光佳 康信 **通称** 善七郎

織田信長の代表的な側近の一人。主に秘書的な任務に携わった。次第に、各種の奉行あるいは検使、外交官として各地に赴《おもむ》いて活躍するようになる。反旗を翻《ひるがえ》した荒木村重を説得する使者に任じられたり、講和が成立した大坂本願寺の顕如《けんにょ》に退城を急がせる使者に立ったりと、その例は枚挙《まいきょ》に暇《いとま》がない。

本能寺の変の際の所在は不明であるが、山崎の合戦には加わっているので、四国平定に備えていた丹羽《にわ》長秀や織田信孝らと大坂にいたと思われる。その後は羽柴秀吉に仕えたが、天正十八年（一五九〇）の小田原征伐以後は名が見えず、それまでに死去したものと思われる。

天正元年（一五七三）、妙覚寺で信長が茶会を催した際に「御通衆」を務めた。また、天正六年の正月、年賀の礼のために安土に出仕した諸将に対し酌《しゃく》の役を務め、同年信長が津田宗及《そうぎゅう》を訪ねた際には供奉《ぐぶ》している。

師匠（不明）

山《やま》岡《おか》景《かげ》佐《すけ》

茶人度 ★☆☆
名物数 ★☆☆

生没年 一五三一～一五八九
別諱 景祐 景成 **号** 宗入
官位・官途名・受領名 対馬守
領地 近江国膳所

六角氏の重臣で「江南の旗頭」と呼ばれた山岡景之の次男。はじめ六角氏に仕えたが、織田信長が上洛すると兄弟とともに臣従した。以後は明智光秀に属し転戦したが、天正十年の本能寺の変のときは蒲生賢秀《がもうかたひで》と安土城の留守を預っていた。光秀から勧誘されるが、兄・景隆とともに瀬田城で抵抗し、光秀の安土進撃を遅らせた。以後は、羽柴秀吉に属したが、賤ヶ岳《しずがたけ》の戦いでは柴田勝家に内応していたとして、兄・景隆とともに改易された。のちに徳川家康に仕えたとされる。

天正六年（一五七八）の信長の今井宗久訪問に供奉《ぐぶ》しており、また同七年の津田宗及《そうぎゅう》の茶会には佐久間信盛に従って出席。改易後だが天正十五年の大坂城山里丸での茶会にも出席している。

また、弟の景友は関ヶ原の戦いの功績で、家康から大名物「道阿弥肩衝《どうあみかたつき》」を下賜されている。

コラム② 名物の真相

名物は全て名品と考えられがちだが、実は必ずしもそうではない。十六世紀前・中期の茶の湯の黎明期《れいめいき》は、茶道具の質・量が充実していなかったため、この時期の名物には他愛もないものも含まれている。名物記所載の現物を見て、これと「同手」のものはいくらでも現存すると感じる古美術愛好家は、筆者だけではないだろう。

江戸時代になると、千利休が所持していた茶道具は全て名物とされた。また、利休の後継者古田織部が処罰された際、その財産は江戸幕府に没収され、柳営御物《りゅうえいごもつ》（＝江戸幕府の所蔵品）の一部とされた。これは名物として取り扱われるので、織部の旧蔵品も自動的に名物となったのである。

一方、近代数寄者といわれる茶人の眼はすばらしく、「名物」の名こそないものの見事なコレクションを形成した。彼らが活躍したのは、明治後期から昭和初期の、大名・公家等の美術品が一斉に売却された時代で、良い物を沢山見た数寄者・古美術商が、作品の出来や希少性等を判断し、真の名品を見出したのである。

さて、大名家旧蔵の牧谿《もっけい》や雪舟等の絵は大体が偽物であるが、美術館等ではこれらを、作者名に「伝」を付して展示したりする。また、「〇〇所持」との伝来も信がおけるとは限らない。今後、時間の経過と共に実態が解明されていくだろう。

（宮下）

師匠　津田道叱

秋《あき》月《づき》種《たね》実《ざね》

茶人度 ★☆☆
名物数 ★☆☆

生没年 一五四八～一五九六
号 宗誾
官位・官途名・受領名 修理大夫 筑前守

戦国動乱の世に、天下三肩衝《かたつき》といわれた名物茶入に、「新田《にった》」「初花《はつはな》」「楢柴《ならしば》」という三つの肩衝があった。このうち、「新田肩衝」茶入は、かの新田義貞が愛用したという、いわれの古い茶入であった。茶の湯の開山(開祖)珠光《しゅこう》の秘蔵品となったため、とくに、天下一と称せられた。「初花肩衝」茶入は、唐の玄宗皇帝の美妃、楊貴妃の香油壺だったという伝説があり、もと、足利八代将軍義政の愛用品、つまり、東山御物《ごもつ》の一つであった。そして、「楢柴肩衝」茶入は、珠光の高弟引拙《いんせつ》の愛用品だったといわれているが、その前歴は明らかでない。

さて、「楢柴」とは、いったい、どのような肩衝茶入であったか。

例の『山上宗二記』には、「尻のふくらんだ形の肩衝だが、上薬《うわぐすり》は飴色《あめいろ》で、一段と濃い」と、簡単に記しているが、『宗湛日記《そうたんにっき》』には、「口付の筋が二つ、腰にさがっている帯が一つあり、肩が丸く、なで肩である。筋のあたりに茶色の薬がある。土は青めに細かく、薬はずれは四、五分。底は糸切で、その切れ目が、うしろの肌にかかっている」と、細かな観察を記している。それから、その仕覆《しふく》(袋)のことは、「白地の金襴《きんらん》で、文は鉄線花、金地の菱《ひし》。裏は香色、片色である」と、説明している。大体、このような肩衝茶入だった。

それならば、「楢柴」の銘のいわれは、というと、これは、歌銘であるという。『分類草人木』という古い茶書には、「箸鷹《はしたか》の狩場の鈴のなら柴のなればまさらで恋ぞまされる」という古歌の一句からとってつけたものだという。この古歌の上の句は序詞(枕詞の長いもの)であって、下の句に歌意がある。『山上宗二記』には、「薬が濃いので、その濃いに、恋をかけたものだ」と、説明している。要するに、上薬の飴色が濃い、というだけで、このような、乙《おつ》な歌銘がつけられたのだ。

ともかく、そういういわれのある風雅な肩衝茶入であって、初め、珠光の高弟引拙が愛用していた。それが、芳賀道祐《はがどうゆう》という茶人の手を経て、天王寺屋宗柏《そうはく》の所持品となった。

引拙は、堺の茶の湯を開いた茶匠で、珠光につぐ茶の湯の名人といわれた。引拙の「楢柴」は、おそらく、珠光から譲られたものであろう。それが、芳賀道祐、天王寺屋宗柏、という風に、同じ堺の茶人たちの手に移っていたのである。

天王寺屋宗柏は、堺の会合衆《えごうしゅう》の一人で、もちろん、富商であった。連歌《れんが》の牡丹花肖柏《ぼたんかしょうはく》に学んで、柏の一字を貰《もら》い、茶の湯を引拙について稽古《けいこ》した関係からか、「楢柴」を我がものとしたのである。ところが、宗柏の弟子に、神屋宗白という数寄者《すきしゃ》がいた。宗白は、筑前《ちくぜん》博多の富商、神屋紹策の弟であった。

神屋家は、宇佐八幡宮《うさはちまんぐう》の管領という名家の出で、先祖の永福いらいの五代にわたって北九州の経済界を牛耳《ぎゅうじ》ってきた。しかし、安芸《あき》の毛利氏と豊後《ぶんご》の大友氏との十数年にも及ぶ戦乱のために、十万戸も立ち並んでいた博多の港町も、人家がことごとく焼け失せ、見る影もなく荒廃していた。

そのため、神屋紹策・宗白一家も、家財を焼かれ、肥前《ひぜん》の唐津《からつ》に難を避けた。しかし、紹策の祖父、寿夜貞が大明国から持ち帰り、足利八代将軍義政のお目にかけて盃《さかずき》までも賞与されたという玉澗《ぎょくかん》の「瀟湘夜雨《しょうしょうやう》」の掛絵と、「博多文琳《ぶんりん》」茶入とは、一応、後生《ごしょう》大事に、唐津まで持っていった。

博多の商人と堺の商人とは、貿易の競争もやったが、商取引の関係で、つねに往き来していた。しかし、茶の湯では、博多よりも堺のほうが、先輩格である。堺の天王寺屋宗柏は、博多の神屋宗白の茶の湯執心《しゅうしん》に免じて、秘蔵の名物茶入「楢柴肩衝」を、一千貫文で譲り渡した。一千貫文というと、一石一貫と見て、米一千石《こく》の値段であり、その頃の茶器の相場としては、滅法界《めっぽうかい》だが、宗白は、それだけの大金を、どうやら工面して、「楢柴」を手に入れたのであった。

唐津に疎開した神屋家は、窮乏《きゅうぼう》のドン底に陥《おちい》っていた。家伝の玉澗の絵と「博多文琳」茶入はともかく、紹策の弟宗白が工面して手に入れた「楢柴」は、持ちこたえられそうもない。これを放置しておけば、誰かに買い取られる恐れが充分にあった。

そのころ岐阜から上洛して天下に号令を下すと同時に、京都や堺で茶器狩りをしている織田信長、豊後の数寄大名大友宗麟など、虎視眈々《こしたんたん》として、「楢柴肩衝」茶入をねらっていた。

「これはあぶない」と、心配したのは、天王寺屋宗柏の次男、道叱《どうしつ》である。

堺の天王寺屋は、宗柏が死んで、その長男、宗達の時代になっていた。道叱は、亡父の宗柏が愛弟子《まなでし》神屋宗白に譲り渡した「楢柴」を、堺町人の面目にかけても、数寄大名の手に渡したくない。「殺人を表芸とする武人が、茶の湯に志すとか、名物茶器を集めるなど、笑止千万だ」と、思っている。そこで、ふと念頭に浮かんだのは、神屋家と並称される博多の豪商、島井茂勝のことであった。

島井家は、代々、博多の町の酒問屋で、堺、兵庫、西国の貿易商人や海賊《かいぞく》の棟梁たちに、金を貸しつけ、借上として、筑紫《つくし》の金融界に重きをなしている。

その点、島井茂勝は、神屋紹策などよりも、さらに、たくましさに富んでいた。店屋や倉庫が焼け失せても、その跡に、さっそく仮屋を建て、相変わらず家業にはげんだ。

茂勝の復興ぶりは、近年になって彼が集めた名物茶器の種類を見てもわかる。「老茄子《おいなすび》」の茶入、灰被《はいかつぎ》天目、尼崎台《あまがさきだい》、それに、唐津に屋敷を普請した際に神屋紹策に貸しつけた金のかたとしてついに、神屋家伝来の「瀟湘夜雨」の掛絵まで手に入れた、と聞く。

「それならば、いっそのこと、『楢柴』も買い取りなされよ」と、道叱は、しきりに、茂勝に、「楢柴」の買い取りを勧めたのである。

天王寺屋道叱は、兄の宗達や、宗達の子の宗及と並んで、堺屈指の茶人といわれていた。道叱と島井茂勝との師弟関係も、十年ほど以前に、博多の島井屋敷で結ばれていた。

茂勝は、師匠の勧告どおりに、いまや家運の傾きかけている神屋宗白に迫り、ついに、元値の倍額の、二千貫文という大金で、「楢柴肩衝」茶入を買い取ってしまった。

茶の湯の開山、珠光が、「楢柴肩衝」茶入を、遺物として、養嗣《ようし》の村田宗珠に伝えずに、高弟の引拙に下げ与えたのは、この茶入の歌銘が気にくわないためだと、いわれていた。

猥雑《わいざつ》な闘茶趣味の茶の湯を改革して、茶禅《ちゃぜん》一味《いちみ》の心境を固持した珠光は、茶室の床掛《とこがけ》に歌物を用いることさえも禁止した。歌物には恋歌が多いという理由からであった。

しかし、珠光の孫弟子にあたる堺の豪商武野紹鷗《じょうおう》は、歌人でもあった立場から、歌道と茶の湯の関連性を強調し、床掛に、好んで、俊成や定家の歌物を使っている。

だから、紹鷗を堺流町人茶の湯の開祖とあがめ、これに師事した天王寺屋宗達、同道叱、同宗及《そうぎゅう》、今井宗久、千宗易など、堺の町の一連の茶人たちが、「楢柴肩衝」茶入の価値を見なおしたのも、当然であった。

島井茂勝が、天王寺屋道叱の勧めにより、二千貫文の大金を投じて、「楢柴」を買い取ったということが、九州一帯の数寄者たちのあいだで、評判になると、玉澗の青楓《あおかえで》の掛絵や、油滴《ゆてき》天目、「新田肩衝」茶入、「百貫茄子」茶入など、唐物名器を集めていた豊後の数寄大名大友宗麟《そうりん》は、俄《にわ》かに眼を血走らせた。

「『新田肩衝』も『百貫茄子』も、茶の湯の開山珠光が賛美した唐物茶入だというが、銘からして、『楢柴』のほうが、ずっと素晴らしい」と、宗麟は思った。

「新田肩衝」は新田義貞伝来の茶入と聞いているし、また、「百貫茄子」は珠光が天下一の茶入と定評のある「作物茄子《つくもなすび》」の銘にかかずらって、たまたま、京の都で掘り出した茄子形の茶入を、門弟の堺の町人塩屋宗悦に百貫文で買わせただけのことである。この茶入の、いったいどこがよいのか、宗麟は、よくわからないでいる。

こんなものよりも、宗麟は、むしろ、恋ごころを秘めた「楢柴」という美しい銘の肩衝茶入のほうに、心をひかれたのである。

そのような名器が博多にあるというならば、誰の所有物でも、愛玩品でもかまわぬ。五千貫でも六千貫でも出して、買い占めるべきであった。百貫茄子でも五千貫出して手に入れたというのに、島井茂勝は、たった二千貫で「楢柴」を神屋宗白から買い取ったという。

「うまく、やったものだ。なんとかして、改めて、六千貫くらいで、『楢柴』を手に入れたいものだ……」

宗麟は、大友家の家老の吉弘鎮信を顧《かえり》みて、そう言った。

彼は、もうじっとしていられなくなってきた。そこで、楢柴を二千貫で買い取ることを島井茂勝に勧めたという天王寺屋道叱に頼んで、茂勝の意向をさぐらせてみた。そして、そのいっぽうでは、鎮信を通して、「楢柴」所望の意向を伝えさせたのである。「代価は幾《いく》ら出してもいい」と、いうのだ。

しかし、島井茂勝は、一向に取りあってくれない。宗麟は、歯がみした。

ところが、宗麟の、そうした野心をかぎつけて、にんまりと、ほくそ笑んだ男がいた。

筑前秋月の城主、秋月種実《たねざね》である。

種実は、格別、茶の道に志のあるわけでもないのに、父の文種いらい仇敵《きゅうてき》の間柄にある大友宗麟に、ひと泡吹かせたい魂胆《こんたん》から、茂勝に使を送って、「楢柴」の所望を申し出たのであった。

宗麟に対しては、毛利家の後盾《うしろだて》で、亡父のとむらい合戦を試みて、失敗した結果、いまは、恭順の意を表しているので、茂勝への秋月種実の交渉は、極めて内秘のうちに行われた。

しかし、交渉に出かけた使者の口上は、針を含んでいた。「秋月の領国筑前の博多に住む町人の分際《ぶんざい》で、領主の命令に背く理由はない筈《はず》だ」と、いうのである。

一、二度の申し入れを、柳に風と受け流していた島井茂勝も、次第に、ただならぬ気配を感じ取った。

そのうちに、「主命に従わぬとあらば、武力に訴えても、『楢柴』を手に入れる」と種実が息巻いているという噂《うわさ》さえたった。

焼跡に、ぽつぽつと、店舗を建て整えた博多の町びとたちは、こんどは、「楢柴」ぜめの風聞に、恐れ、おののいていた。

島井一族の者どもが、茂勝の家に集まって、評議した末に、「『楢柴』を種実に渡し、町びとの禍《わざわ》いを除くほか手はない」という結論に達した。

茂勝は、「楢柴」を神屋宗白が手放したと聞いて肥前の唐津で歯がみをしたという紹策の子神屋貞清のことを、いまさらのように、身にしみて、思い起こした。が、六千貫の代価でもいいから買い取りたいと申しこまれた大友宗麟への手前、領主の秋月種実には、いっそのこと、無償で引き渡したいと、決意した。それが、名器を強奪される博多の数寄者の、せめてもの意地であった。

秋月の使者は、期日たがわず、「楢柴」を受取りにやってきた。

茂勝は、使者を島井屋敷の数寄屋に招き、心をこめて饗応した末、ついに「楢柴」を手渡した。

しかし、秋月の使者が門外にたち去ると同時に、あらかじめ命じておいた大工らに合図して、数寄屋を取り壊させた。仮屋敷よりもずっと念入りに造ったばかりの四畳の数寄屋だったが、武力をかさに、名器「楢柴肩衝」茶入を強奪された、けがらわしい想い出を、永久に消し去るためであった。

その噂が、まもなく、大友宗麟の耳に入った。とんびに油揚をさらわれたかたちとなった宗麟は烈火《れっか》のように怒って、種実を詰問させたけれども、一向に、要領を得ない。

宗麟は、またもや、秋月攻めの指令を下した。宗麟の縁者で筑前の岩屋城にいた高橋紹運が、秋月城を包囲し、一気に攻勢に出てきた。

秋月種実は、援《たす》けを、薩摩《さつま》の島津義久にもとめた。どちらにせよ、「楢柴」は、攻め取られる運命にあったのだ。

まもなく、種実から茂勝のもとに、「楢柴」の代価と称して、大豆《だいず》百俵が届けられた。

しかし、島井茂勝は、屋敷裏の広場に山のように積まれた豆俵《まめだわら》に、冷やかな一瞥《いちべつ》をくれただけである。

この騒ぎで、「楢柴」は、いよいよ西国・九州どころか、天下に隠れなき肩衝茶入となったが、茂勝の気持は、おさまらない。と、同時に、神屋貞清の気持もまた、おさまらない。

神屋は財力で「楢柴」を奪われたが、島井は暴力で強奪されたのだ。神屋貞清としては、同じ博多の町人ならばまだしも、これが数寄大名の手に奪い取られたことは、なんとしても、残念だった。

彼らは、秋月と大友の「楢柴」合戦の噂を耳にとめながら、「『楢柴』を取り戻すのは、秋月や大友よりもさらに強大な武力を借りるほかない」と、考えた。その強大な武力とは何か。目下のところ、西国の毛利のほかには、全く考えられなかった。

しかし、島井茂勝が、その後、商取引のために、初めて上坂し、堺の町に天王寺屋道叱を訪れてみると、天下の形勢は、近畿を平定し、毛利討伐を敢行《かんこう》しつつある尾張の強豪、織田信長の動きに左右されていることが、はっきり確認されたのである。

「焼け果てた博多の町を復興し、秋月種実を屈伏させ、『楢柴』を取り戻してくれるのは、信長のほか、あるまい」と、思われた。

ところが、天正十年(一五八二)の六月二日、本能寺の変が勃発し、信長は、逆臣明智光秀のために自害して果てた。そのとき、島井茂勝と神屋貞清は、二人とも、本能寺の信長の茶会に招かれていたが、命からがら難をのがれて、博多に逃げ帰った。

明智光秀は、まもなく山崎の一戦で、羽柴秀吉に討たれ、秀吉が、亡君信長にかわって、天下に号令を下すことになった。天下の形勢は、わずかの間に、目まぐるしく変転していった。

秀吉は、おのれに敵対する信長の三男織田信孝と柴田勝家を討ち、滝川一益《かずます》を降伏させると同時に、名物狩りを始めた。やはり、足利八代将軍義政や織田信長の先例に真似《まね》たのだ。「天下の名器を私有する者が天下を我がものにできる」という考え方が、信念となって、時の権力者の心を支配していたらしい。

秀吉は、まず、天下の三肩衝茶入を、はやぶさが獲物をねらうように、ねらっていた。

そのころ、「初花肩衝」茶入は徳川家康の所有品となっていたが、秀吉が、天正十一年(一五八三)の四月、江州《ごうしゅう》賤ケ岳《しずがたけ》の一戦で柴田勝家を破り、越前《えちぜん》を平定すると、家康は、石川数正を使者として、秀吉の戦勝を賀し、「初花肩衝」茶入を秀吉に寄贈している。しかし、このことは、天下を我ものとすることに、家康が秀吉におくれを取ったことを物語る。その翌年(天正十二年)、家康は、尾州小牧山を中心に、秀吉と雌雄《しゆう》を争ったけれども、その後、秀吉と講和して、これに臣従する因縁は、「初花」を秀吉に寄贈したときに始まっていたのである。

つぎに、「新田肩衝」茶入は、大友宗麟が、堺の塩屋宗悦から五千貫で買い取ったが、これも、秀吉の求めに応じ、「似たり茄子」茶入と抱きあわせて、一万貫文で、秀吉に売却している。

九州随一の数寄者、大友宗麟としては、よくよくのことであった。薩摩の島津義久に攻められ、上坂して、救いを秀吉に求めた手前、仕方がなしに、「新田」を売却したものとみえる。

こんなわけで、「初花」と「新田」を手に入れた秀吉は、最後に、「楢柴」をねらっていた。

その「楢柴」は、島津に味方し、大友と雌雄を争っている秋月種実が秘蔵していた。

秀吉は、天正十三年(一五八五)の七月十一日、関白に任官すると同時に、四国を討ち、越中《えっちゅう》を平らげた。四国討伐こそ、九州遠征の前哨戦《ぜんしょうせん》ともいえた。

同十五年三月、秀吉は、天下の大軍を二手に分け、豊後口と筑前口の二方面から九州に攻め入った。筑前入りの案内役をつとめたのは、博多の豪商、神屋貞清と島井茂勝であった。貞清は、剃髪《ていはつ》して宗湛《そうたん》と号し、茂勝は、天王寺屋道叱の叱の一字を貰い、宗叱と号していた。

秀吉は、筑前の秋月城に猛攻を加えた。

秋月種実は、全力を尽して防戦したが、上方の大軍の前には、ついに、かぶとをぬがざるをえなかった。

種実は、島津に義理を立てて討死するほどのこともないと思った。そこで、降伏を申し入れたが、秀吉が、なかなか承知しない。

降伏の条件は、種実にとって、実に痛かった。「肉親の人質を提出するほかに、『楢柴肩衝』茶入を献上せよ」と、いうのである。

結局、種実は、信長の降伏勧告を退けて愛用の「平蜘蛛《ひらぐも》」釜と心中した松永久秀ほどの数寄者ではなかった。

四月四日（天正十五年）、種実は、その娘を人質に出し、別に金子《きんす》百両と米二千石、それに、名器「楢柴」を秀吉に献上し、秋月城を明け渡した。

「秋月めは、『楢柴』のために、命が助かりおった！」

そのような風聞が、天下に鳴りひびいた。

秀吉は、進んで薩摩に攻め入り、島津義久を降し、その帰途、しばらく筑前の博多に逗留《とうりゅう》し、荒れはてた港町を復興させ、改めて、神屋宗湛と島井宗叱を町年寄に任じた。

秀吉は、「楢柴」を我がものとして、悠々《ゆうゆう》と大坂に凱旋《がいせん》している。

「楢柴」は、永久に、町人たちの手から離れた。相手が関白秀吉では、いかに島井宗叱でも、どうにもならなかった。

「楢柴肩衝」茶入をめぐる戦いは、秀吉によって、終止符を打たれたかたちである。

秀吉は、「初花」や「新田」とともに、「楢柴」を甚《はなは》だ愛玩《あいがん》している。

九州遠征から凱旋すると、同年（天正十五年）の十月朔日、京都は北野天満宮の境内で、大茶湯を催した。「北野大茶湯」というのが、これである。このときも、「楢柴」は、秀吉秘蔵の名物茶入として、出されている。

秀吉が死ぬと、この茶入は、徳川家康の所有に帰した。やはり、天下を取る者のところへ、天下の名器はころがりこむ。

「楢柴」は、秀忠、家光、というように、代々、徳川将軍家の秘宝として伝えられた。

寛永七年（一六三〇）の四月十五日、三代将軍家光は、江戸城本丸に諸大名を招き、茶会を催したが、「楢柴肩衝」茶入も、ほかの名器とともに出されている。客に招かれた細川三斎、毛利秀元、佐竹義隆、加藤嘉明なども、久しぶりで、この茶入を拝見したのであった。

明暦三年（一六五七）の大火は、江戸の町々だけでなく、江戸城の一部をも焼いた。

そのとき、「楢柴肩衝」茶入も火炎にあって破損したけれども、天下の名器のことだ、まもなく修繕《しゅうぜん》されて、その存在だけは取りとめた。

しかし、その後、全く行方不明となってしまった。

「初花」は徳川将軍家に、「新田」は水戸徳川家に伝わり、現存しているが、天下三肩衝茶入のうち、行方不明なのは、この「楢柴」だけである。

（桑田）

師匠　千利休

浅野長政《あさのながまさ》

茶人度 ★☆☆
名物数 ★☆☆

生没年 一五四七～一六一一
別諱 長吉　**通称** 弥兵衛
官位・官途名・受領名 従四位下　侍従
領地 甲斐国府中　**石高** 二十一万五千石

尾張《おわり》出身の武将。羽柴秀吉の正室おね（北政所《きたのまんどころ》・高台院）の実家浅野家の養子で、家督を継いだので、秀吉とは義理の兄弟になる。

そのためか、太閤にまでなった秀吉に対しても、恐れず直言したと伝わる。秀吉もその言をよく容れたという。

浅野長政像（東京大学史料編纂所所蔵模写）

織田信長の家臣だが、早くから秀吉の与力《よりき》として活躍した。賤ヶ岳《しずがたけ》の戦いや九州征伐で戦功を立て、奥州仕置では中心的な役割を果たした。また、京都奉行職に任じられ、豊臣政権下の五奉行の筆頭と見なされた。

関ヶ原の戦いでは嫡男《ちゃくなん》・幸長《よしなが》とともに東軍に与《くみ》した。幸長が本戦で大功をたて和歌山で三十七万石を与えられたが、長政自身は徳川家康に近侍し、慶長十年以降は江戸に出仕している。

囲碁に長じていたとされるが、徳川家康とは実力が伯仲していたためか、よく呼ばれて相手を務めたとされる。長政の死後、好敵手を失った家康は気落ちしたのか、盤を囲むことが激減したとされる。大老の前田利家と千利休に招かれるなど、茶も相当に嗜《たしな》んだ。秀吉からは、戦功として「玉堂肩衝」茶入を下賜されている。

上田宗箇《そうこ》とは姻戚関係にあり、親しくしていたという。その縁で、後に宗箇は幸長に仕官している。一方、長政の取次という職責をめぐって伊達政宗とは険悪な関係であり、政宗から絶縁状を突きつけられたほか、茶会での同席を拒否するという政宗の書状が残っている。

唐物茶入「玉堂肩衝」
(『大正名器鑑』)

浅野幸長《あさのよしなが》

茶人度 ★★☆
名物数 ★☆☆

生没年 一五七六〜一六一三
別諱 長継
官位・官途名・受領名 従四位下　紀伊守
領地 紀伊国和歌山　**石高** 三十七万六千石

幸長《よしなが》の茶の湯者振りはあまり知られていない。しかし、今に伝わる史料を見る限りでは、もっともよくその茶の湯者振りが分かる重視すべき武将茶人となった。その理由は、京都の龍谷大学から彼の事跡を記した記録『茶道長問織答抄《さどうちょうもんしょくとうしょう》』が発見されたことによる。

浅野幸長像(東京大学史料編纂所所蔵模写)

甲斐国《かいのくに》に二十二万石を拝領した秀吉五奉行の一人で、茶の湯巧者であった浅野長政の子が幸長で、左京大夫《さきょうだいぶ》の受領職にありついて、長政の後嗣《こうし》となった。関ヶ原の合戦では東軍に属して功を挙げ、三十七万六千石という高禄にて紀伊国《きいのくに》の太守となっている。

嗣子《しし》はなく、三十八歳という中年真っ盛りの時に没して、弟の長晟《ながあきら》が当主となった。

比較的短い生涯ではあったが、慶長年間には、たびたび詳しく茶の湯の点前《てまえ》や設《しつら》えについて、客分の上田宗箇《そうこ》を経由することが多かったが、織部《おりべ》に問い質《ただ》している。『茶道長問織答抄』という本の名称の由来は、「長問」とは幸長が質問し、「織答」とは織部が答えるという問答集の意味である。

天下一宗匠の織部のもつ絶対的な指導力が伝わるばかりか、武家の儀礼としての茶の湯ではなく、数寄者として織部主導の流行の茶の湯を、彼ほど真摯《しんし》に学ぼうと志向した武将茶人の具体像が分かる茶人はほかにはいない。しかし、残念ながら、茶の湯者としての実績については、この本以上のことは不明である。(矢部)

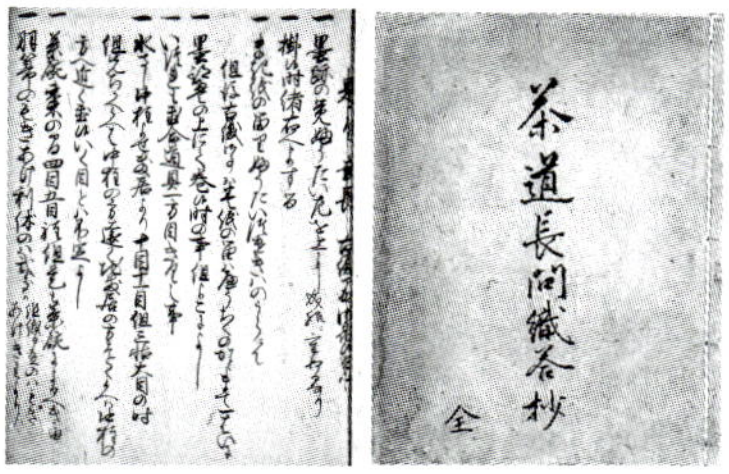

『茶道長問織答抄』(龍谷大学図書館所蔵)

師匠　千利休・古田織部

有馬《ありま》豊氏《とようじ》（玄蕃《げんば》）

茶人度 ★★☆
名物数 ★☆☆

生没年 一五六九〜一六四二
官位・官途名・受領名 従四位下 玄蕃頭 侍従
領地 筑後国久留米　**石高** 二十一万石

摂津《せっつ》有馬氏の一族である有馬則頼の次男として播磨国《はりまのくに》に誕生した。元服後は、姉婿《あねむこ》にあたる渡瀬繁詮《わたらせしげあき》に仕えたが、繁詮が豊臣秀次の事件で切腹させられると、豊臣秀吉の命によりその所領を引き継ぎ大名となった。

秀吉の死後は、父とともに徳川家康に接近し、緊張感が高まる大坂、伏見においては、家康を警護するなど一貫して徳川方として行動している。家康の信任も厚く、淀城の警護を任され、また、関ヶ原の戦いの直前には、家康の養女連姫（蓮姫）を娶《めと》っている。

関ヶ原の戦いでは、その前哨戦《ぜんしょうせん》である杭瀬川《くいせがわ》の戦いで苦戦し、翌日の本戦では、家康の本陣の後方を守っている。華々しい戦功はなかったがその忠誠を賞せられ、丹波福知山へ加増移封された。翌々年父が死去すると、その遺領も継承を許された。

大坂の陣でも功を挙げ、久留米《くるめ》に移封され一躍大大名となった。寛永十四年（一六三七）の島原の乱が勃発した際、豊氏自身は江戸にいたため、嫡男忠頼を出陣させた。しかし、なかなか鎮圧できないため、老躯《ろうく》に鞭《むち》打って自ら出陣している。

享年は七十四歳。姉婿の家老から大大名まで躍進した稀有《けう》な大名である。

戦いに明け暮れた生涯であったが、若い頃から禅宗に深く帰依《きえ》し、また儒学も学んだ文化人であった。築城や土木建築にも詳しく、自領の久留米城はもちろんのこと、江戸城本丸、大坂城、駿府城、そして禁裏の修築や造営に携わっている。

父の則頼の影響か、茶の湯も千利休について学び、利休七哲の一人に数えられることもある。名物「茜屋肩衝《あかねやかたつき》」茶入や「紅屋《べにや》肩衝」茶入を所持していた。

有馬豊氏像
（篠山神社所蔵、有馬記念館保存会 提供）

師匠　千利休

有馬《ありま》則頼《のりより》

茶人度 ★☆☆
名物数 ★☆☆

生没年 一五三三〜一六〇二
通称 源次郎　**号** 無清
官位・官途名・受領名 従四位下 中務少輔 刑部卿 兵部卿法印 刑部卿法印
領地 摂津国三田　**石高** 二万石

有馬豊氏の父。当初は、三好長慶《みよしながよし》や別所《べっしょ》長治に従ったが、羽柴秀吉が織田信長の命を受けて中国攻めを開始すると、その先導役を務めた。その後、小牧・長久手の戦いや九州平定、朝鮮出兵などに参加し、いずれも功を挙げた。伏見城築城にも功績があり、一万五千石の大名と

有馬則頼像（京都大学総合博物館 所蔵）

なった。関ヶ原の戦いでは東軍として参戦し、三田に加増移封される。

秀吉には御咄衆《おはなししゅう》として仕え、薙髪《ちはつ》して刑部卿《ぎょうぶきょう》法印《ほういん》を称した。金森長近（法印素玄）・徳永寿昌（式部卿《しきぶきょう》法印）とともに「三法師」と呼ばれた。

秀吉の没後、加藤清正らの武断派と石田三成を筆頭とする文治派の対立が顕在化し、さらに重鎮前田利家が死去し、大坂や伏見が不穏な空気に包まれた、則頼は嫡子豊氏とともに一貫して家康の側に立ち、積極的に家康を警護するなどして働いている。

その後の上杉征伐や、関ヶ原の戦いの本戦にも出陣している。その翌々年に七十歳で死去しているので、関ヶ原の戦いの当時は六十八歳であった。当時としては相当な高齢での参戦であり、家康が賞したのは武功よりもその忠誠心であったと思われる。

茶人としても高名で、家康から「紅屋肩衝《べにやかたつき》」茶入を賜《たまわ》っている。

「紅屋肩衝」に関しては、文禄年間、秀吉が家康の帰国を認めなかったことがあり、そのとき則頼が家康のためにとりはからったことがあった。この茶入はその働きに対する謝礼であったとされる。

また天正十八年の、秀吉の有馬温泉での湯治の際に開かれた茶会では、千利休が茶頭を勤めているが、そこに小早川隆景とともに一組目の客として招かれている。

師匠（不明）

安国寺恵瓊《あんこくじえけい》

茶人度 ★☆☆
名物数 ★☆☆

生没年 一五三九？〜一六〇〇
号 瑤甫 一任斎 正慶
領地 伊予国和気郡 **石高** 六万石

臨済宗の僧で、武将および政僧。「安国寺」は姓ではなく住持した寺の名であり、法諱《ほうい》は恵瓊《えけい》。

当初は毛利氏に仕える外交僧として活躍、織田信長の奇禍《きか》と秀吉の台頭《たいとう》を予言したことで知られる。本能寺の変に際しては、備中《びっちゅう》高松で対峙《たいじ》していた秀吉と毛利氏の和睦《わぼく》を取りまとめ、結果的に秀吉の信任を得て、僧でありながら、伊予に六万石の知行を与えられ、大名となった。この恵瓊大名説には異論もあるものの、独特な地位を得ていたことは間違いない。その後は武将としても活動したらしく、小田原征伐や文禄・慶長の役などにも参戦している。

関ヶ原の戦いでは、西軍の総大将に毛利輝元を担ぎ出すことに成功したが、輝元は出陣せず、本戦で毛利隊を率いた毛利秀元・吉川《きっかわ》広家も動かず、恵瓊自身の軍も戦わないまま西軍は敗れた。京都で捕えられ、六条河原で石田三成、小西行長とともに斬首された。享年六十二あるいは六十四歳。

安国寺恵瓊 木像（安国寺所蔵）

禅僧であったため茶の湯には早くから親しんでいたと思われる。東福寺の退耕庵を再興した際に「昨夢軒《さくむけん》」という数寄屋を設けている。また、名物の割高台茶碗や、「安国寺肩衝《かたつき》」茶入（「有明肩衝」茶入）を所持していた。この茶入は、細川三斎が西行の歌にちなんで「中山」の銘を与えたが、後に恵瓊に譲ったものである。なお、恵瓊が自会を開いたことが、『宗湛日記』に記録されている。

唐物茶入「安国寺肩衝」
（『大正名器鑑』）

師匠　千利休・古田織部

池田輝政《いけだてるまさ》

茶人度 ★☆☆
名物数 ★☆☆

生没年 一五六四～一六一三
別諱 照政　**通称** 三左衛門
官位・官途名・受領名 正三位　武蔵守　参議
領地 播磨国姫路　**石高** 五十二万石

父・池田恒興や兄・元助と共に信長に仕え、近習となる。天正八年（一五八〇）の花隈《はなくま》城の戦いで、荒木村重と戦って戦功を挙げたほか、天正十年には甲州征伐にも従軍している。

本能寺の変の後は、羽柴秀吉に仕えた。天正十二年の小牧・長久手の戦いで父と兄が戦死したため、家督を継いだ。その後も、紀州征伐、九州征伐、小田原征伐など、秀吉の主要な合戦に出陣している。文禄・慶長の役では渡海せず、国内警備にあたった。

池田輝政像（東京大学史料編纂所所蔵 模写）

輝政は豊臣一族に準じる待遇を受けており、文禄三年（一五九四）には秀吉の仲介で、徳川家康の娘・督姫を娶《めと》った。また輝政の妹は、秀吉の甥《おい》で後継者である豊臣秀次の正室となっている。秀次事件では、秀次の妻妾のほとんどが殺害された中、彼女は助命されている。

秀吉の死後は家康に接近し、関ヶ原の前哨戦《ぜんしょうせん》では、東軍の先鋒《せんぽう》として岐阜城を攻略している。戦後はその功により姫路五十二万石に加増移封され、姫路藩初代藩主となった。このとき、姫路城を修築しているが、姫路城の現在残る姿は輝政の修築によるものである。

池田家は家康の婿の家柄として厚遇され、一族の所領をあわせると百万石に達したともいわれる。慶長十八年、姫路にて急死。死因は中風とも花柳病ともいわれるがよくわかっていない。享年五十歳。寡黙、剛直な性格で英雄の風があったというが、家臣を大事にしたという逸話が残っている。

茶の湯に関しては、豊臣秀次より大名物「薬《やく》師院肩衝《しいんかたつき》」茶入を、徳川家康より「飛騨《ひだ》肩衝」茶入を、秀忠から虚堂《きどう》の墨蹟と乙御前《おとごぜ》の釜を賜っている。釜を賜ったときの使者は古田織部《おりべ》であった。

師匠　（不明）

池田秀雄《いけだひでお》

茶人度 ★☆☆
名物数 ☆☆☆

生没年 生年不詳～一五九八
別諱 景雄　**通称** 孫次郎
官位・官途名・受領名 伊予守
領地 伊予国国分山　**石高** 八万石

近江国《おうみのくに》甲賀郡の池田氏の出。はじめ六角義弼《ろっかくよしすけ》に仕えたが、のち、織田信長に仕えた。本能寺の変に際しては、明智方で山崎の合戦に出ているが、その後許されて、羽柴秀吉に仕えた。小牧・長久手の戦いなどに従軍。小田原征伐の際に秀吉から一字を賜《たまわ》り秀雄と改名した。このころは、秀吉の弟・秀長とその養嗣子《ようしし》・秀保に仕えていたと考えられる。

文禄四年の豊臣秀次事件では秀次自害の検視を務め、その功により伊予国国分山を与えられた。慶長の役で渡海したが、安骨浦《あんこつぽ》で病死した。

織田家では佐久間信盛の与力《よりき》であったと思われ、大坂本願寺を攻囲しているが、信盛の嫡男《ちゃくなん》・信栄《のぶひで》や津田宗及《そうぎゅう》と盛んに茶会を行っている。信盛追放後は信長直属の近江衆に名を連ねた。なお、秀雄が自会を開いたことが、『天王寺屋会記』や『宗湛日記』に記録されている。

師匠　千利休

石川数正《いしかわかずまさ》

茶人度 ★☆☆
名物数 ☆☆☆

生没年 一五三三～一五九三
別諱 康昌 康輝 吉輝 **通称** 与七郎
官位・官途名・受領名 従五位下 伯耆守 出雲守
領地 信濃国松本 **石高** 十万石

松平元康(徳川家康)が今川義元の人質になっていた時代から近侍し、酒井忠次とともに家老的な立場で活躍した。対織田信長、対羽柴秀吉の外交官としても大きく貢献している。

ところが、小牧・長久手の戦いの後、突如出奔《しゅっぽん》し秀吉に仕えた。その理由は不明。家康の懐刀であり機密を知る数正の出奔は、徳川家にとって大きな衝撃であり、以後軍制を武田流に改めるなど対策を講じている。

秀吉が賤ヶ岳《しずがたけ》の合戦で勝利した時に、家康が天下三肩衝《かたつき》の一つである「初花肩衝《はつはな》」茶入を戦勝祝いとして贈っているが、その際使者に立ったのが数正であったとされる。徳川家中では茶の湯に堪能《たんのう》と思われていたらしい。また、出奔後、秀吉の茶会の際に、徳川家の井伊直政と同席となり、直政から裏切り者と罵倒《ばとう》されたという逸話が残る。

師匠　千利休・古田織部

石川貞清《いしかわさだきよ》（宗林《そうりん》）

茶人度 ★★☆
名物数 ★☆☆

生没年 生年不詳～一六二六
別諱 光吉 **通称** 兵蔵 三吉 **号** 宗林 宗休
官位・官途名・受領名 備前守
領地 尾張国犬山 **石高** 一万二千石

美濃国《みののくに》の出身。羽柴秀吉に使番として仕え、小田原征伐で戦功をたてたほか、太閤蔵入地《たいこうくらいりち》の代官としても活躍した。

関ヶ原の戦いでは西軍に与《くみ》し、居城の犬山城に籠城《ろうじょう》しようとしたが、城に入れた諸将が東軍に内応したため、城を出て本戦に参加した。敗戦後は所領を失ったものの一命は助けられ、剃髪《ていはつ》して京都に隠棲《いんせい》して、茶人あるいは商人として活動した。

石田三成、大谷吉継や真田信繁(幸村)とは姻戚関係にあったとされ、大坂の陣の後、信繁の正室竹林院を京都で保護している。

茶人としては、秀吉没後に古田織部《おりべ》や小堀遠州《えんしゅう》が吉野で開いた利休追悼《ついとう》の野点《のだて》に参加している。

また、大名物の古瀬戸「槍《やり》の鞘肩衝《さやかたつき》」茶入を、豊臣秀吉から下賜された。

師匠　千利休

石田正澄《いしだまさずみ》

茶人度 ★☆☆
名物数 ★☆☆

生没年 一五五六～一六〇〇
別諱 重成 一氏 **通称** 弥三
官位・官途名・受領名 従五位下 木工頭
領地 近江国北部など **石高** 二万五千石

石田三成の実兄。天正のころ三成とともに羽柴秀吉に仕えた。武将としてよりは、さまざまな奉行や代官を務めた、いわば実務官僚として活躍している。

文禄・慶長の役でも物資を朝鮮半島に輸送する任務とともに、現地に派遣された三成、大谷吉継ら奉行衆の報告を秀吉に取り次いだ。後に堺の代官も務めている。関ヶ原の戦いでは三成に従い西軍につき、三成の居城佐和山城を父・正継とともに守備したが、本戦で西軍が敗北したため小早川秀秋らに攻められ、奮戦するが落城、一族もろとも自害した。

大村由己《ゆうこ》、藤原惺窩《せいか》、西笑承兌《さいしょうじょうたい》などの一流の知識人と交流を持った。文禄の役の際には、九州へ下向し、名護屋城に秀吉のために茶室を造営した。近年、発掘調査によって確認された山里丸の草庵茶室がそれであると思われる。

石田三成《いしだみつなり》

生没年　一五六〇～一六〇〇
別諱　三也　**通称**　佐吉
官位・官途名・受領名　従五位下　治部少輔
領地　近江国佐和山　**石高**　十九万四千石

茶人度 ★★☆
名物数 ★☆☆

石田三成像（東京大学史料編纂所 所蔵模写）

石田三成は、豊臣秀吉の死後、豊臣氏の政権を奪取しようとする徳川家康の行動に抵抗して、一歩も譲らず、ついに天下分け目の関ヶ原決戦を買って出た異色の人物である。

三成は永禄三年（一五六〇）、江北の大名、佐々木京極氏の家臣、石田隠岐守《おきのかみ》正継の次男に生まれた。兄は木工頭正澄《もくのかみまさずみ》。初め左吉と称し、初名を三也という。幼少より秀吉に仕えて、小姓となり、才智を愛せられた。天正十一年（一五八三）四月、賤ヶ岳《しずがたけ》の戦に七本槍《しちほんやり》に次ぐ武功をあらわし、同十三年七月、従五位下、治部少輔《じぶのしょう》に叙任されている。

天正十五年（一五八七）の正月三日、大坂城で秀吉の大茶会が催され、筑前《ちくぜん》博多の豪商神屋宗湛《そうたん》も、珍客として、これに招かれたが、その翌日、つまり、正月四日の昼、やはり、大坂城の石田三成の屋敷で、茶事が催された。これは、宗湛が、昨日の大茶会でのもてなしに対して御礼を述べるために、三成の屋敷に参上したところが、まず、書院において菓子を振舞い、その後、宗湛を数寄屋《すきや》に招き入れ、三成の点前《てまえ》で、茶を飲ませた。客は、宗湛のほかに、堺の津田宗及《そうぎゅう》・宗凡父子であった。

茶を、大海に一種、棗《なつめ》に三種、中次《なかつぎ》に一種、都合、五種の茶を三つの茶入に入れて出している。これは、五種の茶を飲み分ける遊びで、かぶき茶と称した。おそらく、利休の創意にかかるものであろう。

天正十八年（一五九〇）に小田原遠征を終え、関東・奥羽を平定してから、秀吉は京都に凱旋《がいせん》したが、三成もまた、秀吉のあとを追って、まもなく京都に帰ったとみえて、『津田宗及茶湯日記』を見ると、同年の十二月二日の昼、聚楽第《じゅらくてい》において、三成の茶会が催されている。

客は細川幽斎・万代屋《もずや》宗安・津田宗凡の三人で、床《とこ》に茶壺を黒茶色の網《あみ》に入れて飾り、釜は古い大釜、炉は四寸。大釜を五徳に据え、侘《わ》びた茶の湯であった。

それから、同月八日の昼にも、三成の茶会が開かれた。客は長束《なつか》久阿弥と津田宗凡で、茶室にはやはり、古い大釜を五徳に据え、手水《ちょうず》のあいだに、袋に入れない肩衝《かたつき》茶入を、隅の棚《たな》に置いた。そして、その前に引切《ひききり》の蓋置《ふたおき》を置き合わせている。棚の隅には柄杓《ひしゃく》を掛け、茶碗は狂言袴《きょうげんばかま》である。

この茶碗は、高麗《こうらい》の雲鶴手《うんかくで》茶碗で、深い筒形の胴にある丸い紋が狂言師の袴の紋に似ているので、この名がある。

元来は、朝鮮人参湯を呑むための筒茶碗であったが、茶の湯の茶碗に流用したのである。利休好みであるところから、後世、利休名物に加えられた。それから、水指《みずさし》は釣瓶《つるべ》、水翻《みずこぼし》は面桶《めんつう》を用いた。茶が終わって、客は肩衝を拝見している。

三成の茶会は、『宗湛日記』を見ると、文禄二年（一五九三）の五月六日の昼、肥前《ひぜん》の名護屋城でも、また、同三年の三月五日の昼、伏見城でも催されている。

そのころ、伏見城は、普請の最中だったから、郭内《かくない》の三成の屋敷で開かれたらしい。この日の客は神屋宗湛一人で、書院で振舞の後、数寄屋で御茶が点《た》てられたのである。数寄屋は三畳敷で、柱は張抜きらしい。床には竹の筒と今焼の筒を二つ掛けて、花入とし、薄色の花を生けている。炉は四寸、それに古い大釜をかけ、水指は南蛮物の芋頭《いもがしら》、共蓋である。高麗茶碗に道具を仕込んで、棗は袋に入れ、面桶水翻に引切の蓋置、といった取り合わせであった。芋頭の水指は、芋頭のなりに釉《ゆう》がかかっている。ただし、共蓋にはかかっていない。高麗茶碗は、細長くて、筒のようであった。やはり、狂言袴と思われる。

つぎに、これは、太閤《たいこう》秀吉の死後のことだが、『宗湛日記』によれば、慶長三年（一五九八）の十一月二十三日の昼、筑前の博多において、三成の振舞があった。彼が、薩摩《さつま》の島津家の領内の検地に出張した帰途のことと思われる。客は毛利秀元・杉森下野守《しもつけのかみ》・神屋宗湛の三人。倉本の書院での振舞であった。炉の五徳に細形の古釜を据えている。蓋は唐金。白茶碗に道具を仕込んで、棗を袋に入れ、唐物の土の水指、面桶の水翻、引切の蓋置、といった取り合わせであった。三成の点前で、二度も茶を点て、夜に入っては、雑談に花を咲かせている。

その翌年、すなわち、慶長四年の二月九日の晩、大坂城の石田屋敷の書院で、三成の振舞があった。宇喜多秀家・伊達政宗・小西行長などの大名と、それから、神屋宗湛が、客として招かれた。台子《だいす》の茶の湯で、今焼茶碗に道具を仕込んで、今焼肩衝を緞子《どんす》の袋に入れ茶頭は坊主がつとめた。夜更けて雑談となり、三成の兄の石田正澄がやってきた。そのうちに、大名たちは帰りかけたが、宗湛だけは、三成兄弟と四方山《よもやま》の話を交わし、道具などを拝見した。酒も五色の酒で、そのうちの葡萄酒《ぶどうしゅ》は、そのころ、長崎からの唐来物であると、三成が説明している。

三成は、このように、茶人や数寄大名と交際が広かったが、慶長五年の九月十日、堺の数寄者万代屋宗安が、美濃《みの》の大垣までやってきて、陣中に三成を見舞ったことがある。

三成は、宗安を見ると、非常に喜び、以前に宗安から金子《きんす》三百枚で買い受けた唐物の肩衝茶入を取り出し、「もし、わが武運が拙《つたな》くて、こんどの合戦に討死したならば、この天下の名物も虚しく成り果てるであろう。これは、惜しんでもなお、余りあることだ。貴殿が、もし、三成が討死したのを聞いたならば、どうか、この肩衝で茶を点て、回向《えこう》をしてほしい。ただし、もしも、幸いにして、三成が戦いに勝ったならば、再び、これを買い戻すことに致そう……」と、いって、その肩衝を宗安に与えた。

ところが、関ヶ原の一戦、利あらず、三成は虚しく敗れて、京都六条河原の露《つゆ》と消えた。そこで万代屋宗安は、亡き人の形見の品であるとて、その肩衝を、ひたすら秘蔵したとのことである。

この肩衝は、天下にかくれなき名物茶入だったので、関ヶ原の戦後、徳川家康が、これを探索したけれど、その行方が知れず、あとになって、万代屋宗安が所持していることを知り、宗安の行方を尋ねた。

宗安は、石田三成刑死の報を聞くと同時に、堺の町をたちのき、行方知れずになっていた。ところが、関ヶ原合戦のあったその年の暮れに、筑前の領主となったばかりの黒田甲斐守長政が、博多の町で、宗安の姿を見かけ、家康からも探索を依頼されていた肩衝茶入のことを尋ねた。

すると、宗安は、美濃の大垣以来の事情を委しく物語り、「亡き人のあとをとむらうのも、もはや、これまでである」といって、その肩衝を、長政に献上している。

黒田長政は、さっそく、この肩衝茶入を江戸に送り、徳川家康に献上した、ということである。

この話は、『武辺雑談』という古記録に掲載されているが、名物の肩衝茶入を、亡き人の形見とし、その首級を扱うかのように、それを隠し持ち歩いた茶人万代屋宗安の執心ぶりも、さることながら、死を決して戦いに臨んだ武将石田三成の名物肩衝茶入に対する愛着は、いたいたしさの限りである。

（桑田）

その他の所持した名物

・唐物茶入「道阿弥肩衝」

師匠　千利休

伊集院忠棟《いじゅういんただむね》

茶人度 ★☆☆
名物数 ☆☆☆

生没年 一五四一?～一五九九
別諱 忠金　**通称** 源太　**号** 幸侃
官位・官途名・受領名 掃部助　右衛門大夫
領地 日向国諸県郡　**石高** 八万石

薩摩《さつま》島津家の家老。豊臣秀吉の九州出兵に際して、早くから和睦《わぼく》を唱えていた忠棟《ただむね》は、根白坂の戦いの敗戦の後に剃髪《ていはつ》して秀吉に降伏した。島津家が存続できたのは、忠棟の弁明によるものと評価されている。

しかし、その後島津領内の所領配分の責任者に任命されたため、家中の不満を一身に受けることとなり、義弘の子・忠恒《ただつね》に斬殺された。薩摩藩内では「国賊《こくぞく》」とされたが、後世新井白石は、島津家を救った忠臣であったと高く評価している。

和歌に堪能《たんのう》で細川幽斎とも交流があり、早くから畿内《きない》の情勢に通じていたと思われる。また千利休とも交流があり、家臣を堺に派遣して茶の湯を学ばせただけでなく、自身が上洛した際には直接学んでいる。島津忠恒に殺害された際も、茶会を名目に呼び出されている。

師匠　山上宗二

板部岡融成《いたべおかゆうせい》（岡野《おかの》）（江雪斎《こうせつさい》）

茶人度 ★★☆
名物数 ☆☆☆

生没年 一五三七～一六〇九
別諱 嗣成　**号** 江雪斎
官位・官途名・受領名 越中守

北条家において右筆《ゆうひつ》や評定衆《ひょうじょうしゅう》として用いられた。寺社奉行としては、寺社の管理だけでなく、病気平癒《へいゆ》や戦勝祈願に関わっている。また、外交官としても活動しており、武田信玄が病死した際に見舞いとして甲斐《かい》に派遣されている。

武田氏との同盟が破れると織田氏、徳川氏との交渉に奔走した。北条氏と羽柴秀吉との関係が悪化すると修復に尽力する。この際の毅然《きぜん》とした態度が秀吉の気に入り、秀吉は自ら茶をたてて与えたとされる。

北条氏が滅亡すると、秀吉に御伽衆《おとぎしゅう》として仕えた。秀吉の死後は家康に接近し、関ヶ原の戦いに際して小早川秀秋を説得したとされる。

弁舌がさわやかなだけでなく、仁義をわきまえ、文武両道に秀でていたらしい。茶の湯にも堪能《たんのう》で、北条家に身を寄せていた山上宗二と親しく交わり、秘伝書『山上宗二記』を贈られている。

師匠（不明）

井上高清《いのうえたかきよ》（中坊《なかのぼう》）

茶人度 ★☆☆
名物数 ★☆☆

生没年 一五四八?～一六〇〇?
別諱 定利　**通称** 源五

豊臣秀長の家臣。和泉国《いずみのくに》日根の代官、奈良代官を歴任。奈良を含む大和国《やまとのくに》は、大寺院の勢力が強く、鎌倉、室町両幕府も守護を置けなかった国である。秀長が百二十万石で大和を領したとはいえ、統治の難しさから代官を置いたと考えられる。高清の行政能力が期待されたのであろう。関ヶ原の戦い以降、徳川氏も大久保長安を大和代官とし、そのあとは奈良奉行を置いて幕府直轄としている。

慶長五年に、高清が奈良で五十三歳で死んだという記録がある。同年に大久保長安が大和代官に任命されているので、没するまで代官の職にあった可能性が高いが、秀長の養嗣子《ようしし》・秀保も既に亡く大和豊臣家は断絶していたので、奈良代官の位置づけは判然としない。

文禄三年に郡山《こおりやま》で開かれた松屋久政の茶会に出席しているが、この茶会には小堀遠州《えんしゅう》とその父・正次も招かれていた。

師匠　千利休・古田織部

猪子《いのこ》一時《かずとき》

茶人度 ★☆☆
名物数 ★☆☆

生没年 一五四二～一六二六
通称 次左衛門　三左衛門
官位・官途名・受領名 内匠助　内匠頭
領地 摂津国太田郡の一部ほか　**石高** 約二千七百石

永禄年間から織田信長に仕える。赤母衣衆《あかほろしゅう》となり、有岡城攻めや高槻《たかつき》城守備に加わっている。本能寺の変の後は羽柴秀吉に仕え、黄母衣衆に列する。文禄の役では名護屋城に在陣した。関ヶ原の戦いでは東軍に与《くみ》し、また大坂の陣にも参戦した。

その後、徳川秀忠の御伽衆《おとぎしゅう》を務めている。なお、秀忠の師である古田織部《おりべ》とも親交があった。一時の口切の茶事に招待されての返礼を述べた書状など、織部との交友を物語る書状が何点か伝存するほか、茶会に同座していた記録がいくつか遺されている。

『寛政重修諸家譜』では、関ヶ原の戦いの際にその戦功に対し徳川家康より「常陸帯肩衝」の茶入を賜ったとするが、『大正名器鑑』の西本願寺伝来の同茶入の解説には一時の名が見えない。同名の別の茶入かもしれない。

師匠　千利休・古田織部

上田《うえだ》重安《しげやす》（宗箇《そうこ》）

茶人度 ★★★
名物数 ★☆☆

生没年 一五六三～一六五〇
通称 佐太郎　**号** 宗箇
官位・官途名・受領名 従五位下　主水助(正)
領地 安芸国佐伯郡　**石高** 一万二千石

尾張《おわり》の星崎(現在の名古屋市南区)に生まれ、十六歳の時に秀古の重臣であった丹羽《にわ》長秀に従って荒木村重の守る伊丹《いたみ》城を攻略して初陣《ういじん》を遂げ、軍功を重ねて文禄三年(一五九四)には、主水助《もんどのすけ》に叙せられて大名格となる。

疾風怒濤《しっぷうどとう》の戦国動乱の時代に生を受け、彼は終生、一番槍《いちばんやり》に命をかけて止まなかったが、地位を失って流浪することもあったという波乱万丈の人生を送った。

その八十八年という長い生涯は、彼が中年期を送った慶長年間(一五九六～一六一五)の熱気あふれる茶の湯をよしとし、守り抜いた生涯でもあった。

その特徴は、四民平等の思想の上に成立した茶の湯に、大衆の意向を盛りこんでファッションの茶の湯を巻き起こした風雲児・古田織部《おりべ》の創作の気風を頑《かたく》なに守ったところにある。織部の当意即妙の機転に満ちた茶の湯は、まさに宗箇《そうこ》の芸術感覚とマッチしていたようだ。

織部が所持していた伊賀焼《いがやき》の「生爪《なまづめ》」花入の豪胆な作行きに惚《ほ》れ込んだ宗箇は、たっての願いとして織部からこの花入を入手する。

この時、織部が愛惜の情から、「生爪」を剥《は》がされるように辛い、と手紙に書いて添えており、その手紙も花入とともに現在まで伝わっている。

慶長二十年(一六一五)には、領主浅野長晟《ながあきら》の指示で大坂夏の陣に出撃して奮戦しているが、和泉国《いずみのくに》、樫井《かしい》の戦いでは、敵が迫るなかで、悠然《ゆうぜん》と茶杓二本を削って作り、銘を「敵がくれ」とつけて帰陣したというエピソードが残っている。

破格の荒武者振りと、静かに茶の湯に沈潜《ちんせん》する恬淡《てんたん》な生きざま。相入れないこの二つの人格をあわせもった宗箇という武将茶人は、古典の茶の湯にはまったく振り回されることなく、己の茶の湯を貫き通して一生を終えたようだ。

浅野家が元和五年(一六一九)に広島に移封されると、彼もこれに従って移動し、この地で安寧の日々を送ることになるが、根っからの創作好きが昂《こう》じて、自ら窯を築いて楽焼茶道具の制作を手掛けるようになった。

宗箇を家祖とする広島の上田家に伝わる「さても」赤楽茶碗は、茶人創作の茶碗のなかでも歴史的な名碗である。

(矢部)

師匠　千利休

宇喜多秀家《うきたひでいえ》

茶人度 ★☆☆
名物数 ★☆☆

生没年 一五七二〜一六五五
別諱 家氏　**通称** 八郎　**号** 久福
官位・官途名・受領名 従三位　権中納言
領地 備前国岡山　**石高** 五十七万四千石

豊臣政権末期の五大老の一人。家督を継いだとき、宇喜多秀家は幼少であったため、織田信長に従属していたが、羽柴秀吉軍に組み入れられた。本能寺の変によって秀吉と毛利家が和睦《わぼく》するが、このときの知行配分によって備中《びっちゅう》東部、美作《みまさか》、備前《びぜん》を領する大大名となった。

秀吉の下で豊臣家の一門と同等の扱いを受け、小牧・長久手の戦いから文禄・慶長の役まで活躍、大老に任じられた。

関ヶ原の戦いでは、西軍の主力として奮戦したが敗北、八丈島へ遠島となった。五十年を流人《るにん》として過ごし八丈島で死去。享年八十四歳。すでに四代将軍家綱の治世であった。

秀吉没後に、天下三肩衝《かたつき》の一つである「初花《はつはな》肩衝」茶入を遺品として贈られているほか、「相国寺肩衝」茶入を所持し、また『宗湛日記《そうたんにっき》』にも自会の記録が見える。

師匠　古田織部

大久保忠隣《おおくぼただちか》

茶人度 ★☆☆
名物数 ★☆☆

生没年 一五五三〜一六二八
別諱 忠泰　**通称** 新十郎　**号** 渓庵　道白
官位・官途名・受領名 従五位下　治部少輔　相模守
領地 相模国小田原　**石高** 六万五千石

松平氏(徳川氏)の重臣・大久保忠世の長男として三河国額田郡上和田《みかわのくにぬかた》(愛知県岡崎市)で生まれる。

早くから徳川家康に仕え、遠江《とおとうみ》堀川城攻めを皮切りに、三河一向一揆《いっこういっき》の鎮定、姉川の戦い、三方ヶ原《みかたがはら》の戦い、小牧・長久手の戦い、小田原征伐などに従軍し活躍した。

本能寺の変に際して、伊賀《いが》越えする家康を警護し、切り取った甲斐《かい》・信濃《しなの》の領国経営に尽力した。

天正十四年(一五八六)の家康上洛のときに従五位下治部少輔《じぶのしょう》に叙任され、豊臣姓を下賜された。関ヶ原の戦いでは、東軍の主力を率いた秀忠に従い中山道を進むが、途中の信濃国上田城に籠城《ろうじょう》する西軍の真田昌幸に足止めされた。

慶長十五年(一六一〇)には老中に就任し、第二代将軍・秀忠政権の有力者となるが、大久保長安事件などで不利な立場に立たされ、慶長十九年一月、京都でキリシタン追放を遂行中に、改易を言い渡された。

忠隣《ただちか》の改易を知ると、京都の人々は大慌《おおあわ》てし、「洛中洛外、物騒がしかりしに、京童《きょうわらわ》ども、忠隣罪蒙《こうむ》ると聞きて、すはや事の起こるぞとて資財雑具等ここかしこに持ち運び、以《もっ》ての外に騒動す」と『藩翰譜《はんかんぷ》』にある。

後年、井伊直孝が、家康も没しているので忠隣の赦免を将軍秀忠に嘆願しようと図ったところ、忠隣は家康に対する不忠になる、と断ったとされる。

改易の理由ははっきりしないが、直孝などの行動を見ると、当時の人々も冤罪《えんざい》であると考えていたことがわかる。

また、関ヶ原の戦いの後に、家康が重臣を集めて後継者の相談をしたとき、忠隣だけが秀忠を推薦したというエピソードも残る。

茶の湯を古田織部《おりべ》に学び、「時雨肩衝《しぐれかたつき》」茶入を所持したことで知られる。数寄屋《すきや》や植え込みに工夫を凝《こ》らし、上方《かみがた》大名の接待に用いていた。また、使者には茶を出した上、馬も与えていた。このため忠隣は奥州から馬を大量に購入し、江戸・小田原に置いていた。本多正信はこれらの行為が、西国大名と誼《よしみ》を通じ、謀反《むほん》のために軍備を整えているように誤解されると忠告したが、聞き入れず、このことが後に問題になったとされる。

師匠　古田織部

大久保藤十郎《おおくぼとうじゅうろう》

茶人度 ★☆☆
名物数 ★☆☆

生没年 一五七七〜一六一三
領地 武蔵国八王子

「天下の総代官」とまで言われた大久保長安の長男。父と同じく有能な官吏であったらしく関ヶ原の戦いのあと、奈良奉行を務めている。

父・長安は猿楽師から身を起こし、徳川家康に官僚として、また金銀の採掘の専門家として召し抱えられ、大久保忠隣の縁戚となり大久保姓を名乗った。佐渡《さど》金山、石見《いわみ》銀山の奉行となり産出量を飛躍的に増大させ、徳川政権を経済面から支えた。しかし、その奢侈《しゃし》な生活と、キリシタンと親しくしていたことから、外国との不正貿易に手を染めている、あるいは金銀の横領などで不正に蓄財していると疑われた。

長安急死後詮議《せんぎ》が行われ、不正蓄財と認定され、長安自身は遺体を掘り起こされて磔《はりつけ》にされ、藤十郎ら子弟は全員切腹を命じられた。

『茶人系譜』に、古田織部《おりべ》門下として名が見える。また、藤十郎が名物の肩衝《かたつき》茶入を所持していたことが名物記に記されている。

師匠　千利休

太田一吉《おおたかずよし》

茶人度 ★☆☆
名物数 ★☆☆

生没年 生年不詳〜一六一七　**通称** 小源五
別諱 政信　宗隆　政之　重之　重正など
号 宗善　**官位・官途名・受領名** 飛騨守
領地 豊後国臼杵　**石高** 六万五千石

織田信長の重臣・丹羽《にわ》長秀に仕え、その死後は豊臣秀吉に仕える。

文禄・慶長の役に軍目付として参戦し、その間に大友吉統《よしむね》が改易されるとその旧領の豊後《ぶんご》臼杵《うすき》を与えられた。この出世には、昵懇《じっこん》にしていた石田三成の引き立てがあったともいわれる。臼杵在城時に、領内に漂着したウィリアム・アダムス(三浦按針《あんじん》)らを保護したことでも知られる。

関ヶ原の戦いでは、甥《おい》を東軍、息子を西軍に付け、自らは臼杵城に病と称して立《た》て籠《こ》もった。もちろん戦いの結果如何《いかん》にかかわらず生き残る戦略だったが、隣国の黒田如水《じょすい》らからは西軍と見なされて攻撃され降伏した。

戦後に改易され京都で隠棲《いんせい》して、宗善と号した。なお、『天王寺屋会記』などにその名が見られる。

師匠　千利休・古田織部

大谷吉継《おおたによしつぐ》（刑部《ぎょうぶ》）

茶人度 ★☆☆
名物数 ★☆☆

生没年 一五五九〜一六〇〇
別諱 吉隆　**通称** 紀之介　平馬
官位・官途名・受領名 従五位下　刑部少輔
領地 越前国敦賀　**石高** 五万石

近江《おうみ》の出身とされるがはっきりしない。天正のはじめごろ長浜城主であった羽柴秀吉に仕えた。秀吉の播磨《はりま》攻略に従軍しており、また賤ヶ岳《しずがたけ》の戦いでは、調略で功を挙げた。豊臣政権下では、武将・行政官としても活躍し敦賀《つるが》を与えられた。文禄・慶長の役でも石田三成らと奉行として渡海し活躍している。

関ヶ原の戦いの前に三成から挙兵の決意を打ち明けられている。吉継は勝ち目がないと諫《いさ》めたが、聞き入れられないと知るや、三成への同心を決意する。以後は西軍のために、調略で加賀の前田利長を牽制《けんせい》するなどひたすらに尽力している。

本戦では、平塚為広とともに寡勢ながら小早川秀秋の寝返りに備える位置に布陣、正面の藤堂高虎、京極高知と激闘し、予想通り裏切った秀秋の攻撃を受けても一度は押し返すなど奮戦した。しかし、寝返りが相次ぐと支えきれずについに軍は壊滅、吉継は自刃した。今も古戦場に吉継の供養塔が残るが、これは敵であった藤堂家が吉継の勇戦を讃えて建てたという。

吉継は、いつのころからか病に冒され、晩年は白布で顔を包んでいたとされる。関ヶ原のころは視力を失っていたという。

勝てる見込みが薄いと感じながら三成に味方したのは、かつてある茶会で、既に発病していた吉継の顔から茶碗に膿《うみ》が落ちたのを、他の客は伝染を恐れて飲むふりだけしたが、三成が全部飲み干してしまったことを恩に着たためという有名な挿話がある。

当時の資料にそのような記述はなく真偽は定かでない。しかし、九州征伐後に秀吉の機嫌を損ね謹慎していた吉継に、秀吉主催の茶会で用いられた道具を拝見させてやってほしいと、三成が神屋宗湛《そうたん》にひそかに依頼したという話が残っている。

また、吉継は伏見城下の屋敷に三畳台目《さんじょうだいめ》の数寄屋を持っていたとされる。この数寄屋は古田織部《おりべ》好みであったといわれ、利休亡き後は織部に茶の湯を学んでいたと考えられる。なお、吉継が自会を開いたことが、『宗湛日記』に記録されている。

ちなみに、娘・竹林院は真田信繁（幸村）の正室である。また、弟とも嫡子《ちゃくし》ともいわれる吉治は、大坂の陣で真田信繁の軍に属し戦死している。

師匠　津田道叱

大友義鎮《おおともよししげ》（宗麟《そうりん》）

茶人度 ★☆☆
名物数 ★★☆

生没年 一五三〇～一五八七
通称 五郎 新太郎 **号** 宗滴 円斎 府蘭 玄非斎 三玄斎 非三斎 休庵 宗麟
官位・官途名・受領名 正四位下 左衛門督
領地 豊後国 **石高** 推定四十二万石

吉利支丹《きりしたん》大名として世に知られている大友宗麟《そうりん》は、また、名物道具を好む数寄《すき》大名でもあった。

大友義鎮（宗麟）像
（東京大学史料編纂所所蔵模写、原本：瑞峰院）

「島井文書」所収、天正初年のものと推定される豊後《ぶんご》の大友氏関係の文書を見ると、宗麟および大友家老の吉弘鎮信《しげのぶ》（宗仭《そうじん》）が、筑前《ちくぜん》博多の豪商島井宗叱《そうしつ》（宗室）に送った書状が数通あり、それらによって、大友宗麟が、名物茶器に執心していたことがわかる。

まず、十月晦日《みそか》付で、吉弘鎮信が島井宗叱に与えた書状によると、風炉《ふろ》や天目茶碗、北絹《ほっけん》のことなどが見え、返し書きには、口切の茶事、堺の天王寺屋道叱のこと、墨蹟《ぼくせき》、灰ふるいのことなどが出てくる。つぎに、九月十九日付で宗叱に宛《あ》てた吉弘宗仭（鎮信）の書状には、風炉、「勢高肩衝《せいたかかたつき》」茶入、軸物《じくもの》など茶道具に関する交渉が、やはり、顕著に見えている。秀吉のことを「羽柴藤吉郎」と記しているから、天正初年の文書であることが、推定される。

豊後の大友家と島井宗叱とは、吉弘宗仭を通じて、親密な関係があったかもしれないが、大友宗麟もまた、宗叱に豊後領内通行の免許状を与えたりするいっぽうで、直接、書状を宗叱に遣わし、茶道具の斡旋《あっせん》を依頼したりしている。つまり、二月二日付で、島井宗叱に宛てた宗麟の書状を見ると、宗麟は、宗叱に依頼して、さまざまな名物道具を手に入れたが、ここで、さらに、天正寺屋宗柏《そうはく》所持の雪の絵の掛物の調達を求めている。

島井宗叱が、その雪の絵の掛物を調達すると、こんどは、宗麟が、さらに宗叱に対して、大名物の「楢柴肩衝《ならしばかたつき》」茶入を所望している。すると、大友家老の吉弘宗仭と池辺宗元もまた、宗麟の主旨を承けて、同月日付で宗叱宛に連署状を出し、「楢柴」の斡旋を求めている。

文禄二年（一五九三）に宗魯《そうろ》という人が泉州の堺で筆録したという茶書『仙茶集』によると、豊後の大友宗麟は、「新田肩衝《にったかたつき》」茶入、灰被《はいかつぎ》天目、油滴《ゆてき》天目、玉澗《ぎょくかん》筆青楓の図という五種の名物道具を秘蔵していたというが、宗麟は、茶の湯を堺の天王寺屋道叱に学び、生涯のうちに、玉澗筆「山市晴嵐《さんしせいらん》」図、「時香」茶壺、「松本瓢箪《ひょうたん》」茶入、「珠光文琳《しゅこうぶんりん》」茶入、「新田肩衝」茶入、「百貫茄子《ひゃっかんなすび》」茶入、「安井茶碗」などの名物茶器を所持していたが、その大半を、豊臣秀吉に献上したといわれている。

宗麟が秘蔵した名物茶器の細かな移動情況の説明はともかくとして、彼が、晩年、休庵宗滴と改号してから、それらの名物を大半秀吉に献上したというのは、天正十四年（一五八六）から翌十五年にかけての、秀吉の九州遠征に関連して、考えられなくないのである。

宗麟は、薩摩《さつま》の島津義久の軍事的圧迫に堪えられず、息子の義統《よしむね》に島津軍との抗戦を依頼し、天正十四年（一五八六）の四月、海路はるばる、摂津《せっつ》の大坂に登城し、豊後の窮状を秀吉に訴えたのである。

当時、近畿・中国・北陸・四国を平定し、隆々たる権勢を誇っていた関白豊臣秀吉は、容易に大友宗麟の告訴を容れ、同年中に島津氏を討伐すべき旨を告げ、ついでに、自ら宗麟を案内して、九重の天守閣を誇る大坂城内を見学させたのであった。その詳細は、卯月《うづき》六日（天正十四年）付、古荘丹後入道他二名宛の大友宗麟書状（『大友史料』第二輯収録）によって知られるが、そのうち、茶の湯に関する部分、つまり、宗麟が、大坂城内にある黄金の茶室と茶器、名物の茶壺などを拝見し、また、関白秀吉、羽柴宰相秀長（秀吉の弟）、千利休などに面接したときの印象について紹介してみることにする。

まず、大友宗麟が、大坂城本丸の鉄の門をくぐって、内に入り、七間四方もある御厩《おうまや》で待っていると、奏者の尼子坊がやってきて、その取次ぎで、秀吉公に拝謁《はいえつ》することになった。

秀吉公は、九間四方の御座敷三つの唐紙を取りはずしにして、その上の御座敷の主位に座を取られたが、敷居をへだてて、御舎弟の羽柴宰相《さいしょう》秀長、羽柴八郎秀家、細川幽斎、長谷川某（御竹秀一の父）、宇喜多忠家（直家の弟、秀家の叔父《おじ》）が控え、客位には、大友宗麟をはじめ、前田利家、安国寺西堂（恵瓊《えけい》）、松井友閑、および、千利休が座を占めた。

つぎに、有名な黄金の茶室を拝観する。これは、三畳敷で、天井、壁《かべ》、その他、みな黄金である。明かり障子の骨までも金で、紙のかわりに赤紗を張っており、実に見事だ。飾り棚は梨子地《なしじ》、かな物は金である。そこに置かれた茶器も、大方、黄金で出来ていた。柄杓《ひしゃく》と茶筅《ちゃせん》以外は、すべて黄金であった。しかし、これを、小者、足軽上がりの秀吉の、キンピカ好み、成金趣味と評価するのは、少なくとも現代的評論であって、歴史的批判とはいえない。これは、当時の一般民衆の素朴な黄金崇拝のこころを、三畳の小座敷に巧みに表現したものであり、むしろ、茶匠千利休の新儀の作意になったものと、考えられなくない。

そこで、利休が初めに御茶（濃茶）を点《た》てる。すると、秀吉公は、宗麟に向かって、「貴殿は茶に数寄か」と、尋ねる。側から利休が、「なかなかの数寄者なるよし」と、申し上げる。「それでは、一服点てて参らせん」といって、こんどは、秀吉公自身で御茶を点てられたが、その御点前《てまえ》の見事さは、なんともいいようのないほどであった。

そして、点てた御茶を宗麟に下され、半分残ったのを、紹岸に賜《たま》わった。紹岸は、このとき、大友宗麟に随行してきた者であり、前々から、何かにつけて尽力した人なので、お下りを頂戴することになったわけで、又者《またもの》としては、無上の光栄であった。そのほか、宗麟が召し連れてきた大友の家来衆も、四、五人、秀吉公の御前に召し出され、御茶を賜わった。「実に過分至極であり、秀吉公の御機嫌のうるわしさは、

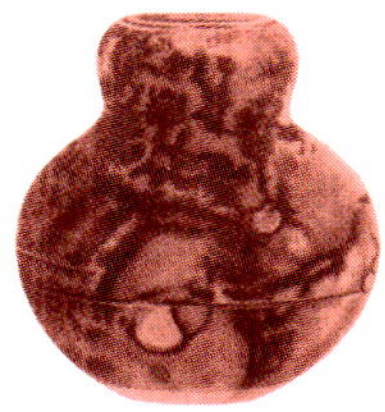

唐物茶入「上杉瓢箪」
（『大正名器鑑』）

かかる有様によって、充分推量してほしい。秀吉公のなされた種々の御雑談や御ざれ言など、拝眉《はいび》の上でなくては述べがたいことが、沢山《たくさん》ある」と、宗麟は嘆いている。

　黄金の茶室を拝観した次には、九重の天守を見物し、天守から下ると、広間で御湯をいただき、それから、御寝所を見せて貰《もら》う。さて、そのつぎに、少し雑談の後、「それならば、宗麟に、わが秘蔵の壺を見せよう」と、秀吉公がいい、利休を促せば、利休が承って、とくに、名物の茶壺の飾ってある五つの座敷に、宗麟を案内した。

　第一の座敷。その床《とこ》には、「四十石《しじっこく》」茶壺が飾ってある。利休が、その袋を取って、拝見させた。この茶壺は、茶七斤《きん》半入りの大壺で、まだ、茶壺というものに大した値段もつかなかった頃、京都千本の関本道拙が、米四十石取れる田地と交換して、これを手に入れて、茶の湯を催したので、足利八代将軍義政が、大いにこれをほめて、東山御物《ごもつ》のうちに加え、「四十石」という異名をつけたという。その後、この壺は、奈良の蜂屋《はちや》紹佐の手に入り、ついで、堺の銭屋宗訥《そうとつ》が所持し、宗訥が秀吉に進上したのである。すでに、「三日月」「松島」壺が焼失していたので、天下一の壺と称せられ、秀吉の愛玩は、一方ならなかった。

　第二の座敷には、「松花」茶壺が飾ってある。そして、この部屋では、津田宗及が、その袋を取って、拝見させた。この茶壺は、葉茶七斤入りの大壺で、土は黒色、贅《ぜい》が二つあり、下薬は白く赤い。珠光が愛用したが、後に堺の誉田屋《こんだや》宗宅の手に入り、ついで北向道陳が所持し、それから信長に進上している。信長は、天正五年の十二月二十八日、長男の城介信忠に与えた。信忠の死後、この茶壺は、堀秀政の手に入ったが、秀政は、これを秀吉に献上している。

　第三の座敷には、「佐保姫」茶壺。これは、今井宗薫《そうくん》（宗久の子）が袋を取って拝見させる。これも、茶七斤入り、やはり、東山御物の茶壺で、能阿弥・相阿弥の極めによって、「沢姫」の名で伝わった。秀吉の時代、美濃の兼山城主森武蔵守長可《ながよし》が、秀吉の勧めによって、これを買い求めんとし、代金の不足を京都の八文字屋休斎に用立てさせたりして、ようやくこれを手に入れたが、天正十二年の三月二十六日、長可は、尾州長久手合戦敗死の直前に、遺言状を書き、これを秀吉に贈ったのである。秀吉の秘蔵品となってからは、名は「佐保姫」と変わった。それは、今井宗久が蓋《ふた》の内に「佐保姫」と書いたことから始まる。

　第四の座敷には、「撫子」茶壺が飾ってある。これは、利休が袋を取って、見せた。この茶壺について、秀吉公は、種々の冗談を述べ、宗麟に「目利きをせよ」といった。これは、贅が、大小、十ばかりあり、茶六斤以上入る壺である。秀吉が秘蔵し、天正十五年十月朔日の北野大茶湯にも出された。「撫子」というのは、草花の名ではなくて、珠光の門弟、篠道耳《しのどうじ》が、いつも秘蔵し、子供に対するかのように、撫でさすっていたので、この銘がつけられたという。

　第五の座敷には、「百鳥《ももとり》」茶壺が床に飾られているのを、紹安が袋を取って、拝見させた。紹安とは、のちの道安、つまり、利休の長男である。

　大友宗麟は、以上、五つの名物座敷を隈《くま》なく拝見したが、これは、ほとんど前例のないことであって堺衆の今井宗久をはじめ、並みいる人々は、みな、「奇特の御気色である」と、言い合った。このほか、秀吉秘蔵の茶壺としては、京都に「双月」壺、近江《おうみ》に「棄子《すてご》」壺、淀《よど》に「白雲」壺がある、とのことであった。

　なお、宗麟が贈呈した「志賀」壺は、これを、『四十石』の壺に添えて秘蔵している」と、秀吉公は仰せられ、非常にご機嫌がよかったという。この「志賀」壺というのは、『山上宗二記』によれば、贅が大小二十ばかりあり、葉茶五斤入り。珠光が愛用し、ついで、その弟子の宗珠が所持していたが、後に大友宗麟に譲った。それを秀吉に献上したものである。

　この大友宗麟の長文の書状の終わりのほうに、宗麟は、秀吉とその周囲の人々との関係について見聞の一端を洩らし、かなりの感想を述べているが、ここに見られる利休評は、利休の人物像を如実に描いたものとして、貴重視されている。

　これによると、秀吉の弟の羽柴美濃守《みののかみ》(宰相)秀長という人は、秀吉に似て、きわめて人なつこい、いわゆる恩威並び行うといったタイプの武将であったらしい。「美濃守殿は、遠くから、わざわざ宗麟の手を取って、何事も、何事も、このようなわけだから、安心なされたい。内々の儀は宗易《そうえき》、公儀の事はこの美濃守(秀長)が存じておる。御ために悪いことはありようはずがない。これからは、いよいよ御昵近《じっこん》に願いましょう」といって、数万人環視のなかで、宗麟と、じっと手を取り組んだ。「実に忝《かたじけな》いことで、これこそ、われらが真に頼み入るべき御方である」と、宗麟は、心から感激の言葉を書き記している。「内々の儀は宗易、公儀の事は美濃守」という言葉は、一言にして、茶匠千利休・舎弟羽柴美濃守秀長両者の、天正十四年当時の関白秀吉側近の地位を示すものといえる。秀吉にとってただ一人の弟である秀長が、豊臣家の公儀のことに関して特別の権力をもっていただろうことは、臆測するに余りがあろうが、ここに、その確証の得られることは、一つの発見といわねばなるまい。そして、このような重要な地位にあった秀長が、それから数年を出ずして、天正十九年正月に病死したことは、豊臣家にとって、非常な痛手であったに相違ない。

　さて、これに次いで注意すべきは、豊臣家内部における利休の地位であって、これについては、宗麟もなお、つぎのような説明を続けている。「こんど、利休居士が心をこめて馳走《ちそう》せられた有様は、なんとも申しようもなく、永く忘れることができない。ここもとの様子を見て、宗易でなくては関白様へ一言も申し上げる人がないということがわかった。通り一遍《いっぺん》に心得ては、もってのほかだ。とにかく、秀長公と、この宗易に対しては、深重、隔心《かくしん》なく入魂《じっこん》いたすことが肝要である」と、記している。この「利休でなくては秀吉公へ一言も申し上げる者がない」というのは、茶匠利休の人となりを示すと同時に、秀吉公御前の雰囲気を最もよく描き伝えた観がありはしまいか。しかも、この利休が、数年ならずして、すなわち、秀長病死の翌月(天正十九年二月)に、秀吉から死を賜わっている。何か、ここに、数年後の、はかなさを暗示しているものがあるような気がしてならない。

　大友宗麟は、薩摩の島津義久が、関白秀吉に降伏した直後、天正十五年(一五八七)の五月二十三日、五十八歳を一期として、豊後の津久見で病死している。

(桑田)

唐物茶入「珠光文琳」
(『大正名器鑑』)

その他の所持した名物
・唐物茶入「上杉瓢箪」・茶入「古河肩衝」

大友義統《おおともよしむね》

茶人度 ★☆☆
名物数 ★☆☆

生没年 一五五八～一六一〇
別諱 吉統　**通称** 五郎　**号** 宗厳
官位・官途名・受領名 従四位下　侍従　参議　左兵衛督
領地 豊後国　豊前国　**石高** 三十七万石

　九州で覇《は》を唱えた大友義鎮《よししげ》(宗麟《そうりん》)の嫡男。天正四年(一五七六)に父・宗麟が隠居し家督を継ぐ。しかし、大友家は薩摩《さつま》の島津家、肥前《ひぜん》の龍造寺《りゅうぞうじ》氏に圧迫されはじめていた。織田信長と毛利氏を挟撃する約束もあったが、信長がすぐに来援する見込みはなかった。

　天正六年に日向《ひゅうが》に侵攻し島津氏と戦うが惨敗《ざんぱい》し(耳川の戦い)、家中の分裂が始まる。重臣で名将であった戸次(立花)道雪も病没、高橋紹運《しょううん》も戦死するなど大友氏は滅亡の危機に瀕《ひん》することになる。

　しかし、天正十五年(一五八七)の豊臣秀吉の九州征伐によって危機を脱し、三十七万石を安堵《あんど》された。その後は秀吉に従い、小田原征伐にも参戦している。

　文禄の役では兵六千を率いて渡海するが、明軍に包囲された小西行長の救援要請を、行長が既に戦死しているという誤報を信じて拒否した。このことで秀吉の怒りを招き改易された。徳川家康や毛利輝元などに身柄を預けられ幽閉状態に置かれたが、秀吉の死によって罪を許され秀頼に仕えた。

関ヶ原の戦いでは家臣の反対を押し切って西軍に参加、毛利輝元の支援を得て広島から九州に出撃し、旧領の回復を狙うが、黒田如水《じょすい》と細川家の松井康之らの東軍に破れ降伏した。身柄を秋田実季《さねすえ》に預けられ再び幽閉される。幽閉先の常陸宍戸《ひたちししど》で死去。享年は五十三歳。

天正十六年義統《よしむね》が秀吉に謁見《えっけん》するために上洛した際には、今井宗薫《そうくん》、津田宗及《そうぎゅう》、千利休らが大坂や京都でそれぞれ茶会に招いており、秀吉も天下一の井戸茶碗で茶を振る舞っている。

義統は一時、キリスト教に妻子ともども入信していた。禁令によって棄教したが、父宗麟らが派遣した天正遣欧少年使節が帰国した時に宣教師に棄教したことを詫びている。その際に、自分のことを「意志薄弱で優柔不断」と評しているほか、「不明惰弱」という同時代の評もある。

しかし、従来父宗麟の主導とされていた耳川の戦いも、実は義統が決断したものと言われ、関ヶ原の戦いでも周囲の反対を押し切って西軍に与していることから、すべて裏目に出たものの戦国武将らしい決断力は有していたと思われる。キリスト教入信に関しても、宗麟とは関係なく、独自の判断であったと思われる。

師匠　古田織部

大野治長《おおのはるなが》（修理《しゅり》）

茶人度 ★★☆
名物数 ★☆☆

生没年 一五六九～一六一五
官位・官途名・受領名 従四位下　修理大夫
領地 摂津国大坂　**石高** 一万五千石

豊臣秀吉、秀頼の家臣。母・大蔵卿局《おおくらきょうのつぼね》が淀《よど》殿の乳母《うば》であったので、秀吉に馬廻衆《うままわりしゅう》として仕えた。次第に昇進し秀吉の生前に大名に列している。

秀吉の死後に起こった徳川家康暗殺疑惑事件では首謀者と見なされ、下総《しもうさ》へ配流《はいる》された。翌年の関ヶ原の戦いでは東軍として参戦し、宇喜多秀家の家中でも剛勇で知られた河内七郎右衛門を討ち取るという華々しい手柄を立てている。その戦功で罪を許された。

戦後は家康の「豊臣家に対して敵意はない」との書簡を秀頼に届け、そのまま大坂に残り秀頼に仕えた。

大坂の陣の前年、家康の口利きで、豊臣家の宿老片桐且元《かたぎりかつもと》の弟・貞隆とともに秀頼から加増され、その礼に駿府《すんぷ》の家康、江戸の秀忠を訪ねている。

片桐且元が追放されると、治長が実質的な豊臣家の家老となる。大坂城内では主戦派が主流となり、開戦は避けられない情勢となる。冬の陣では和議が整ったが、それは一時のものだった。

この間の治長の姿勢は、一貫して主戦派であったとはいえなかったようで、城中で主戦派によって襲撃され負傷している。この暗殺未遂事件は、過激な主戦派であった弟の治房が企《くわだ》てたとされる。

しかし、夏の陣で奮戦むなしく落城が目前になると、秀頼の正室で家康の孫にあたる千姫を使者にし、自分の切腹と引き換えに秀頼と淀殿を助命することを嘆願した。しかし拒否され、山里丸で秀頼、淀殿母子が自害するとそれに殉《じゅん》じた。その最期の様子は見事な覚悟であると賞賛された。享年四十七歳。

母の大蔵卿局を通じて、治長と淀殿は乳兄弟《ちきょうだい》の関係にある。そのためか、治長と淀殿は密通しており、秀頼は治長の子であるという俗説が当時から流布していた。

また、最期の振舞いはともかく、豊臣家を滅亡させたのは、治長の能力が不足していたためであると、細川忠興などから批判されている。

茶の湯を古田織部《おりべ》に学び、奥義を極めたとされ、本願寺の准如《じゅんにょ》の茶会にも招かれている。織部からは『織部百ヶ条』を伝授されている。この『百ヶ条』とは、織部自身が書写して弟子の一人一人に伝授した式法書である。

師匠　古田織部

大野治房《おおのはるふさ》（主馬《しゅめ》）

茶人度 ★☆☆
名物数 ☆☆☆

生没年 生年不詳～一六一五
通称 主馬

豊臣秀頼の家臣。大野治長の弟だが、兄・治長に比べると前半生の事績ははっきりしない。大坂の陣では、治長や弟・犬道斎とともに主戦派の中心人物として活動する。

とはいえ、治長とは必ずしも意見が一致していたわけではなかった。冬の陣の講和直後に起こった治長暗殺未遂事件は、治房が首謀者ともいわれる。

終局の天王寺・岡山の戦いでは、真田信繁《のぶしげ》（幸村）、毛利勝永とともに奮戦し、一時は徳川秀忠の本陣を突き崩すほどであったが、力尽き大坂城内へ撤収した。大坂落城直後、脱出を試みるが捕えられて斬首されたという。

兄・治長は古田織部《おりべ》に茶を学び奥旨《おうし》に達していたとされるが、治房も茶の湯を嗜《たしな》んでおり、また兄と同じく『織部百ヶ条』を伝授されていたとする説もある。なお、治房が織部の風炉《ふろ》の茶の湯に招かれたことが『茶譜』にみえる。

師匠　千利休・千道安

小川祐滋《おがわすけしげ》

茶人度 ★☆☆
名物数 ☆☆☆

生没年 不詳
別諱 忠有
官位・官途名・受領名 左馬助　**号** 兼々庵

小川祐忠《すけただ》の子。豊臣秀吉の馬廻《うままわり》で、慶長の役で蔚山《ウルサン》に在陣した。関ヶ原の戦いでは、父・小川祐忠とともに西軍として出陣したが、小早川秀秋に呼応して東軍に寝返った。しかし、直前までに東軍に通じていなかったことを理由に改易された。祐滋《すけしげ》が石田三成と昵懇《じっこん》であったことも理由の一つとされる。

その後は、京都で万屋平右衛門と名乗って両替商となり、後には二条陣屋を預るほどの豪商になったといわれる。

また、これも祐忠の子とされる小川光氏と同一人物との説があるが、もしそうなら、戦後、豊後国《ぶんごのくに》日田に代官として入領しているが、慶長十五年に病死し、無嗣《むし》断絶している。

父・祐忠が信長から茶会を許されており、秀吉の醍醐《だいご》の花見でも茶屋を建てたほどであったためか、祐滋も千利休の子道安に茶の湯を学んで兼々庵と名乗った。

師匠　織田有楽

織田頼長《おだよりなが》（道八《どうはち》）

茶人度 ★★☆
名物数 ★★☆

生没年 一五八二～一六二〇
別諱 秀信　長頼　**通称** 孫十郎　左門
号 雲生寺入道道八　山華老人　一谷山人
官位・官途名・受領名 従四位下　侍従

織田長益（有楽斎《うらくさい》）の次男として誕生したが、嫡男《ちゃくなん》として扱われた。父・長益とともに豊臣秀頼に仕えた。「頼」および別名とされる秀信の「秀」の字は秀頼からの偏諱《へんき》と思われる。

当時流行したかぶき者としても有名で、慶長十四年に起こった一部のかぶいた公家による乱行、いわゆる「猪熊《いのくま》事件」では、主犯格の猪熊教利の逃亡を助けたとの嫌疑を掛けられている。これは弟長政のこととする説もあるが、日頃の奇矯《ききょう》な行いが嫌疑を呼んだとも考えられる。

慶長十九年の大坂冬の陣では、長益とともに大坂城に籠城《ろうじょう》し、二の丸玉造口《たまつくりぐち》などを守備する。雑兵《ぞうひょう》を合わせて一万人あまりの部隊を指揮したという。

しかし、自陣内の喧嘩《けんか》騒ぎに乗じて藤堂高虎に攻撃された谷町口の戦いでは、病と称して指揮せず諸将の疑念を招いた。また、武装した女性を伴って城内を巡視するなど相変わらずの奇行があったともされる。

戦いに関しては穏健派の片桐且元《かつもと》の暗殺を企むなど過激な主戦派と目され、同じく穏健派であった父の長益とも対立したが、元和元年（一六一五）四月、夏の陣の直前に大坂城を退去する。一説には、豊臣氏の総大将の地位を望んだものの、叶《かな》わなかったためという。

以後は京都に隠遁《いんとん》し、茶の湯に専念して有楽流を継承し、数寄者《すきしゃ》としての道を究《きわ》めた。織田道八の名で有名である。円山《まるやま》公園にある料亭「左阿弥」はその遺跡として知られている。

猪熊事件によって牢人《ろうにん》していた時のこと、小座敷の壁をくり抜いて窓にし、辺りの山河の風景を掛物に代えた。この作意には細川三斎も感心したという。

宇治の茶師・上林峯順の茶の湯に招かれた折、茶杓が誰の作であるかを尋ねた。峯順が古田織部《おりべ》の作であると答えると、「織部の作にしても不出来である」と言ってその茶杓を削り直した。峯順は「織部と道八の両作は、天下にこれ一本である」と喜んだという。

顔輝作の達磨《だるま》の画に髭《ひげ》を描き、「不足なりと我かかたちにならしませ　むかしハ達磨今ハ道八」という狂歌を書き付けた。この達磨図は、頼長が建立《こんりゅう》した安養寺長寿院に伝来した。

享年三十九歳。京都東山の長寿院に葬られた。

師匠　千利休・古田織部

加《か》藤《とう》清《きよ》正《まさ》

茶人度　★★☆
名物数　★☆☆

生没年　一五六二〜一六一一
通称　虎之助
官位・官途名・受領名　正四位下　主計頭
領地　肥後国熊本　**石高**　五十二万石

加藤清正といえば、講談に出てくる荒大名の代表者であって、槍《やり》をふるって虎狩はやっても、茶の湯などは心得ず、茶碗の持ち方さえ知らなかったように、むかしの講談師や落語家は説明したものだが、決して、そうではない。

加藤清正像
（東京大学史料編纂所所蔵模写、原本：帝室博物館）

さて、清正の素養というと、猿と論語の逸話などが、引きあいに出されるが、清正は、儒学のほかに、茶の湯の嗜《たしな》みもあったのである。

清正が茶の湯を学び始めたのは、いつからか、判明しないが、博多の富商神屋宗湛《そうたん》の書いた『宗湛日記』を見ると、九州の役の翌々年、つまり、天正十七年（一五八九）の正月二十一日に、清正が茶会を催したことがわかる。そして、翌二十二日の昼には、清正の家来の庄林と板坂入道の両人が、宗湛の茶会に参席しているが、委《くわ》しいことは書いていない。そのころ、清正は、肥後の大名佐々成政の領内の土一揆の反乱を取り鎮め、その手柄によって、肥後《ひご》半国、隈本《くまもと》の城主として、二十五万石を領する身分となっていた。

つぎに、『津田宗及茶湯日記《つだそうぎゅうちゃのゆにっき》』を見ると、天正十八年、小田原の陣の直後の九月二十四日、京都の聚楽第《じゅらくてい》内の毛利屋敷で、毛利輝元の朝会が催され、清正と津田宗凡（宗及の子）が招かれている。座敷の床《とこ》に無準《ぶじゅん》禅師の墨蹟《ぼくせき》を掛け、その前に「増田」茶壺を飾っている。茶会がすんでから、その茶壺をゆっくり拝見した。炉は四寸、それに「吉野釜」をかけ、瀬戸水指《みずさし》、面桶水翻《めんつうみずこぼし》、といった道具の取り合わせだった。

文禄元年（一五九二）、朝鮮の役が起こると、加藤清正は、咸鏡道《かんきょうどう》方面の先陣を承り、鍋島勝茂・相良長毎《さがらながつね》らの諸将兵を従えて、釜山《プサン》に上陸し、兀良哈《オランカイ》に進み、武名をとどろかして、「鬼上官」と評判されている。同二年、明国との間に和議が起こってからは、秀吉の命令によって、漢城と開城の間に退き、陣中の徒然《つれづれ》を慰《なぐさ》めるために、茶会を催したものとみえて、同年の五月二十九日付で、隈本城の留守居役加藤喜左衛門と下川又左衛門尉に宛《あ》てて送った清正の書状に、「茶の湯の風炉釜《ふろかま》が、城にある筈《はず》だから、よこしてほしい。それから、いかにも性の良い榑《くれ》で水桶と行水桶を、二通りも三通りも拵《こしら》えて、送ってほしい。杉榑の良いので、茶の水桶を、五荷、三荷によらず、結ばせて届けよ」と、書いている。

清正は、異国の陣中においても、なお、茶の心を忘れず、なんの道具はなくとも、将士とともに茶をすすって、相語らわんと欲したことがわかり、その嗜みの深さが、ゆかしく偲《しの》ばれる。しかも、清正の茶事が、陣中にふさわしい、いかにも質素なものであったことがわかり、武将としての清正の人となりもうかがわれる。

清正は、このように、自分でも茶の湯に志が深く、茶技の嗜みもあったらしいが、家臣らにも、これを奨励した形跡が見られる。

それは、朝鮮から帰国した慶長初年のことと思われるが、当時、茶匠千利休は、すでにこの世に亡く、利休の高弟古田織部《おりべ》が、茶の湯の名人といわれ、これについて茶を学ぶ大名も多かったが、清正は、織部の高弟で、文珠《もんじゅ》・普賢《ふげん》といって並び称せられた服部道巴《はっとりどうは》と天野屋覚甫《かくほ》のうち、道巴を二百石の知行で召し抱え、一年の半分ずつを、肥後の隈本に滞在させ、加藤家中の侍たちに、大身・小身に拘《かかわ》らず、茶の湯の稽古《けいこ》をさせている。つまり、清正の屋敷内に、数寄屋を建てたり、座敷に囲いを設けたりし、夏は風炉の茶の湯、冬は口切の茶事に、寄り合わせたのである。しかし、小姓や馬廻《うままわり》の若者どもを、清正が茶事に招いても、茶の湯をむつかしく考え、「明朝は手放しがたい用事がござる」とか、あるいは、「精進《しょうじん》最中である」とか、または、「俄《にわ》かに虫気がおきた」とか、いろいろと口実を設けて、夜咄《よばなし》の際に、出席しない者がある。そこで、清正が、いうには、

「聞くところによると、小姓の若者どもを茶の湯に招くと、なんの、かんの、といって、招きに応ぜぬとのことだが、不心得も甚《はなは》だしい。現今は、数寄が流行している折だから、どこかへ使者に遣わされ、清正への心づくしのために、茶を勧められでもした際に、様よく茶を飲んでこそ、清正の面目も立つべきであるのに、時宜《じぎ》の作法を知らずして、散々に取り乱すようでは、この清正が恥辱《ちじょく》にもなる。数寄をなす者は、こちらから望んでも、折々、茶会に参席し、人なかで恥をかかないように、心がけるべきだ」と、諭《さと》したので、それからは、若輩《じゃくはい》の者までも、茶の湯の稽古に励んだ、ということである。

清正遺愛の名物茶器には、「深山《みやま》」茶壺、「歌姫肩衝《かたつき》」茶入などがある。「深山」は、壺の乳、つまり、遠山が二通りあるので、山また山の深山という意味で命銘された。「歌姫肩衝」茶入は、古瀬戸の名物で、大和《やまと》の歌姫という所から発見されたので、この銘がある。これは、豊臣秀吉の弟の大和大納言秀長が所持していた。銘は織田有楽《うらく》と千利休が相談して付けたという。秀長は、この茶入で、兄の秀吉に茶を勧め、また、諸大名を集めて、大和の郡山《こおりやま》の居城で、茶会を催した。茶入の蓋《ふた》は、有楽の作であり、そのことも、京都・奈良・堺の数寄者たちの間に知られていたという。清正は、なんとかして、この茶入を手に入れたく思い、たって秀長に懇望《こんぼう》し、ついに譲り受けて秘蔵していた。しかし、朝鮮から帰陣すると、腰の物と一緒に、これを家来の庄林隼人《はやと》という者に与えた。隼人の抜群の武功に対して、恩賞として遣わしたものとみえる。

その後、「歌姫肩衝」茶入は、庄林隼人から、その婿《むこ》の加藤清兵衛に譲られたが、清正の死後、清兵衛が、これを武田信玄の姉婿にあたる穴山梅雪の後室、見性院《けんしょういん》夫人に進呈している。しかし、見性院の手から、さらに細川遠江守金免《とおとうみのかみきんめん》に与えられたという。

（桑田）

唐物茶入「星肩衝」
（『大正名器鑑』）

その他の所持した名物

・唐物茶入「星肩衝」

師匠　千利休・古田織部

加藤嘉明《かとうよしあきら（あき）》

茶人度 ★☆☆
名物数 ★☆☆

生没年 一五六三～一六三一
別諱 茂勝　繁勝　**通称** 孫六　**号** 休意
官位・官途名・受領名 従四位下　左馬助　侍従
領地 陸奥国会津　**石高** 四十万石

父は徳川家康の臣であったが、三河一向一揆《みかわいっこういっき》で家康に背き、流浪した。父が近江《おうみ》長浜城主であった羽柴秀吉に仕え、嘉明自身も秀吉の養子秀勝の小姓として仕えた。

やがて秀吉の直臣となり、三木合戦で初陣《ういじん》を飾り、山崎の戦いにも加わった。賤ヶ岳《しずがたけ》の戦いでは加藤清正、福島正則らと並んで功を挙げ、「賤ヶ岳七本槍」の一人に数えられる。

その後も、小牧・長久手の戦い、紀州征伐などに従軍した。四国征伐では、小早川隆景の与力として伊予《いよ》平定に加わっている。

水軍の将としても秀でており、天正十五年（一五八七）の九州征伐や同十八年の小田原征伐には、淡路水軍を率いて出陣し、軍功を立てている。また、朝鮮出兵では、船大将九鬼《くき》嘉隆に次ぐ日本水軍の副将格として水軍を率い、朝鮮水軍と交戦した。

関ヶ原の戦いでは、東軍に属した。岐阜城を池田輝政、福島正則とともに攻略し、本戦では石田三成と激闘した。領国伊予でも家臣が西軍を撃退している。それらの功で戦後加増を受け、松山城を築き城下を整備した。

大坂冬の陣では江戸留守居であったが、夏の陣では出陣し、功を挙げた。その後、会津若松へ加増転封となったが、四年後に江戸で病を発し没した。享年六十九歳。

秀吉子飼いで武断派の猛将だが、非常に冷静沈着な指揮ぶりで「沈勇の士」と賞された。また、築いた松山城は名城として知られ、治水工事や城下の整備などにも力を尽くし、治績は高く評価されている。

晩年は休意と号し、「木枯肩衝《こがらしかたつき》」茶入を徳川秀忠に献上したとされるが、嫡子《ちゃくし》・明成の事績と混同している可能性がある。

加藤嘉明像
（藤栄神社所蔵、甲賀市水口歴史民俗資料館提供）

師匠　千利休（道安）・古田織部

金森《かなもり》可重《あり（よし）しげ》

茶人度 ★★☆
名物数 ★☆☆

生没年 一五五八～一六一五
通称 喜蔵
官位・官途名・受領名 従五位下　出雲守
領地 飛騨国高山　**石高** 三万八千石

金森家は、長近、可重《ありしげ》、宗和と続く三代そろった茶人の系譜をもっている。養父の長近も、優れた武将茶人であり、信長・秀吉に仕えて出世し、天正十四年（一五八六）には飛騨《ひだ》高山の城主となったし、養子の可重もその当主の地位を継いでいる。茶は千利休に学ぶといわれ、天正

金森可重像
（東京大学史料編纂所所蔵模写、原本：林昌寺）

十八年の記録という『利休百会記』にも、秀吉が招かれた利休の茶席に参加している様子が書き留められている。

彼が茶の湯者として登場するのは、慶長四年二月のこと、奈良の茶の湯の大御所であった松屋久政は伏見にいる可重の邸宅での茶会に出た。この時久政は最初に織部邸を訪問し、続いて上田宗箇・太田一吉の席に参加していて、可重邸には太田氏の翌日に訪れている。さらに上田覚甫《かくほ》・小堀遠州《えんしゅう》の席へと回っているから、この席次がおおよそ織部グループの茶の湯者の序列かと思う。可重は織部の茶の湯に連なる重要な茶人であった。

このほか、所持した名物について、『松屋名物記』は「種村肩衝」茶入、「利休丸壺」茶入を挙げている。「種村肩衝」は、佐久間不干斎《ふかんさい》から秀吉を経て入手した模様である。「利休丸壺」の転伝の履歴は利休を振り出しにして、万代屋《もずや》宗悦・金森長近、そしてその息《そく》の可重へと継承され、江戸時代には後藤徳乗に渡ったという。（矢部）

唐物茶入「金森丸壺」
（『大正名器鑑』）

その他の所持した名物
・唐物茶入「金森丸壺」

金森長近《かなもりながちか》

茶人度 ★★☆
名物数 ★☆☆

生没年 一五二四～一六〇八
別諱 可近　**通称** 五郎八　**号** 素玄
官位・官途名・受領名 飛騨守　兵部大輔　法印
領地 飛騨国高山　**石高** 三万三千石

金森長近像（個人蔵、大野市博物館 提供）

美濃《みの》の土岐《とき》氏の流れであるが、近江《おうみ》にもゆかりがあり、若年の頃は近江で過ごしたとされる。

やがて尾張《おわり》の織田信秀に仕官し、信長が家督を継ぐとそのまま仕えた。美濃攻略で軍功を顕《あらわ》し、戦場の花形とされる赤母衣衆《あかほろしゅう》に抜擢《ばってき》されている。その後長篠の戦いや越前《えちぜん》の一向一揆《いっこういっき》鎮圧に活躍し、越前に所領を与えられ、柴田勝家の与力《よりき》となった。

信長の死後、勝家と羽柴秀吉が対立する。長近は引き続き勝家に属したが、賤ヶ岳《しずがたけ》の戦いで敗れると、剃髪《ていはつ》して秀吉に降伏した。その後は秀吉に従い各地を転戦し、その功で飛騨《ひだ》一国を与えられた。

関ヶ原の戦いでは東軍に属し、前哨戦《ぜんしょうせん》では郡上八幡城を攻めた。本戦では、小勢ながら遊撃隊として、後方から最前線を支援し、活躍した。これらの功で加増され、高山藩の初代藩主となった。

茶の湯は千利休に学び、「宗陽肩衝《かたつき》」茶入などを所持していた。茶の湯に堪能《たんのう》なことから秀吉の御伽衆《おとぎしゅう》を務めている。炉の隅を欠くことは、炉の隅に穴を開けて燃え滓《かす》を入れるという長近の作意を、利休がほめたことに始まるといわれる。

嫡男《ちゃくなん》が本能寺の変で戦死したため、養子・可重《ありしげ》に家を継がせた。可重も古田織部《おりべ》に茶を学んでいる。宗和流の祖である金森宗和（重近）はこの可重の長男である（金森可重・同重近の項参照）。

金森家旧蔵 瀬戸茶入「金森大海」
（『大正名器鑑』）

蒲生氏郷《がもううじさと》

茶人度 ★★★
名物数 ★☆☆

生没年 一五五六～一五九五
前諱 賦秀 **通称** 忠三郎
官位・官途名・受領名 従三位 参議 飛騨守
領地 陸奥国会津 **石高** 九十二万石

蒲生氏郷《がもううじさと》は、信長・秀吉配下の武将として、また、会津若松《あいづわかまつ》一世の城主として有名であるが、数寄《すき》大名としても、利休七哲の一に数えられている。

近江国《おうみのくに》蒲生郡の豪族で日野の城主蒲生賢秀《かたひで》の子で、幼名を鶴千代といった。父の賢秀は、近江の守護大名六角義賢《よしかた》の配下に属していたが、上洛直前の織田信長に降伏し、そのとき、十三歳だった鶴千代を人質として、信長の居城岐阜に提出している。

蒲生氏郷像
（東京大学史料編纂所 所蔵模写、原本：興徳寺）

信長は、蒲生鶴千代を一目みて、尋常の少年でないのを看破し、忠三郎と称し、賦秀《ますひで》と名のらせ、末女の冬姫の婿《むこ》と定めた。

氏郷は、成長するにつれて、文武両道に志し、初め、岐阜の瑞竜寺の住職南化虚白に参して禅を修め、ついで三条西実枝《さねき》・宗養および里村紹巴《じょうは》について和歌や連歌を学び、また、千利休について茶の湯を学んだ。

あるとき、当座の歌会があった際に、「落花《らっか》随風《ずいふう》」という題で、「雪か雲かとばかり見せて山風の花にふきたつ春の夕暮」という一首を詠んだところが、満座の人々が、みな、「奇特である」といって、感心した。また、茶の湯の道にも心をかけ、その技も朝夕ならいおぼえたが、露地《ろじ》の作り、飛び石の据えようが、人の手本にしてもよいとさえ、評判された、ということである。

氏郷は、茶の湯を千利休に学んだが、氏郷と利休との関係は、すこぶる親密なものがあったらしい。

あるとき、氏郷が、利休の茶会に招かれたとき、亭主の利休に向かって、「宗祇《そうぎ》法師から伝わった天下一の千鳥《ちどり》の香炉というのを拝見したい」といったところが、利休は、ひどく不機嫌な顔つきで、それを出して見せた。

「どうして、このように、千鳥の香炉の拝見を渋られるのか」と、氏郷は、ふしぎに思い、茶会が終わってから、茶の湯の巧者といわれた細川越中守忠興《えっちゅうのかみただおき》に尋ねたところが、忠興は、「あの茶会の当日は、八月十五日の満月の夜であった。ところで、かの承久の変ののち佐渡ヶ島《さどがしま》に流され給うた順徳上皇の御製に、清見潟《きよみがた》雲もなぎたる波の上に月のくまなる群千鳥かな、というのがあるから、満月の夜の茶会に千鳥の香炉を出せば、折角の満月に隈《くま》ができるというので、拝見を嫌ったのでござる……」と、教えた。

そこで、氏郷は、甚《はなは》だ面目を失し、おのれの無学を恥じたというが、この逸話には、氏郷の謙虚な性格がよくあらわれているように思う。

さて、天正十五年（一五八七）十月一日の北野大茶湯で、秀吉は、天満宮の社殿の三か所を囲って、茶を点てたが、そのとき、氏郷は、二番目の茶席に客入りして、御茶をいただいている。

その後、氏郷が伊勢《いせ》の松坂城主となったころ、松坂に種村慮斎《りょさい》という侘《わ》び茶人がいて、氏郷を茶に招いたことがある。

その日、氏郷が、慮斎の草庵を訪問すると、竹の柱に柴《しば》の編み戸、釜も土釜であったが、氏郷の来訪を甚だ喜び、茶を点《た》てて、勧めた。

そのとき、氏郷の家来が、ふと、庭を見ると、

富士山に似せて造った山があったので、

「あれは、富士山には少しも似ていない。すりこぎ山でござるわ……」

と、いうと、氏郷は、即座に、

富士見ぬか富士には似ぬぞ松坂の　慮斎が庭のすりこぎの塚

という一首を詠んだ。すると、慮斎も即座に、

富士は見じ富士には見せじわが庭に　すりこぎなりの塚をこそつけ

と、返歌したので、氏郷も大いに笑い、さっそく、慮斎を御伽衆《おとぎしゅう》に加えたということである。

氏郷は、生まれつき、人に愛される性格の武将だったらしい。千利休の自筆の消息を見ると、そのなかに、茶の湯の弟子氏郷のことを、非常に親しみ深く、「忠公」と呼んでいる。これは、「忠三郎公」の略称であって、敬称と愛称をミックスしたようなものである。

長次郎作 赤茶碗「早船」
(『大正名器鑑』)

また、利休の処刑は、朝鮮の役の起こる前年の事件であったが、利休に二人の遺子があり、長男を道安、次男を少庵といった。この二人は、利休が切腹を命ぜられると同時に、罪の連座を嫌って、堺から出奔《しゅっぽん》した。そのとき、道安は、初め飛騨《ひだ》の高山城主金森可重を、のちに豊前《ぶぜん》の小倉《こくら》城主細川忠興を頼って、その地にかくまわれたが、少庵は、会津の黒川(若松)に赴き、蒲生氏郷にかくまわれたのであった。

少庵は、天正十九年から文禄初年にかけて、二年間ほど、会津の若松に閑居《かんきょ》していた。その間、氏郷は、少庵を相手に、しばしば茶会を催したらしい。現在、若松城趾に、大書院、小書院、庭園、庭石などの遺跡があるほかに、若松市内の薬種問屋、森川善兵衛氏邸には、氏郷の求めによって、少庵が指図して造らせたという氏郷の数寄屋「麟閣《りんかく》」が遺っている(平成二年、若松城内の本来の場所へ移築)。

本席は三畳台目《さんじょうだいめ》で、向かって左に床《とこ》があり、その南に小窓が付いている。床柱は赤松の皮付で、少庵自ら削ったという伝えがある。次の間は、京間六畳で、鎖《くさり》の間になっている。少庵好みの数寄屋として、貴重な文化遺産といえよう。

少庵が会津若松滞在の二年間に、秀吉から「天下一」の称号をもらった、今焼(楽焼)の茶碗師も、京都から訪ねてきたといわれている。その子孫は、千家十職の一、楽家である。

少庵を会津にかくまった因縁で、氏郷は、千家の再興にも尽力し、秀吉の在世中、そのことが叶い、少庵を中心に、その子、宗旦《そうたん》を世嗣《よつぎ》として、利休の後妻宗恩の宿望が遂げられたのである。氏郷が利休七哲の筆頭に数えられたのも、このようないきさつからだと考えられる。

なお、氏郷愛用の茶器としては、「双月」茶壺、「早船」赤茶碗などが世に知られている。

「双月」茶壺は、『山上宗二記』によれば、葉茶六斤《きん》入りの大壺で、贅《ぜい》が五つ六つある。「三日月」壺に双《なら》ぶという意味で、「双月」と名づけられたという。

「早船」赤茶碗は、利休七種茶碗の一つで、利休が長次郎に指図して焼かせた赤茶碗である。利休のときは、今焼とか、新焼とかいったが、のちに楽焼と称した。赤いのは、赤楽と称したのである。利休の自筆消息に「はや舟を松賀嶋殿へ参度候」とある通り、利休が松ケ島殿、つまり、氏郷に与えたものである。これを高麗《こうらい》茶碗と見まちがえた細川幽斎に、利休が、「早船で高麗より取り寄せた」と、冗談をいったのがもとで、「早船」と命銘されたといわれている。

氏郷は、文禄四年(一五九五)の二月七日、大坂で病死した。歳わずか四十。秀吉の謀臣《ぼうしん》石田三成によって毒殺されたと噂《うわさ》されたが、それは誤伝で、実は、下血が原因だった。彼の辞世「限りあれば吹かねど花は散るものを心みじかき春の山かぜ」の一首は、とくに人口に膾炙《かいしゃ》している。

(桑田)

師匠　千利休

吉川広家《きっかわひろいえ》

茶人度 ★☆☆
名物数 ☆☆☆

生没年 一五六一～一六二五
別諱 経信　経言　**通称** 次郎五郎　又次郎
官位・官途名・受領名 従四位下　民部少輔　侍従　蔵人頭
領地 周防国岩国　**石高** 三万石

毛利氏の家臣。毛利元就の三矢《さんし》の教えの挿話に登場する三人の子の一人である吉川《きっかわ》元春の三男。

織田信長の死後天下人になった羽柴秀吉に、毛利からの人質として差し出された。父と兄が相次いで亡くなったので家督を継ぎ、肥後国人《ひごこくじん》一揆《いっき》鎮圧に出陣している。毛利本家をよく補佐したことを評価され、秀吉から月山富田《がっさんとだ》城と十四万石を与えられている。文禄・慶長の役でも加藤清正を救援するなど活躍し武勇を称えられた。

関ヶ原の戦いでは、毛利家当主の輝元が西軍の大将に担ぎ上げられたことに賛成できず、密かに黒田長政を通じて徳川家康と交渉し、毛利家の本領安堵《あんど》と引き換えに不戦を申し入れた。本戦では約束どおり南宮山に陣取ったまま動かず、東軍の勝利に貢献した。しかし、戦後処理の際に、輝元が西軍の大将として文書を発給していたことを理由に約束を反古《ほご》にされ、広家自身には周防《すおう》・長門《ながと》を与えるが毛利家は改易という処分が内示された。

広家は必死に陳弁に努め、毛利本家は周防・長門二カ国へ減封ということで決着した。毛利本家を救ったわけだが、広家の独断による事前交渉がこの危機を招いたともいえ、以後毛利家内で広家は冷遇されることになる。幕府の命で岩国三万石を領したが、毛利本家からは、明治維新まで支藩として認められなかった。広家は、大坂の陣の際に隠居し、毛利家の執政から退いた。

茶人としても知られ、『利休百会記』には、天正十八年(一五九〇)九月二十一日昼に、茶会に一人で出席したことが記されている。華道、書道にも堪能《たんのう》な文化人だったという。

吉川広家像(東京大学史料編纂所 所蔵模写)

師匠　千利休

木下勝俊《きのしたかつとし》(長嘯子《ちょうしょうし》)

茶人度 ★☆☆
名物数 ★☆☆

生没年 一五六九～一六四九
号 長嘯子　挙白　天哉翁　西山樵夫　西山樵翁
官位・官途名・受領名 従四位下　侍従　式部大夫　参議　左近衛権少将
領地 若狭国後瀬山　**石高** 八万石

一般には長嘯子《ちょうしょうし》の名で有名である。弟に小早川秀秋がいる。

豊臣秀吉の正室高台院(北政所)の兄・木下家定の長男で、秀吉から見て義理の甥《おい》にあたる。早くから秀吉に仕え、華々しい軍功はないが

木下勝俊像(東京大学史料編纂所 所蔵模写)

若狭《わかさ》に領地を与えられ大名となった。

関ヶ原の戦いの前哨《ぜんしょう》となった会津征伐に際し、徳川家康から鳥居元忠とともに伏見城の守備を命じられたが、退城している。伏見城は直後に西軍に攻められ落城、鳥居元忠以下ほぼ全滅していることもあり、勝俊は敵前逃亡と見なされ、改易された。退城の理由に関しては諸説あるが、真相はわかっていない。豊臣家の一門で、弟の秀秋が当初西軍に加わっていたため、鳥居元忠から疑われ退去を迫られたためともいう。

勝俊の正室は、織田信長の家臣で猛将といわれた森可成の子で、森乱丸らの妹である。事情はともかく、家康の命に背いて伏見城を退去した夫に激怒して離縁を望んだという。妻の側から離婚を迫るという、当時としても珍しい例であった。その後継室を迎えたという記録はない。

父の死後、高台院の斡旋《あっせん》でその遺領を受け継ぎ大名に返り咲くが、弟・利房と相続争いになり、所領をすべて没収され再び失領した。

以後は剃髪《ていはつ》し、高台院が開いた高台寺の隣に庵を営み、長嘯子と号して隠棲《いんせい》した。若年より嗜《たしな》んできた和歌に没頭し、多くの文人とも交流した。晩年は大原野（西山）の勝持寺の傍《かたわ》らに移住した。

和歌では集外三十六歌仙に選ばれるなど、後世に大きな影響を与えている。茶の湯に関しては、千利休に学んだとされ、「木下丸壺」茶入や「靫肩衝《うつぼかたつき》」茶入などを所持していた。

木下吉隆《きのしたよしたか》

茶人度 ★☆☆
名物数 ☆☆☆

生没年 生年不詳～一五九八
別諱 吉俊 吉種 **通称** 半介
官位・官途名・受領名 従五位下 大膳大夫
領地 豊後国の一部 **石高** 三万五千石

豊臣秀吉の家臣。美濃《みの》の出身で木下を姓とするが、秀吉の血縁であるのかは不明。はじめ右筆《ゆうひつ》として仕えるが、朱印状の副状を発給するなど奏者として活躍する。豊臣秀次事件では、謀反に加担した疑いをもたれ、島津家に預けられたが配流《はいる》先で自害した。

この事件では、吉隆は秀次の監視と護送を命じられており、連座していたとは考えにくい。なぜ処罰されたのか真相は不明である。身柄を預った島津家にとっても記憶に残る事件であったと思われ、はるか後世のものだが地志『三国名勝図会』に「木下吉俊」の事跡として載せ、裏には石田三成の讒言《ざんげん》があったとしている。

また、本能寺の変の際、秀吉の妻子を保護した称名寺の住職性慶は吉隆の甥とされる。

茶の湯に関しては、石田正澄とともに利休の茶会に招かれたという記録がある。

木村重茲《きむらしげこれ》（常陸介《ひたちのすけ》）

茶人度 ★★★
名物数 ☆☆☆

生没年 生年不詳～一五九五
別諱 定光 重隆 重高 一
官位・官途名・受領名 隼人正 常陸介
領地 山城国淀 **石高** 十八万石

木村定重の子として生まれる。天正十一年（一五八三）の賤ヶ岳《しずがたけ》の戦いでは羽柴秀吉方として参戦し、以降、小牧・長久手の戦い、九州征伐、小田原征伐、奥州仕置《しおき》にも参戦し、武功を挙げた。

この頃から豊臣秀次付の家老となり、文禄元年（一五九二）の文禄の役では三千五百の兵を率いて朝鮮に渡海、武功を秀吉から賞されて、山城国淀《やましろのくによど》十八万石に加増移封された。

しかし文禄四年の秀次事件で、秀次を弁護したことから罪に問われ、同年七月、摂津国茨木《せっつのくにいばらき》の大門寺において自害を命じられた。

大門寺に血染めの経帷子《きょうかたびら》が保存され、常陸《ひたち》大明神と記された墓碑《ぼひ》がある。長男の高成（重武、重光、志摩守《しまのかみ》）も法花堂で切腹させられたほか、娘も磔《はりつけ》にかけられたという。妻の宮内卿局《くないきょうのつぼね》は許されて秀頼の乳母《うば》になった。

茶の湯を利休に学び、秀吉から台子点前《だいすてまえ》を伝授された七人衆の一人に数えられている。

この七人衆のうち、重茲《しげこれ》と豊臣秀次を除く五人はすべて利休七哲にも数えられており、このことからも重茲の茶の湯に対する造詣の深さがうかがわれる。

ある日、利休が銭屋宗訥《そうとつ》を招いて茶会を開き、偶然居合わせた重茲もこれに同席した。宗訥は町人、重茲は大名であったが、この会の主客は宗訥であるとして、重茲は宗訥に上座を譲ったという。

なお、大坂の陣で名を挙げた木村重成は、重茲の次男であるとする説が有力である。

妻宮内卿局が許されて秀頼の乳母になった際に、連れていた子どもが秀頼の乳兄弟になった重成である。重成は秀頼からの信頼が厚く、若年ながら重臣として扱われ、やがて勃発《ぼっぱつ》する大坂の陣では主戦派の中心人物として活動する。

冬の陣では今福砦の戦いや真田丸の戦いで奮闘し、和議に際しては秀頼の正使として徳川秀忠の陣に赴き、その堂々とした進退が賞賛された。夏の陣では八尾・若江の戦いで藤堂高虎の軍を破ったものの、井伊直孝の軍と激闘し戦死した。首になっても見苦しくないようにと、兜に香を薫《た》きしめていたことを、実検した家康に激賞されたという。

重茲晩年の子で親子の交流はなかったはずだが、数寄の心は受け継いでいたといえよう。

師匠　千利休

九鬼嘉隆《くきよしたか》

茶人度 ★☆☆
名物数 ★☆☆

生没年 一五四二〜一六〇〇
官位・官途名・受領名 従五位下　右馬允　大隅守　宮内少輔
領地 志摩国　**石高** 三万五千石

志摩国《しまのくに》の国人で、九鬼《くき》水軍を率いたことで名高い。織田信長に仕えて戦功を挙げたが、その武名が確固たるものになったのは、信長が大坂本願寺と戦った石山合戦の一環である木津川沖海戦である。

第一次海戦では本願寺に味方する毛利水軍に敗れた嘉隆《よしたか》であったが、信長の命で鉄を張った鉄甲船を建造し、第二次海戦では完膚《かんぷ》なきまでに敵を打ち破った。この勝利で織田軍の優位が決定的になったとされる。

本能寺の変の後は一時織田信雄《のぶお》に与《くみ》したが、羽柴秀吉に寝返り、以後は水軍の棟梁として活躍する。文禄の役でも、朝鮮水軍を押さえ込むことに成功する。慶長の役では出陣せず、家督を子の守隆に譲り隠居した。

関ヶ原の戦いが勃発《ぼっぱつ》すると、自身は西軍に与し、守隆を東軍に加わらせた。どちらが敗れても家名を残す嘉隆の策であった。

関ヶ原本戦で西軍が敗れると、鳥羽などを放棄し答志島《とうしじま》へ撤退した。その間、守隆は自分の軍功と引き換えに父・嘉隆の助命を家康に嘆願し許されるが、急使が答志島に着く前に、早まった家臣の勧めで嘉隆は自害していた。享年五十九歳。

江戸時代には軍記物などで「海賊《かいぞく》大名」などと武勇を謳《うた》われた猛将であったことは確かだが、茶の湯にも造詣《ぞうけい》が深く、「九鬼文琳《ぶんりん》」茶入を所持していたほか、津田宗及《そうぎゅう》とは互いに幾度も茶会に招いたり招かれたりという間柄であった。

九鬼嘉隆像
(東京大学史料編纂所所蔵模写、原本:金剛証寺)

唐物茶入「九鬼文琳」
(『大正名器鑑』)

師匠　千利休・古田織部

黒田長政《くろだながまさ》

茶人度 ★☆☆
名物数 ★☆☆

生没年 一五六八～一六二三
通称 吉兵衛
官位・官途名・受領名 従四位下 甲斐守 筑前守
領地 筑前国福岡　**石高** 五十二万石

永禄十一年に黒田官兵衛孝高《かんぴょうえよしたか》（如水《じょすい》）の嫡子《ちゃくし》として誕生。幼名は松寿丸。天正三年に父・官兵衛が羽柴秀吉の仲介で織田信長に臣従すると、人質として織田家に送られた。荒木村重（道薫《どうくん》）が謀反した際に、官兵衛は翻意《ほんい》を促しに有岡城へ赴《おもむ》くが捕えられ幽閉される。官兵衛も謀反に加担したと誤解した信長から松寿丸処刑の命が出されるが、秀吉の軍師・竹中半兵衛が密かに匿《かくま》ってくれたため命を拾っている。

その後は、父とともに秀吉に従い、中国攻めで初陣《ういじん》すると各地を転戦した。豊前《ぶぜん》中津で大名となっていた父・官兵衛が隠居すると家督を継いだ。文禄・慶長の役でも渡海して奮戦したが、この間、石田三成や小西行長らと確執《かくしつ》を深めている。秀吉の死によって帰国すると徳川家康に接近し、三成らとの対立が決定的になると他の武将とともに三成を襲撃している。

関ヶ原の戦いでは凄《すさ》まじい戦いぶりを見せただけでなく、事前に小早川秀秋や吉川広家などと寝返りの交渉を進めており、家康からも一番の功労者として感状を受け、筑前《ちくぜん》で五十二万石を与えられた。

筑前では、那珂川《なかがわ》をはさんで博多の対岸に福岡城を築き、城下を整備した。大坂冬の陣では江戸留守居であったが、夏の陣では参戦している。元和九年、京都で死去。

博多の地を領したこともあって神屋宗湛《そうたん》とは親しく交わり、たびたび茶会に父とともに出席し、口切の茶事では亭主を務めている。宗湛が所持する「博多文琳《ぶんりん》」茶入を所望したが、断られた。長政の死後、嗣子《しし》忠之が長政の遺言と称して強引に召し上げたという話がある。また、如水は家康に「木丸肩衝」茶入を献じていたが、家康没後、この茶入は、家康の遺品として長政に与えられている。

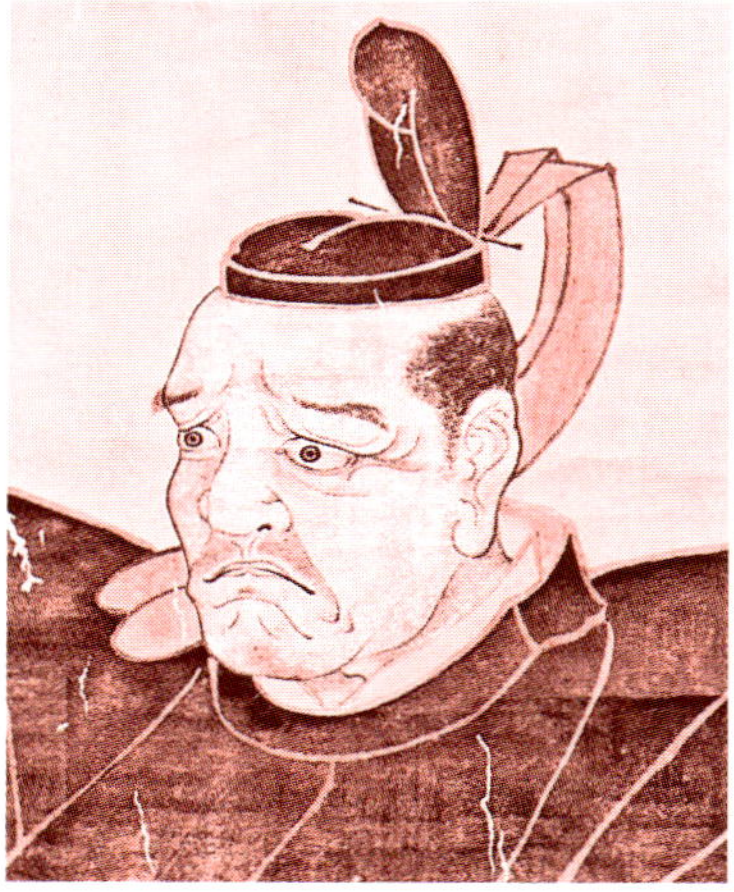

黒田長政像
（東京大学史料編纂所 所蔵模写、原本：光雲神社）

師匠　千利休

黒田孝高《くろだよしたか》（如水《じょすい》）

茶人度 ★★☆
名物数 ★☆☆

生没年 一五四六～一六〇四
通称 官兵衛　**号** 如水軒
官位・官途名・受領名 従五位下 勘解由次官
領地 豊前国中津　**石高** 十八万石

黒田如水は、播州《ばんしゅう》姫路城主小寺職隆《もとたか》の子で、幼名を万吉という。長じて孝高《よしたか》と名のり、官兵衛尉《かんぴょうえのじょう》と称した。

父の職隆は、播磨《はりま》の小寺氏の家臣であったが、織田信長の西国経略以来、信長に属していた。孝高も、信長の部将羽柴秀吉を助け、播州の諸

黒田孝高像
（東京大学史料編纂所 所蔵模写、原本：大徳寺龍光院）

豪族を攻めて、これを降し、戦功をたてた。それ以来、秀吉の懐刀として、その帷幕《いばく》に参している。

孝高は、茶の湯を利休に学び、隠退して、如水軒《じょすいけん》と改めたころから、茶室にも参席している。

しかし、彼は、元来、単なる武辺者として、茶の湯の長所などを理解せず、「茶の湯は、勇士の嗜《たしな》むべきわざではない。主客ともに無刀となり、狭い茶室に坐っているのは、無用心このうえないことだ」と嘲笑《ちょうしょう》していたが、ある機会から、茶の湯の価値を大いに認識したといわれている。

それは、ある日のこと、秀吉が如水を茶会に招いたことがある。如水は、まだ茶の湯を学んでいなかったので、非常に困惑したけれど、主命は辞しがたい。そこで、渋々伺候《しこう》して、茶室に入った。すると、彼のほかに相客がなく、また、秀吉も茶を点《た》てる様子がない。もっぱら軍議を凝らして数刻にわたった。

すると、秀吉が微笑して言うには、「これが、茶の湯の一徳というものだ。この秀吉が、もし、茶室以外の場所で貴殿と対座し、このように長時間にわたって密議を交わしたならば、人は、必ず、いろいろと疑惑をもつことであろうに……」と。そこで、如水も、「なるほど」と、破顔一笑し、秀吉の言葉に感心し、それ以来、茶の湯の稽古に励《はげ》んだということである。これは、おそらく、小田原遠征のための軍議だったらしい。

さて、小田原遠征も終わり、関東奥羽も平定し、日本全国が一応平定されると、秀吉は、京都に凱旋《がいせん》し、和歌、連歌《れんが》、茶の湯などの会をしばしば催し、殺伐たる将士の気風を緩和しようと、つとめた。まもなく朝鮮出兵を始めると、秀吉は肥前《ひぜん》名護屋の本営に赴き、朝鮮渡海将兵の総監にあたったが、この名護屋城内にも山里の丸という風雅な景趣に富んだ一郭《いっかく》を設け、大坂城内にあった山里の数寄屋《すきや》をわざわざ運搬してきて、ここに将士を集めて茶会を催している。このときも、如水はしばしば参席したことが、『宗湛日記《そうたんにっき》』によって知られる。

如水は秀吉の死後、慶長四年（一五九九）の正月、茶の湯の定書というものを発布しているが、これはきわめて簡潔な、実際的なもので、つぎの三ヶ条で尽きている。

その一、茶を挽《ひ》くには、いかにも静かに廻し、油断なく、滞《とどこお》らぬように挽くべきだ。

その二、茶碗以下、垢《あか》のつかぬように、たびたび洗うこと。

その三、釜の湯を、一杓《いっしゃく》くみとったならば、また、水を一杓さしておけ。使い捨て飲み捨てはせぬように。

この三ヶ条の定めは、我流ではなくて、利休流であるから、よくよく守るべきだ。すべて、人の分別も、静かかと思えば油断になり、滞らぬと思えばせわしくなって、それぞれ、その性分どおりになるものである。また、ずいぶんと義理が明白になるように思っていても、自然と欲垢に汚れやすくなるものだ。また、親や主人の恩をはじめとして、朋輩《ほうばい》や家人どもの恩にあずかることが多いものだが、その恩に報いようという心がけもないから、やがては、神仏の罰を被るのである。されば、この三ヶ条を、朝夕の湯水の上でも、よくよく分別せんがために、書きつけておくのである。

この定書の記述するところは、至極平凡な日常の真理であって、「神仏に仕える心をもって、茶の湯の心とせよ」というのである。これが、「我流ではなくて、利休流である」と、特にことわっているのは、利休の説いた茶の湯の心というものが、このようなものであり、その教えに従ったまでのことであった。

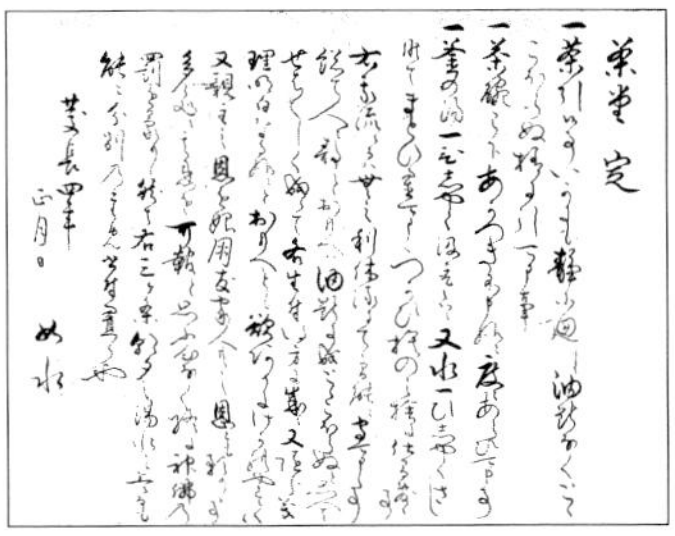
茶堂定三ヶ条写（宮帯文庫所蔵）

近世初期の地方大名の一人として、かなり豪奢《ごうしゃ》な生活を送ったのではあるまいかと想像される黒田如水にして、なお、このような、侘《わ》びた茶の湯の境地に親しむべきことを力説しているのである。

ところで、黒田如水の茶の湯の本領は、慶長五年(一六〇〇)の関ヶ原の役以後、彼が豊前に隠退して、風流を友とし、参禅の師を大徳寺の春屋宗園《しゅんおくそうえん》に求めた頃から発揮されている。

慶長六年の十月九日のことである。如水の長子、黒田長政は、その居城福岡の西方、鳥飼《とりかい》村に別邸を建て、如水を筑前《ちくぜん》の太宰府《だざいふ》から招待し、博多の数寄者神屋宗湛を相伴《しょうばん》として、口切の茶会を催している。

その委《くわ》しい様子は、『宗湛日記』に記してあるが、数寄屋は二畳敷で、炉に姥口《うばぐち》の新釜をかけ、床《とこ》には達磨《だるま》の絵。水指《みずさし》は信楽《しがらき》、茶入は肩衝《かたつき》、その袋は白地の金襴《きんらん》。茶碗は黒。点前《てまえ》は長政であった。振舞の本膳は、鳥の小皿に鱠《なます》、蕪《かぶ》の汁、柚味噌《ゆずみそ》、御飯。二の膳は、串《くし》ざしの小鳥、雁《かり》の汁。それから、杉の縁高に菓子、生栗《なまぐり》、といったものであった。

なお、如水は、翌慶長七年の十二月二十五日、筑前の箱崎の茶屋に、神屋宗湛、島井宗室、徳永宗也、原道哲という四人の博多町衆を招き、口切の茶会を催した。座敷の床に虚堂《きどう》の墨蹟《ぼくせき》を掛け、軸の脇に赤盆に肩衝茶入を据え、備前《びぜん》筒の花入に柳を生けた。そして、如水自ら茶を点てた。

このときの振舞の献立は、本膳が、串にさした鮭《さけ》の焼物、小鳥の汁、御飯。二の膳が、大鮒《おおふな》の焼物。三の膳が田楽。菓子は、角の今焼の皿に牛蒡《ごぼう》、生栗などであった。

なお、如水と茶の湯に関する逸話として面白いのは、現在、黒田家に伝わっている「南条」の茶壺にまつわる話であろう。

慶長六年(一六〇一)の五月、家康が、伏見城で宴会を催し、黒田如水をはじめ、関ヶ原の役で手柄のあった大名たちを招待したとき、家康の座右に名物の茶壺が、数個ならべてあった。家康は、如水を顧《かえり》みて、「ここにある茶器のなかで、他人の手を借りずに、自分で持って帰れる物があれば、どれなりと、望みのままにまかせよう」と、冗談半分に語った。ところが、如水は、直ちに立ち上がり、そのなかで一番大きい「南条」の茶壺を選び、自らこれを抱えて持ち帰ったので、さすがの家康も、如水の豪放さに驚嘆した、ということである。

如水が伏見で病死したのは、慶長九年(一六〇四)の三月二十日のことである。享年五十九。

(桑田)

唐物茶壺「南条」
(売立目録)

その他の所持した名物
・唐物茶入「木丸肩衝」

桑山重晴《くわやましげはる》(修理《しゅり》)

茶人度 ★☆☆
名物数 ★☆☆

生没年 一五二四〜一六〇六
別諱 重勝
官位・官途名・受領名 従五位下 修理大夫 治部卿法印
領地 和泉国谷川 **石高** 四万石

織田信長の宿老・丹羽《にわ》長秀の与力《よりき》として、姉川の戦いなどで名を挙げた。その戦いぶりを評価した羽柴秀吉に請われて、秀吉の麾下《きか》に転じた。

賤ヶ岳《しずがたけ》の戦いや紀州《きしゅう》征伐などで武功を挙げ、但馬《たじま》竹田城主から、豊臣秀長の家老として和歌

桑山重晴木像
(寶樹院所蔵、尼崎市教育委員会提供)

山城代となり、その後も加増を受け四万石の大名となった。慶長元年（一五九六）に出家し、治部卿法印《じぶきょうほういん》を名乗った。

茶の湯を千利休に学び、「円乗坊肩衝」茶入を所持した。

また、山上宗二と交友があった。宗二は、天正十四年に秀長の口切茶事の茶頭を勤めたことがあり、また利休門下の同門として、重晴とは親密であったと思われる。

そのためか、重晴は宗二から、『茶器名物集』を贈られている。これは、秀吉の怒りを買って高野山に逼塞《ひっそく》していた山上宗二が、高野山を出るにあたって嫡男の山上道七を重晴に預けたことによるものである。重晴が羽柴秀長の家老として和歌山城代を勤めていた、天正十六年のころである。

宗二はこの書物に、「この書に記していないことについては道七にお尋ね下さい」と書いている。つまり、道七に相当深いところまで伝授しており、かつそれが道七の口から重晴へ伝わることは妨げない、ということである。宗二が、茶人としての重晴を高く評価していたことがわかる。

瀬戸茶入「円乗坊肩衝」
（『大正名器鑑』）

師匠　千利休

小出吉政《こいでよしまさ》

茶人度 ★☆☆
茶人度 ★☆☆

生没年 一五六五～一六一三　**通称** 小才次
官位・官途名・受領名 従五位下 信濃守 播磨守 大和守
領地 和泉国岸和田　**石高** 三万石

尾張国《おわりのくに》愛知郡中村の出身で、豊臣秀吉と同郷。また、秀吉の生母大政所《おおまんどころ》の妹を母とする。

秀吉に馬廻《うままわり》として仕え、但馬国《たじまのくに》有子山城主となる。関ヶ原の戦いでは、父とともに西軍についたが、弟秀家が東軍として戦功を立てたため、所領は安堵《あんど》された。父の死後は和泉国岸和田城に移る。なお、茶の湯の嗜《たしな》みもあり、文禄年間以降、古田織部《おりべ》の茶会に参加している。

小出吉政像
（徳雲寺 所蔵、南丹市文化博物館 提供）

師匠　千利休

小寺高友《こでらたかとも》（休夢《きゅうむ》）

茶人度 ★★☆
名物数 ☆☆☆

生没年 一五二五～一五九四
通称 千太夫　**号** 休夢斎 善慶
官位・官途名・受領名 安芸守

黒田官兵衛孝高《かんぴょうえよしたか》（如水《じょすい》）の叔父《おじ》にあたる。一時、恒屋安芸守《つねやあきのかみ》と称して播磨《はりま》の砥堀山《とほりやま》城を預っていたとされるが、永禄年間（一五五八～一五七〇）頃までに出家剃髪《ていはつ》して休夢斎善慶と号した。後年は甥《おい》の官兵衛に従って転戦した。官兵衛が羽柴秀吉に仕えた縁で、自身も御伽衆《おとぎしゅう》として仕えた。

茶に関しては、織田信長の時代に官兵衛とともに津田宗及《そうぎゅう》から茶を振る舞われたことがあるほか、『天王寺屋会記』には、天正十一年（一五八三）から十二年にかけて頻繁《ひんぱん》にその名を見出すことができる。

また、秀吉、利休の茶会にはよく参会しており、『利休百会記』には、天正十八年九月三日の会記が残る。また、秀吉の島津征伐では武将ではなく茶堂として従軍しているほか、文禄の役では、肥前《ひぜん》名護屋城で宗湛《そうたん》を招いて茶会を開いている。

小西行長《こにしゆきなが》

茶人度 ★☆☆
名物数 ☆☆☆

生没年 一五五八〜一六〇〇
通称 弥九郎 **号** 如信
官位・官途名・受領名 従五位下 摂津守
領地 肥後国宇土 **石高** 二十万石

和泉国《いずみのくに》堺の豪商・小西隆佐《りゅうさ》(立佐)の子として生まれる。初め宇喜多直家に、次いで羽柴秀吉に仕えた。

秀吉の下では舟奉行に任じられ、堺商人という出自を背景として、海上輸送を担った。天正九年(一五八一)には重要港湾を擁《よう》する室津を、同十三年には小豆島《しょうどしま》を領有した。いずれも瀬戸内海における海上交通の要衝《ようしょう》である。

隆佐は早くからイエズス会に接近しており、行長も、同会との関係を保つためという側面はあるものの、幼少からキリスト教に親しみ、洗礼を受けキリシタンとなった。室津でも小豆島でも、宣教師を迎えて布教活動を展開している。禁教により高山右近《うこん》が所領を失った時には、領内にかくまってもいる。

その後の九州征伐や博多復興でも功を挙げ、宇土《うと》で大名となった。しかし、熊本を領した加藤清正とは、領土問題などで行き違いがあり、確執を深めていった。

文禄の役では先鋒《せんぽう》を命じられ、清正と功を競う形で進軍した。明との講和交渉では、明側の担当者・沈惟敬らと共謀し、互いに偽りの報告を本国に送って講和をまとめている。しかし、明からの使者が来日したことで、行長らの偽りが明らかになり、講和は破綻した。激怒した秀吉に、死を免じる代わりに再度先鋒せよと命じられ、慶長の役では再び奮迅《ふんじん》の働きを見せた。

関ヶ原の戦いでは石田三成に与《くみ》し、宇喜多秀家と並ぶ西軍の主力として参戦するが、小早川秀秋の寝返りによって敗戦。捕えられて三成や安国寺恵瓊《あんこくじえけい》とともに京の六条河原で斬首された。

明との講和交渉の際の振る舞いや、西軍に参加したことなどで、低い評価しか受けてこなかったが、ヨーロッパでは信仰に篤い忠義の武将として高く評価されたという。

茶の湯に関しては、『宗湛日記』『利休百会記』に名が見えるが、茶会を開いたという記録はない。しかし、利休七哲のうち、高山右近、蒲生《がもう》氏郷《うじさと》、牧村利貞(兵部)の三人までがキリシタンであること、茶会の所作とミサの所作に共通点が見られることなど、茶の湯とキリシタンの関連は、つとに指摘されている。右近をはじめとするキリシタン大名からの影響によって、行長も茶の湯に親しんだことは想像に難くない。

師匠 千利休

小早川隆景《こばやかわたかかげ》

茶人度 ★☆☆
名物数 ★☆☆

生没年 一五三三〜一五九七
通称 又四郎
官位・官途名・受領名 従三位 参議 権中納言
領地 筑前国 筑後国 肥前国 **石高** 三十七万石

毛利元就《もとなり》の三男で、兄の吉川《きっかわ》元春とともに「毛利両川」と呼ばれて、毛利氏を支えた武将。幼名は徳寿丸、通称は又四郎。参議、中納言にまで昇進した。小早川家に養子に入り、父元就・兄隆元を補佐して毛利氏の繁栄を支え、元就の没後は甥《おい》の輝元を助けた。明晰《めいせき》賢明な人物

小早川隆景像
(東京大学史料編纂所所蔵模写、原本:米山寺)

であったことを物語る評としては、六十五歳で安芸《あき》の三原で亡くなった時に、黒田如水《じょすい》が「日本に賢人が絶えた」と言って惜しんだという逸話が伝わっている。秀吉が天下統一を果たすと、伊予国《いよのくに》の領主に封じられ、転じて筑前《ちくぜん》の大名になり、博多の名嶋に居城を構えた。時に天正十五年(一五八七)のことであった。

茶人としての足跡が認められるのも、この名嶋城に移った晩年のことで、ご当地博多の豪商であった神屋宗湛《そうたん》の茶の湯日記にしげく隆景の茶会のことが載っている。これから以後、盛んに茶会を名嶋にて行い、宗湛も招かれている。浅野長政・福島正則・生駒《いこま》親正・加藤清正ら、昵懇《じっこん》の武将たちが主な客であり、杉の葉をもって葺《ふ》いた壁《かべ》の二畳半席というから、ごく簡素な席ではあるが、秀吉が前年に博多に構えた青萱《あおがや》葺きの茶席を連想させるものがある。

文禄年間となると、朝鮮出兵に際して、多くの武将が北部九州に集結したため、さらに茶会の回数も増加する。九月になると名嶋に帰り、また頻繁《ひんぱん》に会を開いている姿が浮かぶが、気軽な茶屋での持て成しが名嶋では目につく。秀秋が筑前に入部した文禄四年九月二十日には、隆景をはじめこの地の錚々《そうそう》たる面々が集《つど》って茶屋にて振る舞われている。

(矢部)

所持した名物

・「時雨肩衝」茶入

師匠　古田織部

小早川秀秋《こばやかわひであき》

茶人度 ★☆☆
名物数 ☆☆☆

生没年 一五八二〜一六〇二
別諱 秀俊　秀詮
官位・官途名・受領名 従三位　左衛門督　参議　権中納言
領地 備前国岡山　**石高** 五十五万石

豊臣秀吉の正室おね(北政所《きたのまんどころ》・高台院)の甥《おい》。おねの兄・木下家定の子として近江《おうみ》で生まれた。兄に木下勝俊(長嘯子《ちょうしょうし》)がいる。

早くから秀吉の養子になりおねに育てられた。豊臣家の貴公子として、後陽成《ごようぜい》天皇の聚楽第行幸《じゅらくていぎょうこう》では幼くして秀吉の代理を務めている。

小早川秀秋像
(東京大学史料編纂所 所蔵模写、原本:高台寺)

秀吉に秀頼が生まれると、毛利輝元の養子にという話が持ち上がるが、話を聞いた小早川隆景が自らの養子にと望んで認められた。これは毛利本家を豊臣家に乗っ取られることを恐れた隆景が先手を打ったとされる。

秀秋自身は豊臣秀次事件に連座し、所領の丹波《たんば》を没収されたが、隆景が隠居したことでその所領筑前《ちくぜん》名島三十万石余を引き継いだ。慶長の役では渡海したが、戦闘には加わらなかったと思われる。

関ヶ原の戦いでは、当初西軍として伏見城の攻略に参加し、本戦では松尾山に布陣した。戦端が開かれると突如として寝返り、東軍の勝利を決定づけた。

戦後、この軍功により岡山五十五万石を与えられた。しかし、そのわずか二年後病を得て急死した。享年二十一歳。寝返りについて良心の呵責《かしゃく》に耐えきれず狂死したとも言われたが、実際は過度の飲酒による内臓疾患と考えられている。嗣子《しし》はなく小早川家は断絶した。

茶の湯に関しては、『宗湛日記《そうたんにっき》』の文禄四年に、隆景が名島で秀秋をはじめ有力家臣らに「振舞」をしたことが書かれているが、隠居にともなう引き継ぎの際に茶会を開いたものと思われる。これについて秀吉が、「進退について指南」はすべきだが「無用の雑作」はせぬよう叱責している。

師匠　千利休・古田織部

小早川秀包《こばやかわひでかね》

茶人度 ★☆☆
名物数 ☆☆☆

生没年 一五六七～一六〇一
別諱 元綱 元総 行包 **通称** 藤四郎
号 玄済道叱
官位・官途名・受領名 従四位下 筑後守 市正 内記
領地 筑後国久留米 **石高** 七万五千石

毛利元就《もとなり》の九男で、兄・小早川隆景の養子となる。吉川《きっかわ》広家とともに羽柴秀吉の下に人質として送られるが、優遇された。四国征伐で功を挙げ伊予国《いよのくに》大津城を与えられ、独立した大名となった。

小早川秀包像
（玄済寺所蔵、下関市立歴史博物館 提供）

九州攻めでは、養父・隆景に従い、その功で筑後《ちくご》国内で領地を与えられ久留米《くるめ》城を築いた。肥後国人一揆《ひごこくじんいっき》鎮圧には総大将として出陣し、文禄・慶長の役でも、転戦し目覚《めざま》しい功を挙げている。ことに、順天倭城《わじょう》に小西行長らが孤立した際には、立花宗茂、島津義弘らと救援に向かい、自ら鉄砲を撃つほどの激闘を繰り広げ、救援・撤退に成功している。なお秀包は鉄砲の名手で、愛用の銃を「雨夜手拍子」と名付けていたという。ただ、この間に、木下秀俊（秀秋）が、小早川家に養子に入ったため廃嫡《はいちゃく》され、別家を立てている。

関ヶ原の戦いでは西軍に加わり、激戦の末大津城を攻略しているが、本戦では一族の吉川広家の工作や小早川秀秋の寝返りで西軍が敗れたため大坂に撤退する。その間に久留米城は既に黒田如水《じょすい》に奪われていた。

戦後は改易され、毛利輝元に引き取られ、長門《ながと》国内で所領を与えられた。小早川秀秋の寝返りで誹《そし》られないよう姓を毛利に戻し、剃髪《ていはつ》出家している。しかし、程なく病を得て没した。享年三十五歳。

立花宗茂と並び称されるほど武勇抜群であったが、茶の湯も嗜《たしな》んでおり、慶長四年（一五九九）の有名な古田織部《おりべ》の茶会に、神屋宗湛《そうたん》、毛利輝元とともに招かれている。宗湛が、織部が用いた歪《ひず》んだ瀬戸茶碗を「へうけもの也」と記録した茶会である。

師匠　古田織部

佐竹義宣《さたけよしのぶ》

茶人度 ★★☆
名物数 ★☆☆

生没年 一五七〇～一六三三 **通称** 次郎
官位・官途名・受領名 従四位上 左近衛中将 右京大夫
領地 常陸国水戸 **石高** 五十四万石

常陸《ひたち》の国主大名佐竹義宣《よしのぶ》は、父の義重の時代から志を豊臣秀吉に寄せていた。そして、文禄元年（一五九二）に朝鮮の役が起こると秀吉に従って、肥前《ひぜん》名護屋の本営に在陣することになった。

秀吉は全軍を指揮する都合から、朝鮮に渡ろ

佐竹義宣武装像
（天徳寺 所蔵、秋田市立佐竹史料館 提供）

うとし、名護屋に留まって、年を越すことになった。そこで、陣中将士の無聊《ぶりょう》を慰《なぐさ》めるために、能の稽古《けいこ》をしたり、茶の湯の会を催したりしている。

佐竹義宣も、秀吉の側近に伺候《しこう》して、これらの慰みごとを共に親しんだのであるが、文禄二年（一五九三）の正月二十九日、筑前《ちくぜん》の博多に在番していた佐竹家臣和田安房守《あわのかみ》に書状を送り、名護屋陣中の模様を委《くわ》しく説明している。その書状は、「阿保文書」に収めてあるが、つぎのようなものである。

「太閤様は、毎日、能の御稽古に余念がないので、陣中には乱舞が流行している。（中略）陣中に茶の湯のはやること、一方ではない。太閤様などは、一日としてお城に籠《こも》られたことはなく、毎日、方々へ御成《おなり》である。それで、身どもは、数寄《すき》の稽古もしている。いまや、関東では随一の数寄者であるかもしれない」

これが、家来の和田安房守に与えた義宣の書状の全容である。名護屋陣中における太閤秀吉をはじめ、大名将士の芸道に熱中している有様が、手に取るように、判明する。ここに、「太閤様は、一日として、お城に籠られず、毎日、諸方へ御成である」と記しているのは、『宗湛日記《そうたんにっき》』の文禄二年正月の条々の記事とも符合している。

すなわち、同日記を見ると、正月十七日の朝は、名護屋で織田有楽《うらく》の茶会があり、十七日の昼は、住吉屋宗無の会。十九日の昼は、佐久間不干斎《ふかんさい》の会。二十一日の昼は、徳川家康の会。二十二日の朝は、石田正澄（三成の兄）の会。同日の昼は、小寺休夢の会。二十五日の昼は、池田伊予の会。二十六日の夜は、岡田長右衛門の会。二十七日の朝は津田宗凡の会などのあったことが、記してある。義宣の書状の茶の湯流行の文句と符合する。

この書状によると、佐竹義宣は、肥前の名護屋陣中で、茶の湯の稽古をしていたのである。しかも、「関東では随一の数寄者であるかもしれない」などと、諧謔《かいぎゃく》をとばしている。

さて、関東における武将と茶の湯のことを少し取り上げてみると、安房源氏といわれた房総の里見義堯《よしたか》が、片茶の礼、両茶の礼といった茶礼を重んじたことが、『北条五代記』や『房総軍記』に見える。片茶の礼とは、一人で茶を飲む礼法。両茶の礼とは、双方で見合わせて茶を飲む礼法であるらしいが、どれも、戦功者に限って許可されたところが、信長の茶の湯政道に似かよっている。

また、『新田金山城国司記』によると、上野国金山城主の由良《ゆら》成繁は、天文年間に足利十二代将軍義晴の申次を勤めていた大館金吾晴光の家来として京都からやってきた走衆の武野因幡守仲村という者について、茶の湯を学んだが、この仲村こそは、利休の師匠として有名な武野紹鷗《じょうおう》のことであるという。

なお、小田原北条氏と茶の湯については、慶長六年（一六〇一）に北条氏の旧臣である山角定勝の書いた『小田原日記』に、つぎのような記事がある。

それは、小田原が、北条氏政・氏直父子の時代になって、どうして落城したかという因縁話を紹介したところに、「五、三年この方、宗仁という数寄者が、小田原に下向したため、茶の湯が、ことのほか、流行した。北条氏直をはじめ、諸侍がこれに耽溺《たんでき》し、早川、荻窪《おぎくぼ》、久野の辺に茶屋を設け、あるいは巡礼をよそおい、あるいは旅僧になって、茶屋に入る、といった慰み事が、毎日のように行われた。このような御遊興は、不吉の前兆であると、心ある人々が評判していたが、果たして三、四年のうちに哀れなる有様となりはてたのも、思えば、不思議なことだ」というのである。

これは、北条氏が、上下ともに、茶の湯に耽《ふけ》ったから、その因果として、小田原が落城したという考え方であって、茶の湯を一つの無益な遊芸とみなし、これに耽溺することを忌み嫌った侍気質の一面を反映した逸話として、一応の興味があるが、このころ、小田原に下向した数寄者に宗仁

唐物茶入「佐竹文琳」
（『大正名器鑑』）

という人がいた、というのは、少し書き誤りかと思うのである。

宗仁という茶人は、その当時、あまり見あたらない。信長の代官をつとめていた人に、長谷川宗仁という人がおり、それが茶の湯を嗜んだということも肯定《こうてい》されなくないが、この『小田原日記』に見える宗仁というのは、おそらく、利休の高弟、山上宗二のことではなかろうかと、愚考する。「宗二」が、「宗仁」と書き誤られたのではあるまいか。

山上宗二の書いた茶の湯秘伝書に、『山上宗二記』(一名、茶器名物集)というのがある。これは、奥書を見れば、天正十七年(一五八九)の二月、山上宗二が、「江雪斎」という者に与えた秘伝書であることがわかる。江雪斎というのは、小田原北条氏の重臣、板部岡江雪斎融成のことである。この奥書の文意は、山上宗二が、小田原城に厄介になっていた間の礼を述べ、天正十七年の六月、江雪斎融成が、北条氏の使者として上洛するにあたり、珠光相伝の茶の湯の極意を伝授する主旨を記したものである。

唐物茶入「宗無肩衝」
(『大正名器鑑』)

これによれば、天正十七年当時、山上宗二が小田原に在城していたことが判明する。

『津田宗及茶湯日記』を見ると、山上宗二は、それ以前、秀吉のために堺から追放されているから、その宗二が、相州《そうしゅう》小田原に下向し、北条家中に茶の湯を広めていたことは、充分に推測できる。したがって、『小田原日記』に出てくる「宗仁」というのは、山上宗二の誤記と考えてよかろうと思うのである。この山上宗二の小田原下向によって、小田原に茶の湯が流行したことは、充分考えられることであろう。

要するに、関東地方に茶の湯が盛んになったのは、利休の師の武野紹鷗と、利休の高弟、山上宗二の東国下向によるものと、推測される。

ここに述べた常陸の佐竹義宣なども、もちろん、その影響下にあって、茶の湯趣味にあこがれを抱いていたと、考えてよかろう。

ちなみに、佐竹義宣は、寛永十年(一六三三)の閏《うるう》正月二十五日、六十五歳をもって、病死している。関ヶ原の役後、出羽《でわ》の秋田二十万余石に移封せられてからも、健在で、徳川氏に臣従し、大坂の陣にも出馬し、三代将軍家光の治世まで生きながらえていたのである。

(桑田)

所持した名物

- 唐物茶壺「松前」・唐物茶入「佐竹文琳」
- 唐物茶入「宗無肩衝」
- 瀬戸茶入「松前肩衝」
- 瀬戸茶入「黒沢肩衝」・茶入「円座肩衝」
- 牧谿筆「江天暮雪」図

佐々成政《さっさなりまさ》

茶人度 ★☆☆
名物数 ☆☆☆

生没年 一五三六?~一五八八
官位・官途名・受領名 従四位下 侍従 内蔵助
領地 肥後国 **石高** 三十四万石

佐々《さっさ》氏は尾張国《おわりのくに》の土豪であった。早くから織田信長に仕えて戦功を重ね、黒母衣衆《くろほろしゅう》に選ばれた。

長島一向一揆《いっこういっき》との戦いでは嫡男を戦死させるが、長篠の戦いでは鉄砲隊を率いて活躍した。天正三年(一五七五)、信長は越前《えちぜん》を制圧すると、柴田勝家を北陸方面軍の司令官に任じ、前田利

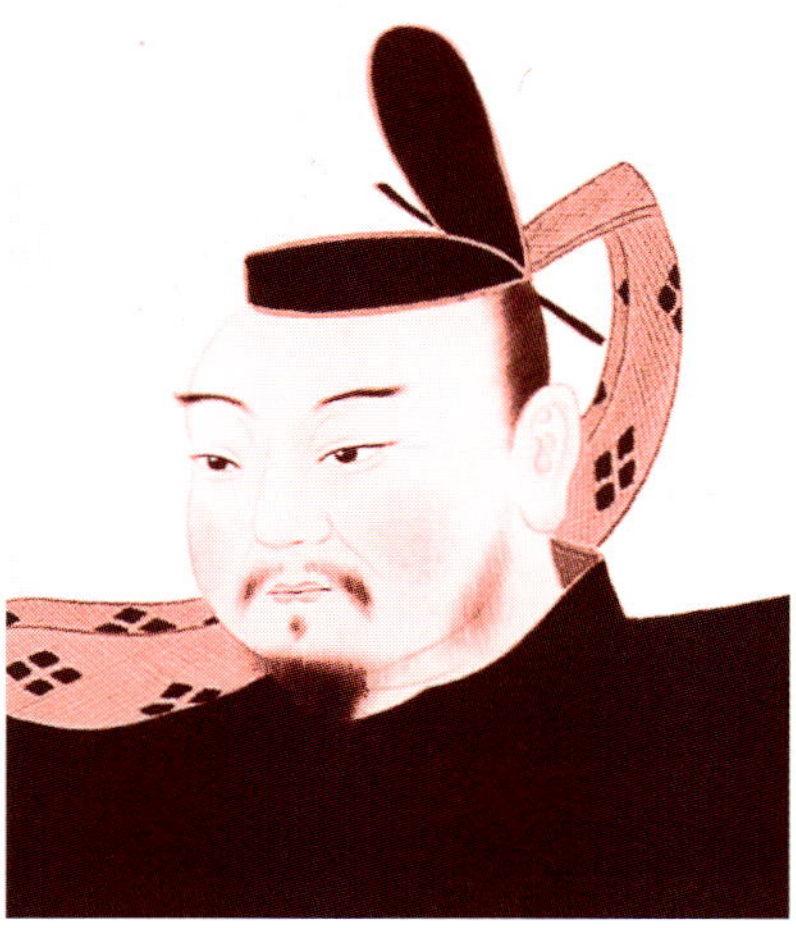

佐々成政像(富山市郷土博物館所蔵)

家らとともに成政を与力とした。天正八年から越中《えっちゅう》攻略にとりかかり、翌年には越中一国の守護に任じられ、富山城を居城とした。

本能寺の変の後、羽柴秀吉と柴田勝家が対立すると、勝家に与《くみ》した。しかし、上杉景勝への押さえとして越中を動けず、賤ヶ岳《しずがたけ》の戦いには参戦できないまま、勝家が敗北したため孤立する。やむをえず、娘を人質に出して秀吉に降伏した。

小牧・長久手の戦いでは、織田信雄《のぶお》・徳川家康に与し、秀吉方の前田利家を攻撃したが、肝心の信雄・家康が秀吉と休戦してしまった。成政は、厳冬の飛騨《ひだ》山脈を横断し浜松へ赴いて、家康に継戦を促した。有名な「さらさら越え」のエピソードである。しかし、説得は不調に終わり、翌年には秀吉自らが率いた軍団に富山城を攻められ、降伏する。所領を没収され、以後秀吉に御伽衆《おとぎしゅう》として仕えた。

天正十五年の九州征伐での軍功によって、肥後《ひご》一国を与えられ、大名に返り咲いた。しかし、検地をめぐって起こった国人一揆を鎮められず、その責任を問われ、切腹を命じられた。享年については、五十歳から七十三歳まで諸説ある。

茶の湯に関しては、津田宗及《そうぎゅう》が大坂で開いた茶会に、前田玄以とともに招かれている。玄以とは、互いの正室が姉妹であるという関係であった。

師匠 千利休

芝山宗綱《しばやまむねつな》（監物《けんもつ》）

茶人度 ★★★
名物数 ★☆☆

生没年 不詳
別諱 俊一　**通称** 源内
官位・官途名・受領名 監物
石高 一万石

通称の監物《けんもつ》の名で知られる。摂津《せっつ》の出身で、荒木村重(道薫《どうくん》)に従って織田信長に仕えた。村重が謀反《むほん》した際には同調せず、信長のもとに留まった。

豊臣秀吉には馬廻《うままわり》、軍目付として仕え、小田原征伐にも従軍している。後陽成《ごようぜい》天皇の聚楽第《じゅらくてい》行幸《ぎょうこう》では先導役を務め、のち御伽衆《おとぎしゅう》となっている。

宝暦年間に系図などが焼失したため、没年も享年も、また墓所も不明であるが、文禄・慶長の役の軍役にもその名が見えないことから、それ以前に没したようである。

茶人として当時から著名で、『天王寺屋会記』などに自会の記録があり、秀吉から台子点前《だいすてまえ》の伝授を受けた七人の末席に名を連ねている。また、芝山形の手水鉢《ちょうずばち》や「芝山緞子《どんす》」にその名を残している。

千利休の高弟であり、利休七哲の一人に数えられる。利休とは親しい間柄にあったらしく、現存する利休の書状の宛先で一番多いのは、古田織部《おりべ》あるいは芝山監物であるといわれている。

そのほかにも、長次郎の黒楽茶碗の中でも白眉《はくび》といわれた「雁取《がんとり》」を利休から贈られている。この名は、茶碗の返礼として監物が利休に雁を贈り、利休がそれを受けて「焼ちゃわんめが雁とらんとは」と歌に詠んだことにちなむ。

また、利休との間には、次のような逸話も伝わっている。監物は佐久間不干斎《ふかんさい》から、珠光が表具をほどこした一休の墨蹟《ぼくせき》を譲り受けるが、床の間に掛けてみたところ、長すぎて収まらない。そこで利休に表具を直してほしいと依頼するも、利休は「珠光ほどの茶人の表具に手を加えることはできない」と取り合わない。やむを得ず監物は、床の間の天井を高くして対処したという。

この一休の墨蹟であるが、徳川美術館に、家康の遺品として尾張徳川家に伝来した作が、所蔵されている。本紙だけで縦が百五十センチ近い雄大なもので、またその筆致も、粗い竹筆を用いて一気呵成《かせい》に書き下ろした、豪快なものである。これが宗綱の所持していたものと同一であるかは定かではないが、このためだけに床の天井を高くした、というのも首肯《しゅこう》できる逸品である。

島津義弘《しまづよしひろ》（惟新《いしん》）

茶人度 ★★☆
名物数 ★☆☆

生没年 一五三五〜一六一九　**前諱** 義珍
通称 又四郎　**号** 惟新斎　**法号** 自貞
官位・官途名・受領名 従四位下　兵庫頭　参議
領地 薩摩国　大隅国　**石高** 七十七万石

島津義弘は、薩・隅・日三国の太守、島津修理大夫義久の弟で、若年より、剛勇をもって知られた。天正七年（一五七九）の日向国《ひゅうがのくに》耳川の戦い、同十五年の九州の役、慶長三年（一五九八）の朝鮮泗川《サチョン》の戦い、同五年の関ヶ原合戦における義弘の武者振りは、とくに名高い。しかし、彼には、そうした武勇のほかに、文学を好み、芸能を愛するといった、ゆかしい一面があった。

島津義弘像（尚古集成館 所蔵）

義弘の秘蔵した茶入に、「平野肩衝《かたつき》」というのがあった。これは、秀吉が朝鮮の役に、薬用の虎頭を手に入れようとして、虎狩のことを義弘に依頼した。そのときの秀吉の茶の湯の席に、この肩衝があり、義弘が一目みて、これを絶賛したところが、秀吉は、「これを貴殿に進呈しよう」といった。義弘は、いくどか辞退したけれど、秀吉が聞き入れないので、ついにこれを推しいただき、島津家の宝物としたという。

また、義弘は、鶴首茶入を所持していた。これは、彼が、朝鮮までへも持参し、革の袋に入れ、腰に提げ、陣中において少し暇があれば、この茶入を用いて茶の湯を催した、ということである。

義弘は、また、茶器の製作にも趣味をもっていた。薩摩《さつま》の帖佐《ちょうさ》で、木脇久作という者に命じて、さまざまな好みの焼物を作らせ、それができあがると、気に入ったものには判を押し、それらの茶碗や茶入を薩摩の数寄者《すきしゃ》どもに与え、「気に入らぬものは打ち砕け」と命じたのである。「気に入らぬものは打ち砕け」とは、いかにも武将らしい茶器の好みであるが、そこに、幾分、利休などの烈《はげ》しい好みの影響が見られるような気がする。

文禄四年（一五九五）、義弘が朝鮮から帰朝したとき、朝鮮の星山という所に住んで陶器を作ることを生業としていた金海という者が、その家族を伴い、義弘に従って薩摩に渡来し、栗野という所で初めて瓷器《じき》（磁器）を製造してみせた。義弘は、金海の姓名を星山仲次と改めさせて、士分に加え、ついで、帖佐において、朝鮮伝法の茶入、茶壺、茶碗などを焼造させた。いわゆる古薩摩、古帖佐、御判手などという瓷器が、これである。

なお、『加治木古老物語抜書』には、義弘が愛用したという茶器の名を挙げている。それは、高麗《こうらい》・南京・古備前・古帖佐焼の茶入、水指、茶碗、芦屋釜、利休作の茶杓などが、これであるという。

義弘が、このように、茶の湯に親しみ、茶器を愛好し、茶器の製造を奨励して茶の湯の普及をはかったのには、相当のいわれがあった。彼の茶法は、利休直伝のもので、白浜角左衛門という近臣が相伴《しょうばん》弟子であった。彼が、茶の湯の法則に関して、師匠の利休に質問し、その一々に対して、利休が応答したものが、「惟新《いしん》様より利休え御尋ね之条書之写」という一書に伝わっている。「惟新様」というのは、義弘の法号である。

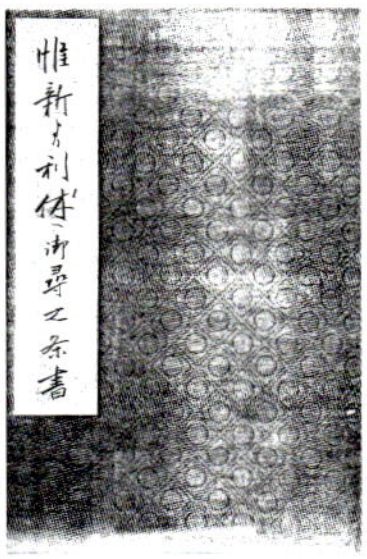

「惟新様より利休へ御尋之条書」
（鹿児島県立図書館 所蔵）

この問答書は、原本が今に伝わらず、写本ではあるが、伝来の比較的正しいもので、茶書としても、相当確実性のあるものと思われる。そして、それは、主として、客人と亭主のあいだの心得について説いたものである。

まず、義弘が「客人に対して亭主が出会う場所はどこであるか」と問うたのに対して、利休は、「それは、客人によって遠近が定まらぬ。送る場合もまた同様である」と、答えた。また、義弘の「茶の湯には、どういう履物をはいたらよかろうか」という質問に対して、利休は、「新しい裏付をはいたがよい」と、答えている。

つぎに、「客人が座敷にはいってからあとで、座敷に掛金をかけたものか、どうか」と問うたのに対して、「座敷の掛金はかけないほうがよい」と、答えている。

「茶を擂《す》るにはいつがよいか」という義弘の質問に対して、利休は、「朝茶の場合は、前の晩に擂ったのがよい。夕茶は、朝擂ったのがよいが、その場で擂ってもよい」と、答えている。

「棗《なつめ》と茶碗を勝手口から運び出す順序は」と尋ねられて、利休は、「まず棗、つぎに茶碗、というように、二回に運び出すのがよい」と、答えた。

唐物茶入「平野肩衝」
(『大正名器鑑』)

義弘の、「炭を直すには、いつがよいか。定まった時刻があるか」という質問に対して、「必ず直さなければならぬという時刻はきまっていない。湯が沸《わ》かなかったならば、いつでも直すだけのことである。また、炭を直すところを、客人が見ようとして、長居をするのは悪い。客人が座を立つまでに、亭主が炭を直せば、それを見るだけのことである」と、利休は答えている。

また、「手水《ちょうず》に湯を出すことがあろうか」という問いには、「寒天などには、提《ひさげ》などに湯をついで出すのもよい」と、答えた。

「手水を使って座敷に入ったほうがよいか」と問えば、「柄杓《ひしゃく》に定まった時は必要がない。不時の場合には、手水を使って座敷に入るのもよい」と、答えている。

「座敷に入ってからは、何から注意したらよいか」と問えば、「まず、床の間をよく見て、それから自在、釜といった具合に、段々と注意していくのがよい」と、答えた。

また、「籠《かご》の花入は、いま廃《すた》ってしまったか、また、水を打つべきか。また、地に置くべきか、ものに掛くべきか」と、尋ねたのに対して、利休は、「然《しか》るべき花籠は、当世も用いる。水など打つようなことはない。地に置いたのがよい。地に据わらない花入は、物に掛けたほうがよい」と、一々、返答している。

また、「水を打つべき道具には、どういうものがあるか、打たない道具には、どんなものがあるか」という義弘の質問に答えて、利休は、「釣瓶《つるべ》、面桶《めんつう》などは、水を打ったほうがよい。それも、座敷などが濡《ぬ》れないように、気をつけて、水を打ったほうがよい」と、答えている。

「小壺や棗などは、袋に入れたものか、どうか」と問えば、「肩衝や棗などを袋に入れるのは茶が風をひくといけないので、その用心のためだ。但《ただ》し、夏にかけては、その必要がない」と、答えている。

また、「茶碗は、何回ぐらい拭《ふ》いたほうがよろしいか」と、聞けば、「二廻し拭いても、三廻し拭いてもよい」と、いっている。

「釜を炉に釣りこむ場合は、どうしたらよいか」と問えば、「柄杓を釜にかけて、湯のなかへ柄杓の灰がかからぬ程に仕かけたのがよい」と、述べている。

「炭と釜との間は、どのくらい離れていればよいか」という質問に対して、利休は、「五分か三分くらい間のあるのがよい」と、説明している。

また、義弘が、「自在を釣る鉤《かぎ》は、どちらに向いているのがよいか。下座へ向いているのがよいか」と、質問すれば、利休は、「下座へ向いているのがよい」と答えている。

「壺の覆《おお》い、緒の切口は、どちらを向いておればよいか」との問いには、「どちらを向いていても悪くはない」と、あっさり答えている。

さらに、「釜のかけ下し方は、どうすればよいか」と問えば、「自在のときには、両方の手でつるを取り、かけ下しするが、五徳のときは、鐶《かん》を取る」と、教えている。

「床の間に道具を置くには、どうしたらよいか」と、聞けば、「茶壺や香炉は中に置き、花入や小壺などは、右の軸脇に置いたがよい」と説明している。

「客人が小壺を見る作法は、どうしたらよいか」という質問には、「壺の据えてあるのを、取り下ろしなどして見るのは悪い。そのまま見たほうがよろしい。また、亭主が下ろしたものを、客人が盆の上などへ上げるのはよくない」と、答えた。

「鎖《くさり》は、当世、廃ってしまったか」という義弘の疑問に対して、利休は、「大方、廃ったようである」と、答えている。

「炭を直してから、火箸《ひばし》の置きどころはどこか」と問えば、「自然と畳が焦《こ》げることもあるだろうから、炭入れのなかに置いたほうがよい」と、答えている。

「短檠《たんけい》や木灯台は、座敷によって変わりがあるだろうか」という義弘の尋問には、「四畳半や二畳敷の茶室では変わりがない。どれを出しても苦しくない」と、利休が答えた。

「五徳の脚の向き方は、どちらへ向いたのがいいか」という質問には、「上座へ向いているのがよい」と、教えている。

さらに、「濃茶のときの茶碗のたたきようは、夏冬によって変わりがあるか」という義弘の疑問に対して、利休は、「夏冬ともに一度に柄杓を汲み入れたのがよい。二柄杓汲み入れて、冬などは茶碗を温めるために、茶杓などを拭《ぬぐ》うことは、用に立つことだから、やったほうがよい」と、説明している。

「釣瓶水指の蓋《ふた》の取り方は、どうしたらよいか」という質問に対して、利休は、「下を上へ、仰向けに置く人もあるが、上を上へ置いたほうがよろしい」と、答えている。

「釜の蓋の取り方は」の質問には、「指二つで取るのが、見よい」と、答えた。

「客人が五、六人あるときの茶の点《た》て方は」という質問に対しては、「二服に点て、三人客で、かぶき茶にするのがよい」と、答えた。

「かぶき茶の由来は」と、尋ねたのには、「宇治の人が始めたことであって、茶をあぶったときに、細々食べて試みたので、当世に流行し、一日に何回も会席があったので、かぶき茶に用いるようになった」と、説明している。

「濃茶《こいちゃ》、薄茶《うすちゃ》の、湯の汲み方は」という質問には、「濃茶の心持であるから、底の湯を汲んだのがよい。薄茶などは、程よい頃に汲み入れるがよい。しかし、その場合、柄杓が全体にぬれないのは、よろしくない」と、教えた。

また、「柄杓に湯を汲み入れる時機はいつか」という質問には、十分に汲み入れれば危《あやう》く見えるから、七、八分ほどに汲み入れるのがよい」と、答えている。

「客人に対して点前《てまえ》を所望することがあるか、どうか」という疑問には、「師匠格の人であったならば、それもよかろうが、総じて、要らざることだ」と、答えた。

「濃茶のときに、柄杓一つ入れるのがよいか、または、残したのがよいか」と、問えば、「柄杓の柄の大小によって、汲み添えても、また、入れ残しても、見合いにより、苦しくない」と、述べている。

「小壺の口を拭いたものか、どうか」と質問すると、「茶がついたならば拭くし、つかねば、その必要はない」と、答えた。

「釜の蓋は、閉じたものか、はずしたものか」と、問えば、「湯が沸いて、ふき上がったならば少しはずし、そうでなければ、閉めきっておいたほうがよい」と、説明している。

つぎに、「茶碗を取って置いたときに、湯で注いだほうがよいか、どうか」という尋問には、「湯で注いでおいたほうがよろしい」と、答えている。

「茶たてを取って、客人の前に小壺を出す方法は」と聞けば、「炉の上下、どこへでも置くが、上のほうに置くのがよい。なぜかといえば、床の間に直すときに、物近で、都合がよいからだ」と、いっている。

「亭主が小壺を床の間に直す作法」と問えば、「四畳半の場合は、客居のほうから上げるし、二畳敷などの場合は、座が詰まっているから、主居よりそのまま上げる」と、述べている。

その他、茶碗を水翻《みずこぼし》の中に入れて取り出す方法について、利休は、「自分などは、そのようにしたことはない」と、正直に断言しているし、「釜に湯のつく分量如何《いか》がであるか」という問いに対しては、「多くついたのがよろしい」と答え、「茶碗の前のほうは定まっているか」という疑問には、「それは、定まっているわけではない。自然のままに姿を直したのがよい」と、説明し、なお、「二畳半の座敷に風炉《ふろ》を引き出して仕掛けたときに、水翻は、蓋置の前に置いたのがよい。釣台の長さは一尺五分、広さは八寸五分、厚さは四分、高さは地敷居《じしきい》から二尺四寸九分である」といった具合に、茶の湯の法式の極めて細かい部分にわたって、利休は、一々、島津義弘の質問に対して、答えている。

この条書は、残念ながら、末尾の部分が欠けており、かつ、誤字も、かなりあるように思われるが、これを見ると、薩摩武士の棟梁《とうりょう》である島津義弘が、茶の湯の稽古《けいこ》に対して、いかに熱心であったかが分かると同時に、また、利休が、これらの武将を門弟として、いかによく導き、茶法の細部にわたって懇切《こんせつ》に指導したかが、判明するのである。

島津義弘は、元和五年(一六一九)の七月二十一日、大隅《おおすみ》の加治木で病死している。享年八十五。十三人の殉死者《じゅんししゃ》があったという。

(桑田)

瀬田正忠《せたまさただ》(掃部《かもん》)

茶人度 ★★★
名物数 ★☆☆

生没年 一五四八?～一五九五
別諱 伊繁《これしげ》　**通称** 清右衛門
官位・官途名・受領名 従五位下　掃部頭
領地 近江国瀬田?

武将だが、利休七哲の一人に数えられ、「瀬田掃部《かもん》」という名乗りで知られる。

後北条氏に仕えていたという説もあるが、詳しくは不明。高山右近《うこん》の推挙により豊臣秀吉に仕え、小牧・長久手の戦いに出陣している。九州征伐や小田原征伐などにも従軍している。小田原征伐では、相模国玉縄《さがみのくにたまなわ》城に古田重然《しげなり》とともに入り、守備についた。また、後陽成《ごようぜい》天皇の聚楽第行幸《じゅらくていぎょうこう》の際に、芝山監物《けんもつ》とともに先導役を務めたとされる。しかし豊臣秀次と親しくしていたため、秀次事件に連座して処刑された。

千利休の高弟であったため、利休との逸話がいろいろと遺っている。

掃部《かもん》が所持していた極めて大振りの高麗《こうらい》平茶碗に、千利休が「湖」(琵琶湖畔《こはん》に瀬田という地名があることを踏まえている)という銘をつけ、その茶碗に合わせて櫂先《かいさき》の大きい茶杓を作り、これにも「瀬田」の銘を付けた。以来掃部は「瀬田」を手本として茶杓を削ったため、掃部作の茶杓はみな「掃部形《かもんなり》」と呼ばれる大振りのものになったという。

また、夏の点前《てまえ》で涼感を増すため「さらし茶巾《ちゃきん》」の点前を考案し、利休に賞賛されている。大振りの道具を好んだことで知られ、『南方録』で南坊宗啓から「作意が突飛過ぎる」と苦言を呈されている掃部であるが、こうした細やかな心配りができる一面も垣間《かいま》見られる。

また、正忠の粗忽《そこつ》さと武士としての面目を重んじた逸話として次のような話がある。あるとき利休を招いたが、すっかり失念してしまい、利休が訪れたときには何の仕度もしていなかった。慌てた正忠は中潜まで脇指を帯びて出迎え、丁重に詫びて引き取ってもらった。利休は穏やかに帰ったのだが、正忠は直ちに家来に命じて数寄屋を打ち壊し、「面目を失った。今後は一切茶の湯は行わない」と宣言したという。帯刀して出迎えるのは非礼、不吉とされるが、利休が立腹すれば不面目が重なることになり、そのときは自決する覚悟であったのだろう。

利休が己の体格にあわせて茶杓を短くしていたのを勘違いして、自分は大兵であるのに短い茶杓を用いて、利休に叱責されたという逸話にも通じる粗忽さだが、茶の湯の上であれ、面目を失えば腹を切るという、武士の気概を表す逸話であろう。

高山重友《たかやましげとも》（右近《うこん》）

茶人度 ★★★
名物数 ★☆☆

生没年 一五五二〜一六一五
通称 彦五郎　**号** 南坊等伯
官位・官途名・受領名 従五位下 大蔵少輔 右近允
領地 播磨国明石　**石高** 六万石

戦国末期の吉利支丹《きりしたん》大名として名高い高山右近は、摂津《せっつ》の沢城主高山飛騨守《ひだのかみ》の子である。元来、摂津国三島郡清渓の土豪の出といわれている。

天正元年（一五七三）、二十一歳のとき、父の跡を嗣いで沢から高槻《たかつき》に移り、七万石の城主となった。初め、摂津の石山本願寺に属していたらしい。右近允《うこんのじょう》と称し、名を重友とも友祥ともいったと伝えるが、天正二年三月十三日付で摂津の石山寺に与えた禁制には、「高山右近允重友」と明記しているから、重友と名のったことだけは確かだ。なお、同国の安岡寺に与えた寺領安堵状《あんどじょう》には、「高山右近允寿子」とあるが、これは、重友のキリシタンネーム「ジュスト」の宛字である。彼は、永禄六年（一五六三）、彦五郎と称した十一歳の年少で、イルマン・ロレンソについて洗礼を受けた熱烈なキリスト教信者であった。

高山右近と茶の湯に関しては、『津田宗及茶湯日記』によると、天正五年（一五七七）十二月六日、摂津尼崎城主荒木摂津守村重の朝会につづいて、高山右近の夜会が、同じ京都で開かれ、千宗易《そうえき》と津田宗及《そうぎゅう》が招かれている。

茶室には、炉に平釜を自在竹で釣るしてかけ、床に胡銅《こどう》の花入を薄板に据え、白梅を生ける、といった趣向で、茶がすすめられ、そのあとの振舞は、牛蒡《ごぼう》、菜汁、椎茸《しいたけ》の刺身、飯、芋田楽《いもでんがく》、といった質素なものであった。これは、荒木村重の朝会のあとの振舞が、三の膳まで揃《そろ》った、比較的贅沢《ぜいたく》なものであったのを聞き伝えて、わざと侘《わ》びた取り合わせに心を働かせたものらしく、右近は、二十五歳で、はや、ひとかどの茶人であったことがわかる。なお、来客に、土産《みやげ》として、摂津から届けられた雁《かり》一羽、狸《たぬき》一匹、炭十荷を進呈しているのも、面白い。

信長の死後は、秀吉に仕えたが、『津田宗及茶湯日記』を見てゆくと、右近は、天正十一年（一五八三）の閏《うるう》正月六日、朝会を開いて、津田宗及と観世宗拶《かんぜそうさつ》を招いている。茶室の炉に瓜《うり》の釜を釣り、手桶《ておけ》の水指、天目茶碗で、茶を点《た》てた。大雪の日の朝会であった。

右近は、山崎合戦・賤ヶ岳《しずがたけ》の戦いの手柄を、秀吉に賞せられ、天正十三年（一五八五）八月、播磨の明石十二万石に移封された。ところが、秀吉が、同十五年の六月、九州遠征後に、キリスト教制禁の令を発布すると、右近の茶の湯の師匠、千利休を介して、右近は、改宗を命ぜられた。しかし、右近は、これを拒絶し、明石十二万石の大封をば弊履《へいり》のように投げ捨てて、浪人となったのである。

しかし、その後ほどなく、前田利家の好意により、秀吉の許可さえ得て、知行二万余石で召し抱えられ、加賀の金沢に居住した。天正十六年（一五八八）ごろから慶長十九年（一六一四）まで、年齢でいうと、三十六の壮年から六十二の老境に至るまで、二十七年間を金沢で過ごしている。南坊《みなみのぼう》と号したのも、この頃のことである。南坊《なんぼう》と読んだのでは、同じ利休門下の南坊宗啓と混同されるおそれがある。

この間、慶長五年（一六〇〇）の八月には、天下分けめの関ヶ原合戦に先だち、前田利長・利政兄弟が、石田三成に味方した加賀の大聖寺城を攻め、城主山口宗永一族を滅ぼしたが、そのとき、高山南坊は、前田軍の参謀となって、手柄を立てた。その前年（慶長四年）に病死した前田利家が、長男の利長に与えた遺書のなかにも、「長九郎左衛門・高山南坊。世上をもせず、我等一人を守り、律義人に候間」とあるから、渡り奉公の食禄稼《しょくろくかせ》ぎなどをしない律義者として、前田家中でかなり信頼されていた人物であったことがわかる。

慶長十九年(一六一四)五月二十日に病没した加賀藩第二世の主、前田利長も、同年五月十五日付で前田家の重臣四十二人に与えた遺言状にも、「高山南坊」の名は、四番めに出ている。前田家一族と譜代の重臣を除いては、最も重用されたことがわかる。前田利長は、前に千利休、のちに古田織部《おりべ》に就いて学んだほどの茶の湯執心の数寄《すき》大名であった。

この利長と高山南坊に関して、『竹園雑記』という古書に、つぎのような興味のある逸話が載っている。

ある日、利長公が、高山南坊に茶を点てて飲ませ、茶が済んで立炭をしたのを、南坊が拝見し、「さてもさても、珍しい御作意でござる。これは、源三位《げんざんみ》頼政公の歌のこころと拝察し、感じ奉《たてまつ》る」と、申し上げた。

唐物茶入「侘助肩衝」
(『大正名器鑑』)

そこで、利長公も、ことのほか、ご機嫌であった。その後、生田四郎兵衛という者が、事のついでに、利長公へ南坊がごあいさつ申し上げた意味を、恐る恐る尋ねたところが、利長公は、「そのほうどもには合点が行くまい。南坊は、利休の七人弟子のなかでも、すぐれた茶の湯者である。源三位頼政は、後白河院の御ときの武将で、しかも、歌が上手であったが、あるとき、十文字という歌題を下されたのに対して、『曙《あけぼの》の峰にたなびく横雲の立つは炭やく煙なりけり』と、詠み奉ったので、和歌の宗匠と、おほめの言葉を後白河院から賜《たま》わったのである。

さて、この利長の、先日の立炭は、さんざんの不出来で、十文字の嫌い炭さえ見られたが、ふすべもので、どうにか、あしらっておいたのを、南坊が、あいさつに、源三位頼政の歌のこころと称して、ほめたのだ。実に数寄者というべきだ」と、語ったという。

さて、秀吉の遺策を踏襲《とうしゅう》した家康は、慶長元年(一五九六)十一月、改めてキリシタン厳禁の令を発し、国内の宣教師および信徒の一部を刑戮《けいりく》したが、同十七年三月、京都の天主教会堂を破却し、布教を禁止した。そして、その翌年(慶長十八年)の十二月十九日、高山南坊と内藤飛騨守(如安)をフィリピンの呂宋《ルソン》島に追放するという命令を出したのである。

その通達が金沢に届いたのは『駿府政事録』によれば、慶長十九年(一六一四)の正月二十六日のことであった。すなわち、同書には、「正月二十六日、松平筑前守利光使礼到来。高山右近(南之坊也)、内藤飛騨守、依レ為二伴天連宗旨一、捕レ之」と見える。これによっても、「南坊」を「南之坊《みなみのぼう》」と訓《よ》んだことがわかるであろう。

南坊は、唐丸籠《とうまるかご》に入れられて、同年三月七日、金沢を出発し、京都を経て、長崎に着き、九月二十四日、長崎港を出帆したが、八名の宣教師とともに、途中で暴風に遭《あ》い、一か月間も海上を漂流した末に、その年の暮に、ようやく呂宋島のマニラに到着している。

南坊は、そこで、フィリピン太守の優遇をうけたが、老齢の身で長旅の疲れと、慣れない熱帯気候のために、マニラ到着後、わずか四十余日で熱病に罹《かか》り、翌元和元年(一六一五)正月三日、イエス・キリストの御名を唱えながら、瞑目《めいもく》したという。享年六十三。遺骸《いがい》は耶蘇会《やそかい》聖堂に葬られたが、二十年後、改葬して、遺骨を箱に収め、コレジオの付属聖堂に安置し、その上に高山ジュストの画像が掲げられたということである。

現在、高山右近の父飛騨守の居城であった沢城趾は、近鉄の榛原《はいばら》駅で下車して、およそ八キロほど南に行った山間にある。また、右近の居た高槻城趾は、高槻市内に一基の標石として存在する。同市の郊外には、天守堂が遺っている。

キリシタン禁教のあと、高槻界隈《かいわい》に栄えた教会堂はことごとく破壊され、山へ山へと遁《のが》れていった信者たちの遺品の十字架が、近年、山間の部落から数多く発掘されている。見山村の大神家には、厨子《ずし》入りのキリスト磔刑《たっけい》像、銅版画などの遺品もある。なお、高山右近所持の「侘助肩衝《わびすけかたつき》」茶入、共筒茶杓などが金沢市にあるという。

(桑田)

師匠　千利休

滝川雄利《たきがわかつとし》

茶人度 ★☆☆
名物数 ★☆☆

生没年 一五四三～一六一〇
別諱 友足　友忠　一盛　雅利　勝雅　雄親
通称 三郎兵衛　**号** 主玄　一路
官位・官途名・受領名 従五位下　下総守　兵部少輔　刑部卿法印
領地 常陸国片野　**石高** 二万石

織田信長に仕え、信長の次男・北畠具豊《ともとよ》（後の織田信雄《のぶお》）の家老となった。

外交官としても優秀であり、小牧・長久手の戦いでは秀吉との講和交渉を担い、その後秀吉からも、御伽衆《おとぎしゅう》に任じられるなど重用される。徳川家康と秀吉の妹旭姫《あさひひめ》との婚姻をまとめ、九州征伐では荒廃した博多の復興を担う奉行に任じられた。関ヶ原の戦いでは西軍に与《くみ》して改易されたが、家康に召し出され大名となった。

茶の湯に関しては、『天王寺屋会記』に、天正十二年（一五八四）一月と十三年二月に、織田信雄とともに参会していることが記されている。天正十五年十月の『北野大茶湯之記』では「左座の方」に列席した記録がある。また、千利休とも交友した。なお、珠光が一休宗純から印可として与えられた圜悟墨蹟《えんごぼくせき》を所持した。

師匠　古田織部

竹中重利《たけなかしげとし》

茶人度 ★☆☆
名物数 ★☆☆

生没年 一五六二～一六一五
別諱 重信　重義　隆重　重隆　**通称** 源助
官位・官途名・受領名 従五位下　伊豆守
領地 豊後国府内　**石高** 二万石

戦国時代から江戸時代初期の武将。羽柴秀吉の軍師として有名な竹中半兵衛重治の甥《おい》かつ従兄弟《いとこ》にあたるが、正室が半兵衛の妹なので義弟でもある。

半兵衛に従っていたが、その死去によって秀吉の直臣となる。馬廻《うまわり》として小田原征伐などに参戦。それらの功により豊後《ぶんご》で大名に取り立てられる。文禄・慶長の役でも活躍。関ヶ原の戦いでは当初西軍に属し、瀬田橋を警備したり田辺城の攻囲に兵を出したりしたが、東軍に転じ所領を安堵《あんど》され、同じ豊後の内で府内へ加増転封となった。重利は府内城を大規模に改修するとともに城下や港湾を整備し、現在の大分市の繁栄の礎を築いた。

茶の湯は古田織部《おりべ》に学び、その高弟に数えられる。なお、重利が自会を開いたことが、『松屋会記』に記録されている。

師匠　千利休

立花宗茂《たちばなむねしげ》

茶人度 ★☆☆
名物数 ★☆☆

生没年 一五六七～一六四二
別諱 統虎　鎮虎　宗虎　正成　親成　尚政　政高　俊正　経正　信正　**号** 立斎　**通称** 弥七郎
官位・官途名・受領名 従四位下　左近将監　侍従　飛騨守
領地 筑後国柳川　**石高** 十万九千石

豊後《ぶんご》大友氏の重臣・高橋紹運《しょううん》の長男として生まれる。元服して高橋統虎《むねとら》と名乗るが、同じ大友家中の戸次鑑連《べっきあきつら》（立花道雪）から望まれ婿《むこ》養子となった。実父、養父ともに名将だったが、宗茂も初陣《ういじん》以降勇名を馳《は》せた。当時の九州は、豊

立花宗茂像
（東京大学史料編纂所所蔵模写、原本：大慈院）

後の大友氏、薩摩《さつま》の島津氏、肥前《ひぜん》の龍造寺《りゅうぞうじ》氏が覇権《はけん》を競っていたが、次第に島津家が優勢となる。この間に道雪が死去、高橋紹運も戦死する。しかし、大友宗麟《そうりん》が豊臣秀吉に助けを請い九州征伐が開始される。宗茂はこの一連の戦いで抜群の功を挙げ、柳川《やながわ》を与えられ独立した大名となった。

肥後《ひご》の国人一揆《こくじんいっき》や小田原征伐でも武功を顕《あらわ》し、文禄・慶長の役でもその勇戦ぶりは秀吉から「日本無双の勇将」と讃《たた》えられた。

関ヶ原の戦いでは西軍に参加。大津城を攻略するが本戦には参戦できなかった。船で九州に引き上げる際に、実父紹運の仇《かたき》である島津義弘を護衛している。

戦後、改易され浪人するが、やがて家康に取り立てられる。大坂の陣では秀忠の軍師を務め、その功により旧地柳川で十万石余を与えられた。関ヶ原の戦いで改易された大名で旧領を回復したのは宗茂だけである。島原の乱でも老躯《ろうく》を駆って功を立てている。江戸藩邸で没。

文武両道の名将で、連歌《れんが》・書道・茶の湯・香道・蹴鞠《けまり》・能楽など諸芸に堪能《たんのう》であったとされる。茶の湯は細川三斎が子の忠利に「数寄《すき》の事は宗茂を見習う事」と述べている。また、三斎とは道具などを貸し借りするほど親密な関係であった。晩年は、三代将軍家光の相伴衆《しょうばん》として重用され、御前での頭巾《ずきん》の着用を許されたり、肩衝《かたつき》茶入を下賜されたりしている。

伊達政宗像
（東京大学史料編纂所 所蔵模写、原本：瑞巌寺）

師匠　千利休・古田織部

伊達《だて》政宗《まさむね》

茶人度 ★★☆
名物数 ★★☆

生没年　一五六七～一六三六
通称　藤次郎
官位・官途名・受領名　従三位　陸奥守　権中納言
領地　陸奥国仙台　**石高**　百十四万石

独眼竜《どくがんりゅう》とか奥羽《おうう》の鷹《たか》とかいわれた伊達《だて》政宗は、永禄十年（一五六七）、出羽国米沢城主伊達左京大夫輝宗の長男として、米沢に生まれている。幼名梵天丸《ぼんてんまる》、長じて藤次郎と称した。「独眼竜」と呼ばれたのは、幼時、疱瘡《ほうそう》をわずらい、そのうみが右眼に入って失明し、隻眼《せきがん》となったためだといわれている。

政宗は、はやくから父輝宗に代わって戦場を疾駆《しっく》していたが、天正十二年（一五八四）十月、十八歳で家督を相続した。

同十八年、豊臣秀吉の小田原遠征にあたって、参陣を求められたが、政宗は、天下の形勢を観望して、黒川城から動こうとしなかった。

しかし、その後、小田原城が天下の大軍で包囲され、北条方の戦況が不利に陥《おちい》ったのを悟ると、五月になって漸《ようや》く小田原に参陣して、その遅参の理由を巧みに弁解し、かつ謝罪したため、秀吉の怒りを鎮め、陸奥の会津・岩瀬・安積《あさか》の三郡を没収されたほかは、その本領の大略を安堵《あんど》された。ところが、奥州に土一揆が蜂起《ほうき》し、政宗がこれを煽動《せんどう》したという嫌疑をこうむった。そこで政宗は、同十九年二月、上洛して、事情を秀吉に弁解したため、また事なきを得ている。

唐物茶入「利休物相」
（『大正名器鑑』）

秀吉の死後は、徳川氏に心を寄せ、慶長五年（一六〇〇）の七月、家康が会津の上杉景勝討伐のために関東に下向すると、政宗は上杉氏の属城を落とし、上杉軍を破っている。同八年、奥州《おうしゅう》に仙台城を築き、ここに移った。

寛永十三年（一

六三六)の五月二十四日、七十歳で病死している。

政宗は、和歌に巧みで、書をよくし、また、能楽、乱舞、茶の湯の嗜《たしな》みもあった。ことに、茶の湯は、これを利休の高弟古田織部《ふるたおりべ》に学んでいる。政宗に関する逸話のたぐいを集録した『命期集《めいごしゅう》』によれば、彼は、江戸に参勤しているときは、いうまでもないが、国もと仙台で、下々の者に茶を振舞われるときにも、その前の日から、茶室や露地《ろじ》の掃除、道具万端の用意を家臣らに命じ、夜のうちに寝所を出た。そして、

「かりそめにも、人に振舞うということならば、まず、料理を一等と心得るがよい。亭主が勝手(台所)に入って吟味《ぎんみ》もせずに、粗末な料理を客前に出し、さしあたり、虫気でもあったならば、その心痛は、どれだけであろうか、測り知れないものがある。そんなことになるくらいならば、最初から客を招待しないほうが、ましである。むかしは、何びとを招くにも、その人の好む物を、あらかじめ聞いておき、嫌いな物を除《の》けて、料理をしたから、気らくであった。ところが、近ごろでは、そのような思いやりが全くなくなってしまったため、なんとも不安である。

人は、身分の高下によらず、客を馳走《ちそう》するために、いろいろな物を沢山《たくさん》客前に出すのは、全く無意味なことだ。一種か二種か、品をととのえ、それに、ちょっとした物を添えるだけでよい。そして、亭主が自ら料理をして、盛り物ならば、そのまま座敷へ持ち出すのもよい。珍しい物をいろいろと沢山に出すよりも、このほうがはるかにましである。すずやかに、物ごとをきれいにするのが、何よりの御馳走であろう。さまざまな物を百種も千種もとりそろえ、三度も振舞うよりは、なんとも目に立たぬ物を、一種か二種ずつで、季節に合っているのが、最も好ましい」

と、述べている。

心のこもった軽い料理というのが、茶の湯の会席のこつである。 (桑田)

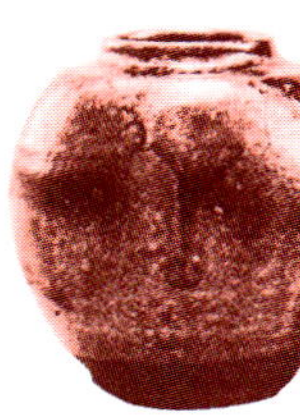

唐物茶入「堪忍肩衝」
(『大正名器鑑』)

唐物茶入「樋口(山井)肩衝」
(『大正名器鑑』)

所持した名物

- 唐物茶入「岩城文琳」
- 唐物茶入「木葉猿茄子」
- 唐物茶入「利休物相」
- 唐物茶入「堪忍肩衝」
- 唐物茶入「樋口(山井)肩衝」・「秋葉天目」
- 井戸茶碗「細川井戸」
- 釣舟花入「淡路屋舟」・虚堂墨蹟

師匠(不明)

津田信勝《つだのぶかつ》

茶人度 ★☆☆
名物数 ☆☆☆

生没年 一五三四～一五九三
別諱 信重 **通称** 四郎左衛門 **号** 盛月
官位・官途名・受領名 従五位下 左馬允 隼人正
石高 三万五千石

元は織田姓であり、信長の一族と考えられる。尾張《おわり》統一のころから信長に仕え、軍功により黒母衣衆《くろほろしゅう》に抜擢《ばってき》されたが、領地争いのため、改易のうえ織田家を追放された。

のちに「外峯」に姓を改めて羽柴秀吉に仕えた。秀吉の下に身を寄せていることが露見し、信長に切腹させられそうになったという。

小牧・長久手の戦いの功績で、「津田」姓に改め、従五位下・隼人正《はやとのかみ》に叙任された。津田姓は、織田家の支族が宗家をはばかって名乗ったものである。

その後は外交官としても活動し、徳川家康と朝日姫との婚姻や、関東の後北条氏との折衝で活躍している。文禄二年伏見で没した。享年五十八歳。

茶人でもあり、津田宗及《そうぎゅう》の茶会にたびたび招かれている。

師匠　千利休・古田織部

筒《つつ》井《い》定《さだ》次《つぐ》

茶人度 ★☆☆
名物数 ☆☆☆

生没年 一五六二～一六一五
通称 四郎 藤四郎
官位・官途名・受領名 従四位下 伊賀守 侍従
領地 伊賀国上野 **石高** 約十万石

筒井順慶の養子であり、天正十三年（一五八五）には伊賀《いが》上野に移封されたが、家臣から提訴されて改易にあい、元和元年（一六一五）には豊臣方への内通を咎《とが》められて死罪となっている。

茶人としての活動は定かではないが、伊賀上野城内に伊賀焼の窯を築いたことは、戦前の発掘調査で分かり、御庭焼の先例として評価されている。定次が支配した伊賀焼はこのほか、丸柱窯と槇山《まきやま》窯が認められている。

伊賀焼と古田織部《おりべ》との結び付きは有名で、織部が上田宗箇《そうこ》にもっとも愛する伊賀焼花入銘「生爪《なまづめ》」を贈った事跡は特筆される。伊賀焼は織部流の豪快にして奇抜な作風をもって、慶長年間にはもっとも時代の寵児《ちょうじ》となった窯であり、慶長様式の茶道具の標識にもされる。おそらく、定次と織部との間は強い紐帯《ちゅうたい》で結ばれていたことが想定される。

（矢部）

師匠　千利休・古田織部

寺《て》沢《らざわ》広《ひろ》高《たか》（志《し》摩《ま》）

茶人度 ★☆☆
名物数 ★☆☆

生没年 一五六三～一六三三
別諱 正成 定政 広忠 **通称** 忠次郎
官位・官途名・受領名 従四位下 志摩守
領地 肥前国唐津 **石高** 十二万三千石

尾張《おわり》の出身で父とともに豊臣秀吉に仕えた。文禄・慶長の役では、長崎奉行などを務め、また補給・輸送などの兵站《へいたん》部門を担当した。関ヶ原の戦いでは東軍につき、戦功により天草で加増され、唐津《からつ》城を築いて本城とした。一時キリシタンになったが、棄教し迫害に転じている。

産業育成にも熱心で、開発した新田を保護するために防風林をつくったが、いまでは虹《にじ》の松原として名勝になっている。

その謹厳な生活態度と家臣を大事にしたことから名君ともいわれたが、実情を無視した課税で、島原の乱の遠因を作ったともいわれる。

また、茶の湯に堪能《たんのう》なこともあり、唐津焼を保護した。千利休から根太《ねぶと》香合を贈られたほか、大名物「寺沢丸壺」茶入を所持していたことでも知られる。なお、広高が自会を開いたことが、『宗湛日記』に記録されている。

師匠　千利休・古田織部

藤《と》堂《うどう》高《たか》虎《とら》

茶人度 ★★☆
名物数 ★☆☆

生没年 一五五六～一六三〇
通称 与右衛門
官位・官途名・受領名 従四位下 左近衛権少将 佐渡守 和泉守
領地 伊勢国 伊賀国 **石高** 三十二万石

近江《おうみ》出身で、浅井《あざい》長政を振り出しに転々と主を替えた。流浪の末に豊臣秀吉の弟・秀長に仕え、中国攻めや賤ヶ岳《しずがたけ》の戦い、紀州《きしゅう》征伐、九州征伐などで活躍した。

関ヶ原の戦いでは東軍として参戦し、大谷吉継と激闘を演じただけでなく、調略によって

藤堂高虎像
（東京大学史料編纂所所蔵模写、原本：寒松院）

朽木《くつき》や赤座らを寝返らせている。大坂の陣でも従弟の戦死などの犠牲《ぎせい》を払って奮戦している。猛将として名高いが、築城の名手としても知られる。

その後も徳川家に重用され、譜代大名並みに遇されて、津藩初代藩主となった。家康の信頼は篤《あつ》く、その死去に際しては枕頭《ちんとう》に侍《はべ》ることを許されている。

茶の湯は千利休に学んだ。家康や秀忠の茶会に参加しているほか、秀忠の御成には常に随従した。また、自ら茶会を催すこともしばしばで、家康・秀忠に茶を点じてもいる。家康から大名物「四聖坊肩衝《ししょうぼうかたつき》」茶入と「佐伯《さえき》肩衝」茶入、秀忠からは「休務肩衝」茶入と東陽徳輝《とうようてひ》の墨蹟《ぼくせき》を賜《たまわ》っており、そのほかにも「遅桜《おそざくら》肩衝」茶入、「薩摩屋肩衝」茶入、「大島肩衝」茶入などを所持した。なお、古田織部《おりべ》没後、京都にあった織部の屋敷を拝領している。

高虎が秀長に仕えていたころ、小堀遠州《えんしゅう》も同じく秀長に仕えていたが、高虎が遠州から茶の湯の影響を受けたかどうかは定かでない。なお、高虎の子で津藩を継いだ高次は、領内で「藤堂伊賀」と呼ばれる伊賀焼を興している。

唐物茶入「遅桜肩衝」
(『大正名器鑑』)

師匠　千利休・古田織部

徳《とく》川《がわ》家《いえ》康《やす》

茶人度 ★☆☆
名物数 ★★★

生没年 一五四三〜一六一六
前諱 元信 元康　**通称** 次郎三郎
官位・官途名・受領名 従一位 三河守 征夷大将軍
石高 約七百万石

家康と茶の湯に関する逸話は、あまり見あたらない。それが、たまたまあれば、武道を高く見んがために茶事を低く見る、といったふうな、味気ない話である。

あるとき、秀吉が、御伽衆《おとぎしゅう》の大勢いるなかで、「我らが所持するなかで、天下の人々に知られた道具といえば、これ、これ……」といって、名物の名前を数えたて、さて、家康に向かい、「貴殿のほうにも定めて秘蔵の名物道具があるでござろう。その名を承りたい……」というと、家康はこれに答えて、「手前のことは、そこもとも御存じの通り、先祖以来、片田舎にばかり居住しておるので、左様な道具は何も所持しておりませぬ。されども、何事かある節に、我らに一命をくれ申すべき家来どもを、五百騎《き》ばかり持っています。されば、秘蔵の物とは、その者どものことを申すのでござる」と、述べた。これには、さすがの秀吉も挨拶《あいさつ》に当惑してしまったという。

徳川家康像(東京大学史料編纂所所蔵模写)

これは、『岩淵夜話』という古記録に見える逸話であるが、これによって考えると、家康という人は、武骨一点張で、茶の湯の趣味など全く理解しない武将であったかのように思われる。しかし、史実は、そうとも限らない。当時の日記や文書などを調べると、家康と茶の湯に関する記事も、少しは出てくるようである。

たとえば、『宗湛日記《そうたんにっき》』を見ると、文禄元年(一五九二)の三月十五日の晩に、筑前《ちくぜん》の博多で神屋宗湛の振舞があり、家康が相伴衆《しょうばんしゅう》三人とともに出席しているし、同二年の正月二十一日には、肥前《ひぜん》名護屋の本営で、家康主催の昼会が催され、神屋宗湛一人が客として招待されている。茶室は四畳半で、床《とこ》はなく、ただ、上座の壁《かべ》に竹筒に薄色の花を生けて掛け、炉には釜を五徳に据え、土の水指《みずさし》。高麗《こうらい》茶碗に道具を仕込んで、棗《なつめ》を金襴《きんらん》の袋に入れ、面桶水翻《めんつうみずこぼし》、引切蓋置《ひききりふたおき》、といった道具の取り合わせで、家康が自ら茶を点《た》てている。

なお、同年の八月六日の晩にも、名護屋城内で、家康の振舞が、数寄屋《すきや》であり、三長老と神屋宗湛がこれに招かれ、夜の更《ふ》けるころ、退出している。

なお、家康の茶会のことは、『駿府政事録《すんぷせいじろく》』によると、慶長十六年(一六一一)の十二月十四日、駿府の数寄屋に織田有楽斎《うらくさい》(長益)を招いて、茶を振舞っている。相伴は日野唯心・山名禅高などで、床に虚堂《きどう》の掛物を掛け、胡銅《こどう》の花入、「楢柴肩衝《ならしばかたつき》」茶入、「朱衣肩衝《あけごろも》」茶入といった道具で茶会を催し、家康自ら花を生けている。茶は有楽が点てた。「朱衣肩衝」茶入は薄茶器として用いた。

また、同十九年の三月二十五日にも、家康は、駿府の数寄屋で茶会を開いている。招客は、一乗院、喜多院、東北院、阿弥陀院などで、大海の茶入で茶を点てている。

なお、大坂の陣中で家康が使用したという茶道具の目録が、『木村宗右衛門先祖書』に書き伝えている。木村宗右衛門は、名を勝正といい、そのころ、淀川の過書船支配を勤めていた人物である。

これによると、家康が大坂の陣中で使った道具というのは、土風炉《どぶろ》が一つ、釜が五つ。この釜のなかで、三つは蓋があり、二つは蓋がない。それから、金の水指が一つ、焼物の油次が一つ、茶碗が十二、籠《かご》が一つ、箱入りの茶臼《ちゃうす》が一つ、炭が三本、ふくべが一つ、炭斗《すみとり》が一つ、風炉が一つ、茶弁当が一つ、行灯《あんどん》が二つ、火かきが二つ、茶壺が二つ、土ほうろくが一つ、台子《だいす》が大小二つ、あき箱が二つ、水船が一つ、長くらかけが一つ、あき具足箱が一つ、といったものである。

家康は、これらの道具を用いて、陣中においても茶の湯を催したものとみえる。いっぽうに、『駿府御譲物分配帳』に見られるような名物道具の蒐集《しゅうしゅう》ということもあったが、家康が平常使った茶道具は、概して素朴なものであり、随《したが》って、その茶会も極めて質素なものであったらしく思われる。

なお、『明良洪範』には、秀吉と家康の茶の湯に関する、つぎのような記事が見える。

秀吉が、伏見で、家康と前田利家を誘って、聚楽《じゅらく》のほうを遊覧したことがあったが、その帰途、家康の屋敷に立ち寄った。家康は美食をしたあとであったから、「お茶だけを差し上げよう」といって、自ら茶壺の口を切って、茶坊主の朱斎という者に茶を碾《ひ》かせた。すると、茶が少なくなっているので、そのわけを問うと、「水野監物《けんもつ》殿が飲んでしまわれた……」と答えた。そこで、家康は、また別の茶壺の口を切って、茶を碾かせた。

そのとき、加賀爪隼人《かがつめはやと》がいうに、「今から茶を碾かせたのでは、おそくなりましょうから、初めに碾かれた茶をお持ちなされたならばよろしかろう。茶は減っているが、太閤《たいこう》様に差し上げるには、事たりるでござろう」といった。

すると、家康がいうには、「お前は、この家康の口まねをする者であるのに、このようなことに心得がないのか。たとい、茶を出すのがおそくなって、太閤様が御不興におぼしめしても、人の飲んだ余りを差し上げる道理があろうか。そのような志では、お前の奉公の仕方も正しくはなかろう」とあって、加賀爪隼人を戒《いまし》めたという。

これは、家康の律義な人柄の一面を物語る逸話であるが、自ずから茶の湯の法式にも適ったと思われ、さすがの感がある。

つぎに、家康と会席料理に関する逸話を紹介してみよう。

徳川家康が、ある茶会の会席のとき、「御汁を二十もこしらえさせよ」というので、本多上野介正純が、「数寄向きの会席では、そんなに沢山、御汁はいりませぬ」と言上した。すると、家康は、「二十の内には、できばえのいい汁

唐物茶入「朱衣肩衝」
(『大正名器鑑』)

が、二つか、三つはあるものだ。料理に対する嗜《たしな》みがないから、そんなことをいうのだ」と、立腹し、御台所へは、「どれだけ沢山こしらえても、苦しくはない」と、伝達させたという。

この話は、日ごろ、おごりを戒め、質素倹約を主張する家康としては、矛盾《むじゅん》している感があるが、その反面に、彼が、いかに茶の湯に通達していたかを物語る。茶の湯では、もちろん、侘《わ》びを尊び、簡素を旨とするが、簡素ながらも、新鮮な味のよい物を招客に勧めるのを、会席の真意とする。

二つか三つの、うまい汁をこしらえるためには、二十くらいの汁を作るだけの手数を必要とする。それでこそ、その選ばれた二つ、三つの汁は、招客を満足させ、心からもてなすことができるのである。

（桑田）

その他の所持した名物

・唐物茶壺「捨子」・唐物茶壺「浄林」
・唐物茶壺「白雲」・唐物茶壺「虹」
・唐物茶壺「初霜」・唐物茶壺「山口」
・唐物茶壺「大般若」・唐物茶壺「田中」
・唐物茶壺「判官」・唐物茶壺「志賀」
・唐物茶入「紹鷗茄子」
・唐物茶入「利休尻膨」
・唐物茶入「初花肩衝」
・唐物茶入「新田肩衝」
・唐物茶入「安国寺肩衝」
・唐物茶入「勢高肩衝」

徳川秀忠《とくがわひでただ》

茶人度 ★★☆
名物数 ★★★

生没年　一五七九〜一六三二
官位・官途名・受領名　従一位　侍従　蔵人頭　武蔵守　右近衛権少将　参議　右近衛権中将　権中納言　権大納言　右近衛大将　内大臣　右大臣　太政大臣　**領地**（天領）　**石高**　約四百石

江戸幕府第二代征夷大将軍。徳川家康の三男だが、兄が早世、あるいは養子に出されたこともあり、後継者に指名された。小田原征伐の後、実質的な人質として大坂に送られ、元服に際し秀吉の偏諱《へんき》を受けて秀忠と名乗る。織田信雄《のぶお》の娘・小姫と結婚したが、まもなく死別あるいは離縁。これも秀吉の養女で、浅井長政とお市の方の三女の江《ごう》と結婚する。

関ヶ原の戦いでは江戸から中山道を進んだが、本戦には間に合わなかった。このことについて、従来は、戦略上重要でもない真田昌幸が守る上田城の攻略にこだわって遅参した、いわば戦略眼に欠ける凡将という評価が多かった。そのため、立腹した家康が面会をなかなか許さなかったとか、家康が後継者を誰にすべきかを重臣に諮《はか》った際に、秀忠を推す者がほとんどなかった、などといわれる。

しかし、近年の研究では、上田城攻略は既定の方針に従ったまでであること、戦略上の状況変化によって急ぎ西上するように命じた家康の使者が、川の氾濫《はんらん》などで遅れてしまったことが判明しており、戦場遅参は秀忠の責任ではないとする意見が強くなっている。

戦後、父・家康が征夷大将軍となると右近衛《うこんえの》大将《たいしょう》に任じられた。これによって徳川家による将軍世襲が確定した。二年後、家康から将軍職を譲られる。家康は大御所を名乗り実権を手放さなかったので、二元政治体制となったが大きな齟齬《そご》は生まれなかった。

徳川秀忠像（東京大学史料編纂所 所蔵模写）

唐物茶入「青山丸壺」
（『大正名器鑑』）

大坂の陣では家康とともに総大将となり豊臣氏を滅ぼした。戦後にいわゆる「武家諸法度《ぶけしょはっと》」などを制定している。家康没後は、移封・改易によって大名統制を強化し、娘・和子《まさこ》を入内《じゅだい》させるなど幕府の基礎を固めている。元和九年（一六二三）に将軍職を嫡男《ちゃくなん》・家光に譲り、家康にならって大御所政治を進め、後水尾《ごみずのお》天皇の二条城行幸《ぎょうこう》、紫衣《しえ》事件などで権威を見せつけた。孫にあたる明正天皇が即位したので、天皇家の外戚となった。

茶の湯は若年より古田織部《おりべ》に学び、慶長初年（一五九六）には織部の茶会に出席している。同十五年には江戸で織部から、台子点前《だいすてまえ》を伝授された。織部が幕命により切腹した後もその茶風を慕《した》い、自会で織部ゆかりの茶道具を用いている。

織部所持の「勢高肩衝《せいたかかたつき》」茶入をはじめとする数々の名物を所持しており、蔵品としては「鎮西」茶壺・「吉原」茶壺・「初花《はつはな》肩衝」茶入・「楢柴《ならしば》肩衝」茶入・「投頭巾《なげずきん》肩衝」茶入・「円座肩衝」茶入・「木丸肩衝」茶入・「利休尻膨《しりぶくら》」茶入・「青山丸壺」茶入・「鶴の一声」花入・「松本」茶杓・「二尊院」茶杓・圜悟《えんご》墨蹟《ぼくせき》・古林清茂《くりんせいむ》墨蹟・北磵《ほくかん》墨蹟・一休墨蹟などが挙げられる。

また、将軍家が大名家の屋敷を訪れる、いわゆる「御成《おなり》」に茶の湯の供応を取り入れたとされる。晩年は、江戸城西の丸に連日諸大名を招いて茶会を開くなど、茶の湯三昧《ざんまい》に過ごした。

師匠　千利休

戸田勝隆《とだかつたか》（民部《みんぶ》）

茶人度 ★☆☆
名物数 ☆☆☆

生没年 生年不詳～一五九四
別諱 氏繁 氏知 政信　**通称** 三郎四郎
官位・官途名・受領名 民部少輔
領地 伊予国大洲　**石高** 七万石

羽柴秀吉（豊臣秀吉）の古参の家臣で剛勇をもって知られる。小牧・長久手や四国攻めなどで功を挙げ、伊予《いよ》大洲を与えられた。しかし、圧政を敷いたため、大規模な一揆《いっき》を招いている。その後の九州征伐、小田原征伐にも出陣し、また方広寺の大仏建立に際しては、木材の輸送を担当した。文禄・慶長の役でも巨済島《コジェド》海戦などで活躍し、講和交渉にあたったが、病を得て帰国途中で没した。

山鹿素行の『武家事紀』によれば、子がいたが刀の扱いを誤って死んでしまった。知らせが来たときは鷹狩《たかがり》の最中だったが、「刀の扱いを間違うようでは武士として役に立たない。見るに及ばず」と言って放鷹《ほうよう》を続けたという。結局、大洲戸田家は無嗣断絶となった。

茶の湯では、千利休や津田宗及《そうぎゅう》の茶会にその名が見える。

師匠　千利休

富田信広《とみたのぶひろ》（左近《さこん》）

茶人度 ★☆☆
名物数 ★☆☆

生没年 生年不詳～一五九九　**号** 一白 水西
別諱 知信 長家　**通称** 平右衛門
官位・官途名・受領名 従五位下 左近将監
領地 伊勢国安濃津　**石高** 五万石

「富田一白」の名で知られる武将。一白は号であるが、諱《いみな》とする説もある。早くから織田信長に仕え、長島の一向一揆《いっこういっき》と戦って勇名を上げた。本能寺の変ののちは羽柴秀吉に仕え、小牧・長久手の戦いでは外交官として活動した。織田信雄《のぶお》、徳川家康との和睦《わぼく》交

富田信広像模写（原本は大徳寺三玄院所蔵）

渉で使者に立ち、その功績によって左近将監《さこんのしょうげん》に任じられた。

その後の、九州征伐、小田原征伐でも武将としてより外交官として活躍し、奥州仕置《しおき》では、伊達《だて》政宗相手に交渉した。文禄・慶長の役では前備衆として名古屋に在陣、金森長近と一度渡海している。この間に、幾度か加増を受け、最終的には伊勢国《いせのくに》安濃津《あのつ》を与えられた。秀吉没後の慶長四年（一五九九）に隠居し半年後に没した。享年は不明。

非常に重要な外交交渉をしばしば担当しており、また安濃津という水陸の交通の要衝《ようしょう》を任されたことから、秀吉の信任が相当に厚かったと思われる。

茶人としても知られ、『利休百会記』には、天正十八年（一五九〇）九月十三日に、有馬則頼や小寺休夢らとともに茶会に参加したことが記されている。また、津田宗及《そうぎゅう》の「自会記」や「他会記」、神屋宗湛《そうたん》の『宗湛日記』などにしばしばその名が見えるほか、山上宗二とも交流があった。

秀吉の没後、狩野派の絵師に依頼して、秀吉の肖像画を描かせている。現在、宇和島伊達文化保存会の所蔵品で、重要文化財に指定されている。現存する秀吉像の中で最も大きいものである。秀吉のブレーンとして有名な西笑承兌《さいしょうじょうたい》の賛があり、信広が心を込めて作らせたことがわかる。

豊臣秀次《とよとみひでつぐ》

茶人度 ★★★
名物数 ★★☆

生没年 一五六八〜一五九五
別諱 吉継　信吉　**通称** 治兵衛　次兵衛尉　孫七郎　二兵衛　**号** 道意
官位・官途名・受領名 正二位　右近衛権中将　権大納言　内大臣　関白　内覧　左大臣

豊臣秀吉の姉・瑞龍院日秀の長男。宮部継潤《けいじゅん》、三好康長（咲岩《しょうがん》）の養子となった。秀吉が天下を掌握《しょうあく》すると羽柴姓に復し、秀次を名乗った。秀吉の長男・鶴松が夭逝《ようせい》すると秀吉の養嗣子《ようしし》となり、関白に就任、秀吉の後継者として遇された。

豊臣秀次像
（東京大学史料編纂所 所蔵模写、原本：地蔵院）

しかし、秀吉に秀頼が生まれると、その翌々年、高野山に蟄居《ちっきょ》させられ切腹を命じられた。この事件では後世「殺生《せっしょう》関白」という汚名が着せられ、暴君という評価もあったが近年では否定されつつある。フロイスは「穏やかで思慮深い」と正反対の評価をしており、また、事件の際には弁護する者が相次ぎ、殉死者《じゅんししゃ》も出たことから、多くの人に慕《した》われていたと推定される。

古典籍や古筆を愛し、中尊寺の大蔵経や足利学校、金沢文庫の蔵書を蒐集《しゅうしゅう》し、藤原定家の小倉色紙《おぐらしきし》を秘蔵した。秀吉をまねて能楽にも熱心で、自ら舞うほか、謡《うたい》の注釈書『謡抄』を編纂《へんさん》させている。また、養父の三好康長の影響か、連歌会に名を連ね、亭主も務めている。

茶の湯は千利休に学んだとされ、神屋宗湛《そうたん》、津田宗及《そうぎゅう》、利休らの茶会に出席している他、秀吉から台子点前《だいすてまえ》の伝授を受けた七名に名を連ねている。利休が鷹峯《たかがみね》に建てた竹の数寄屋を気に入り、ここで利休に茶を点《た》てさせたと伝わる。

あるとき、秀次は小倉《おぐら》色紙を入手したので、四月二十一日の明け方に、利休らを招いて披露《ひろう》の茶会を開いた。数寄屋に明かりはなく、障子を開くと月の光が差して床《とこ》を照らした。そこには小倉色紙の「ただ有明の月ぞ残れる」の歌が掛けてあった。利休はこの趣向を絶賛したという。古筆愛好家であり茶人でもあった秀次の面目躍如《めんぼくやくじょ》というべき逸話である。

師匠　千利休

豊臣《とよとみ》秀長《ひでなが》

茶人度 ★★☆
名物数 ★★☆

生没年 一五四〇〜一五九一
別諱 長秀　**通称** 小一郎
官位・官途名・受領名 従二位　権大納言
領地 大和国　紀伊国　和泉国　**石高** 百十六万石

秀吉の実弟にして、秀吉の片腕のような存在であり、豊臣政権を支えた功績は大きかった。名実ともに秀吉の篤《あつ》い信頼を得、それに応える温厚篤実《とくじつ》な性格の弟であったから、全国の諸大名に頼りにされており、豊後《ぶんご》の太守大友宗麟《そうりん》が「御入魂専らに《じっこんもっぱ》」と覚悟したほどであった。

豊臣秀長像（大光院所蔵）

茶人秀長については、秀吉の陰に隠れて、鮮明ではないが、茶の湯にひとしおの興味をもち、実践したようで、茶の湯にかける秀吉の想いをよく忖度《そんたく》していた。

とくに注目される記録は、「吸い茶」と呼ばれた利休提唱の濃茶《こいちゃ》の飲み回しについて、秀吉は逸早くこれを認知していたが、秀長もすぐに実践したというものである。この吸い茶は秀吉によって天正十三年には試みられていたが、実際に吸い茶の文字が初めて史料に認められるのは、秀長が亭主を務めた茶会からである。時に天正十四年十月二十四日のことで、場所は大和郡山城で、初席は秀長自身が点前《てまえ》し、二席目は茶頭《さどう》に点前を委《ゆだ》ねている。

また、天正十五年十月に十回の予定で始まった北野大茶湯は、一日で終了してしまったが、翌日、秀長は昵懇《じっこん》の奈良衆のために茶を振る舞った。何かにつけ、心温まる振る舞いを示す秀長であった。

（矢部）

唐物茶入「薬師院肩衝」
（『大正名器鑑』）

所持した名物
・唐物茶壺「双子」・唐物茶壺「ほや」
・唐物茶壺「弥帆」・唐物茶入「薬師院肩衝」
・唐物茶入「四聖坊肩衝」・虚堂墨蹟

師匠　千利休

豊臣《とよとみ》秀保《ひでやす》

茶人度 ★☆☆
名物数 ★★☆

生没年 一五七九〜一五九五
別諱 秀俊
官位・官途名・受領名 従三位　権中納言
領地 大和国郡山　**石高** 百万石

木下弥助（三好吉房）の三男。兄に豊臣秀次、秀勝がいる。豊臣秀吉の弟で大和大納言《やまとだいなごん》と呼ばれた豊臣秀長の養嗣子《ようしし》となり家督を継いだ。

文禄の役では名護屋城に在陣、家臣であった藤堂高虎などは渡海し武功を挙げた。文禄二年には陣を払って上洛、同四年に病を得て急死した。享年十七歳。

死因については疱瘡《ほうそう》あるいは麻疹《ましん》とされるがよくわかっていない。

文禄三年に秀吉の吉野の花見に参加したことがわかっているほか、秀保が自会を開いたことが、『宗湛日記《そうたんにっき》』に記録されている。

文禄三年の三月、大坂での茶会で、客は宗湛一人である。虚堂《きどう》の墨蹟と「楢柴肩衝《ならしばかたつき》」茶入、高麗茶碗と信楽《しがらき》の水指を用いている。当時楢柴は秀吉の所有であったので借用したものか。急逝の前年で、秀保はまだ十六歳であった。

豊臣秀吉《とよとみひでよし》（羽柴）

茶人度 ★★★
名物数 ★★★

生没年 一五三七～一五九八
通称 藤吉郎
官位・官途名・受領名 従一位 筑前守 関白
太政大臣 **石高** 二百二十万石

豊臣秀吉像
（東京大学史料編纂所 所蔵模写、原本：妙興寺）

信長のあとを受けて戦国乱世を平定し日本全国を統一した豊臣秀吉の茶の湯の嗜《たしな》みについては、書くことが甚《はなは》だ多い。

秀吉が初めて茶事を見おぼえたのは、主君信長に従って上洛した翌年、つまり、永禄十二年（一五六九）和泉《いずみ》の堺の町に赴《おもむ》いて、町の茶匠、今井宗久、津田宗及《そうぎゅう》、千宗易《そうえき》などに接近したときのことと思われる。そうして、秀吉が、ひとかどの数寄者《すきしゃ》として、信長から茶会を開くことを許可されたのは、それから九年後の、天正六年（一五七八）のことらしい。

信長は、上洛後、ほどなく、名物茶器の蒐集《しゅうしゅう》に没頭し、茶の湯の妙味を理解し、茶の湯政道をとなえたが、家臣が、武事を疎《おろそ》かにして、茶の湯に耽《ふけ》ることを禁止し、ただ、戦功の著しい者に対しては、恩賞と称して、名物茶器を与え、茶会を催すことを許可したのである。これを、茶の湯免許といった。

そこで、秀吉も、播州《ばんしゅう》経略の功を賞せられ、茶会を催すことを許され、天正六年の十月十五日、播磨国《はりまのくに》の三木の付城で、口切の朝会を開いている。この日、使用された茶器のうち、乙御前《おとごぜ》の釜と月の絵の掛物とは、信長公よりの拝領品であったと、『津田宗及茶湯日記』に記してある。そのときの会席料理は、木の膳に生白鳥の汁に飯であった。これは、播州の内池へ白鳥が下りてきたのをつかまえ、生きているのを、そのまま切って、汁の身に作ったものらしい。

天正九年（一五八一）の十二月、歳暮の御礼のために、秀吉は、信長の居城安土に参上したが、そのとき、信長は、因幡《いなば》の鳥取城を落としいれた秀吉の功績をほめ、八色の名物茶器を賞賜している。それは、すでに述べたように、馬麟《ばりん》の雀《すずめ》の絵、砧青磁《きぬた》、尼崎《あまがさき》の台、珠徳の竹の茶杓、鉄羽の火筋（火箸《ひばし》）、高麗《こうらい》茶碗などの八種であった。

このとき、秀吉が受けた感激は非常なものだったらしく、信長の死後、天正十年（一五八二）の十月十八日、信長の三男織田信孝の家老に与えた長文の書状のうちに、その感懐を洩《も》らし、つぎのように述べている。

「上様（信長公）より、かさねがさねの御褒美《ほうび》、御感状に預かり、その上、但馬の金山、御茶の湯道具まで、取り揃《そろ》えて下された。茶の湯は、御政道の上から、並みなみの者には許されないことになっているが、我らには特に許可され、茶の湯を仕《つかまつ》れと、仰せ下されたことは、今生《こんじょう》、後生《ごしょう》、忘れがたきしあわせである。上様をおいて、そも、何びとが、このような恩恵を下されることかと、考えるにつけて、夜昼、涙を浮かべ、御一類の御事までかりそめには思いませぬ」と。

つぎに天正十年（一五八二）の正月十八日、播州の姫路城内で、羽柴筑前守《ちくぜんのかみ》秀吉の茶会が催されたが、会席料理は、鱒《ます》の焼物、生白鳥の汁。二の膳は鯉《こい》の刺身、生貝のあえもの、煎酒《いりざけ》、といった質素なものであった。

亡君信長に代わって、中央政権を掌握してからの秀吉は、いよいよ、茶の湯政道の方針をつらぬき、かつ、数寄者としての面目を遺憾《いかん》なく発揮している。

まず、信長の御茶頭《さどう》をつとめていた堺の今井宗久・津田宗及・千宗易の三人に山上宗二・

重宗甫《じゅうそうほ》・住吉屋宗無・万代屋《もずや》宗安・千紹安（道安）の五人を加え、この八人を御茶頭八人衆とさだめた。山上宗二は、千宗易の高弟。重宗甫以下の三人は、宗易と同じく堺の茶人。千紹安は、宗易の長男であり、前妻の子である。

かくて、秀吉は、千宗易や津田宗及の指図によって、新時代にふさわしい茶室や数寄屋などを建てさせ、戦陣の余暇に、さまざまな新しい趣向をこらした茶会を催している。

山城国山崎の妙喜庵に現存する茶室待庵は、天正十年（一五八二）の六月、山崎合戦の直後、秀吉が千宗易に命じて造らせたもので、草庵式の侘《わ》びた二畳台目の茶室であり、室床《むろどこ》で、隅炉を切ったところに、特徴がある。

その翌年（天正十一年）の八月、天下統一政治の根城として、大坂城を築くと、山里丸に、幽静閑寂な山里の自然の風趣を背景として、数寄屋を営み、山里の座敷と称した。この数寄屋は、二畳敷で、床が四尺五寸、壁《かべ》は暦張。左の隅に炉を切り、そのわきに洞庫《どうこ》を設けている。また、大坂城の本丸には、有名な黄金の茶室を造らせた。これは、三畳敷の広さだが、天井、壁、柱、そのほか、明かり障子の骨まで、みな、黄金をのべて張り、障子の代わりに赤紗を貼り、畳には猩々緋《しょうじょうひ》を敷きつめ、縁は金襴《きんらん》で、目もくらむばかりであったという。この茶室で使用する茶道具もまた柄杓《ひしゃく》と茶筅竹《ちゃせんたけ》のほかは、すべて、黄金ずくめであった。

唐物茶入「新田肩衝」
（『大正名器鑑』）

ところで、ここで、ちょっと、ことわっておきたいのは、俗説によると、「この豪華な黄金の茶室は、秀吉の成金趣味から案出したもので、利休などのあずかり知らぬところであった。利休は、侘び茶に徹する立場から、これを、にがにがしく思い、否定していたに相違ない」と推測し、「そのような、秀吉と利休の思想的な対立が昂じて、利休は、秀吉に切腹を命ぜられた」とする。しかし、これは、あまりにも独断的な臆測であって、何らの実証性がない。この黄金の茶室も、おそらく、利休の指図によって出来あがったものであろう、と臆測する。黄金に対するその時代の人々の素朴なあこがれを、三畳の小座敷と小形な茶器でささやかに象徴した作意は、いかにも利休らしい。

さて、秀吉が生涯に主催した茶会で、代表的なのは、天正十三年（一五八五）の三月八日、京都の大徳寺の総見院で開かれた茶会であろう。総見院は、織田信長の菩提《ぼだい》をとむらうために大徳寺内に建てられた子院であるから、この茶会も、おそらく、亡君信長公の冥福を祈り、旧恩に報謝する主旨で、秀吉が開催したものと思われる。

ところで、この茶会の舞台となったのは、総見院の境内の十一か所に設けた、掛茶屋式の茶席であった。「中川文書」によると、その茶屋は、みな、萱《かや》ぶき屋根で、九尺二間の櫟《くぬぎ》造りである。中央に通路があって、かまどが二つずつ付いている。茶会の亭主は秀吉、御茶頭は津田宗及と千利休で、各茶屋に分かれて、茶を点《た》てた。座敷には、秀吉秘蔵の名物を、それぞれ飾りつけた。まず一番に大徳寺の和尚《おしょう》らに拝見させ、二番に斯波《しば》三松（義銀《よしかね》）のような、いわれのある浪人衆に見せ、三番目には、堺の名物持ちの茶人らに拝見させる、といった順序である。当日、御茶を賜《たま》わった者は百四十三人の多きに達したという。そして、このときの触れ書には、「ただし、侘び者でもかまわぬから、道具を持って上洛し、自分も茶の湯の席を構え、人の名物茶器も見てよい」と、あった。

秀吉は、この年（天正十三年）の三月、紀州の根来・雑賀一揆《さいかいっき》を討ち、七月、関白に任官した。その前後に、四国を平定し、越中に出馬して、富山城主の佐々成政を降したが、翌天正十四年の十月から九州の経略に着手した。しかし、薩摩《さつま》の島津義久・義弘が屈服しないので、同十五年、秀吉自ら大軍を率いて九州に遠征し、島津軍を討伐して、これを降参させた。その帰途、筑前の博多に二旬《じゅん》ほど逗留《とうりゅう》し、そこで戦後の経営を行ったり、キリスト教制禁の政令を公布したりしたが、博多の豪商として名高い神屋宗湛《そうたん》の日記、すなわち、『宗湛日記』によれば、秀吉は、六月十九日の朝、箱崎の陣所で、神屋宗湛と島井宗室の両人を招き、つぎのような趣向で、茶会を催している。

　数寄屋は三畳敷。縁側はなくて、二枚障子に、上に揚げ窓をあけ、六尺の押し板がある。露地《ろじ》入りは、外潜《そとくぐり》をはいり、飛石を伝って行くと、箱松のもとに、立ち木をくり抜いた手水鉢《ちょうずばち》が置いてあるが、古びて苔《こけ》むし、柄杓は上に伏せている。この箱松の下を廻って行くと、数寄屋の前に、古竹で造った腰垣があり、そこに、素戸のはね木戸がある。ほのぼのと夜の明け方に、箱松の下を通り、はね木戸まで来ると、数寄屋の内から、秀吉が障子をあけて、「はいれや、はいれや」と、声高に呼んだ。まだ暗くて、座敷の内も見えないが、よく見ると、上座の押し板に墨蹟《ぼくせき》の掛物を掛けその前に桃尻の花入に尼子草を生けて、薄板の上に置いた。風炉《ふろ》の茶事で、釜は責紐《せめひも》。手水のあいだに、芋頭《いもがしら》の水指《みずさし》などを飾った。すると、秀吉が内から出てきて、「茶を飲もうか」といって、「鴫肩衝《しぎかたつき》」茶入を四方盆に据え、井戸茶碗に道具を仕込んで、お茶を点ててみせた。その後、「鴫肩衝」を手に持って、宗湛と宗室の側に寄ってきて、それを拝見させている。

　六月二十五日の朝にも、秀吉の茶会が催された。このときの数寄屋は二畳半の青萱葺《あおかやぶき》で、壁や潜戸《くぐりど》までも青萱であった。床は一畳。相伴《しょうばん》は細川幽斎である。風炉に古い真の釜。水指はなくて、床の前の風炉先に数の台を置いて、それに伊勢《いせ》天目をのせ、文琳《ぶんりん》の茶入で、茶を点てた。このように侘びた茶事であったが、関白秀吉の御座所として、錦《にしき》の褥《しとね》を布き、秀吉は、その上で御膳を食べた。秀吉の衣裳は、上に白綾《しらあや》の小袖《こそで》には桐の紋があり、肩衣《かたぎぬ》に袴《はかま》。脇指《わきざし》は鍔《つば》が黒く、縁は金であった。

　秀吉は、茶花を生けることも小器用であったとみえて、その後、まもなく、津田宗及の茶会に招かれたとき、茶事のあとで、満座のなかで、花を生けてみせた。それが、非常に見事な出来ばえであったらしく、座中の者どもが、思わず感心して、どよめいた、ということである。

　七月二日に博多を発って、海路、帰坂の途に就いた。十日、備前《びぜん》の岡山に泊り、十二日の夜に片山を出帆して、十四日、諸人歓迎のうちに大坂に凱旋《がいせん》したのであるが、この片山から大坂へ向かう船の中で、秀吉は、茶会を催している。この船中の茶事は、とくに趣《おもむき》の異なるものであったに違いない。毛利旧公爵家には、そのときに使用した茶の湯道具を、秀吉が自ら覚え書にしたものが伝わっているが、それによると、「新田肩衝」茶入、「面白肩衝」茶入、「抛頭巾《なげずきん》肩衝」茶入、「篦目《へらめ》肩衝」茶入、楊《やなぎ》の絵、墨蹟、井戸茶碗、塗天目、「尼子天目」、蕪《かぶら》なしの花入、長曽呂利《ながそろり》の花入、青磁の筒、亀（甕《かめ》）の蓋《ふた》、瀬戸水指、瓜《うり》の釜、責紐の釜、くさり、袱紗《ふくさ》の物、薄板、風炉、棚物《たなもの》などであった。

　つぎに名高いのは、天正十五年（一五八七）の十月朔日《ついたち》、京都の北野天満宮で催された大茶湯である。北野天満宮は、学芸の神として知られた菅原道真公を祭った神社だから、これは、茶の湯の発展を祈るための奉納茶会であった。

　秀吉は、九州遠征の旅から凱旋すると、程なく、天正十五年の十月朔日から向こう十日間にわたって、北野天満宮の境内で古今未曽有《みぞう》の大茶湯を催すことにし、前もって、七ヶ条の触書を公布させている。

一、北野の森で、十日間にわたって、天気次第で大茶湯を催し、関白秀吉公が大事にしている名物茶器を、残らず取り揃え、茶の湯に執心な人たちに拝見させる。

一、茶の湯に執心な者ならば、仲間でも、百姓でも、かまわぬ。茶の湯に使う道具は、釜一つでも、粗末な水指一つでも、湯呑み茶碗一つでもよい。茶を持ちあわせない者は、麦こがしでもいいから、持ってこい。

一、こんどの茶の湯の座敷は、北野の松原だから、畳二枚で用が足りる。畳のない者は稲ばき莚《むしろ》でもかまわぬ。坐る順序などは、どうでもよい。

一、日本人は、もちろん、茶の心得のある者なら、唐国の人でもいいから、やってこい。

一、遠国の者にまで見物させるために、十月一日まで日のべした次第である。

一、こんどの茶会に出かけてこないような横着者は、これからは、麦こがしを点て飲むこともならぬ。出かけてこない者のところへは、茶に呼ばれても、行くことはまかりならぬ。

一、ろくな茶道具がなくても、茶の湯に執心な者だったら、だれでもよい。どんな遠くの国の者でも、やってこい。そんな者にこそ、この秀吉が茶を点てて、飲ませてやりたい。

さて、いよいよ、その日になると、秀吉は、北野天満宮の拝殿に十二畳の座敷を拵《こしら》え、それらを三つに囲い、それぞれの座敷に、秘蔵の名物茶器を飾りつけた。唐絵、胡銅《こどう》の花入、地紋釜、侘び茶入、井戸茶碗、竹の茶杓など、時価何千貫文もするような、すばらしい道具ばかりだ。一つの囲いには、有名な黄金の茶器を飾りつけている。釜も茶碗も、みな金色にかがやき、目もさめるばかりであった。この三つの座敷にはいって、名物茶器を拝見したり、茶をいただいたりした者は、あわせて八十人に達したという。

唐物茶入「篦目肩衝」
(『大正名器鑑』)

また、これとは別に、神社の境内にも四つの茶室を建て、一番目には関白秀吉、二番目には千利休、三番目には津田宗及、四番目には今井宗久が、それぞれ御茶頭となって、茶を点てた。公家たちも、気軽な服装で、八人ずつが一組となり、秀吉の前で籤《くじ》を引き、当たった茶室に入って、茶をいただいた。

北野社の境内から、そのはずれの松原にかけても、公家、町人、百姓ら、そのほか、下々の者の建てた数寄屋、茶屋などが、ぎっしりと立ち並び、千五、六百軒に達した。秀吉は、それらの数寄屋、茶屋などを、一々、見て歩き、茶の所望もしている。美濃《みの》の一化、山科ノ貫《やましなへちかん》などという侘び茶人の存在が、秀吉に認められたのも、このときのことである。

しかし、この大茶湯は、最初の一日で、中止となった。九州の肥後《ひご》で動乱が起こったからだ。

さて、太閤《たいこう》秀吉晩年の茶会といえば、朝鮮出兵の最中、肥前《ひぜん》の名護屋城内で催した黄金の茶会、山里の数寄屋抜《ひら》きの茶事などが、注目される。

黄金の茶会と山里の数寄屋抜きの茶事は、前に大坂城内の本丸と山里丸で催されたものだが、秀吉は、名護屋出陣に際し、大坂城内にあった黄金の茶室と山里の数寄屋を分解し、船で遥々《はるばる》と肥前まで運搬させ、名護屋城内に組み立てさせ、ここで茶事を行ったのであった。

『宗湛日記』を見ると、文禄元年(一五九二)の五月二十九日、名護屋城内の黄金の座敷で茶会を催して、在陣の諸大名に茶を振舞っているし、また、十一月十七日の朝、山里の座敷抜きを行っている。なお、「有浦文書」によれば、そのころ、秀吉は、肥前の唐津に茶屋を設け、そこでも、侘びた茶の湯を催している。

さらに、秀吉は、同年(文禄元年)の十一月二十五日、書院の振舞、その他の茶事について、つぎのような定書を出したことが、「浅野家文書」によって知られる。それによると、

「何にても、汁は二椀に限る。ただし、雁《かり》・鶴・白鳥などの珍物は無用と心得よ。御参りの場合は香のもの一つ、何にても二つ、合わせて三種。自然と咄《はなし》に念が入り、長くなったならば、客人に湯漬《ゆづけ》なりとも、所望次第に出すべし。このほかに振舞ものを出したならば、以後、御成《おな》りはなされぬ。茶の湯の相伴は、亭主次第でよい。咄をする者は、秀吉の指名次第である。供の小姓や小者に至るまで、来いと命ずるまでは、参ってはならぬ。勝手に入り来たったならば、御座敷を断ち破らせられ、その者を過怠《かたい》の科《とが》に処する。ろうそくは、数寄屋に一つ、御座の間に一つ、次の間に一つ、合わせて三つ。このほかに、とぼしてはならぬ」

と、いうのである。利休の指南を受けた侘び数寄者としての秀吉の面目躍如《めんもくやくじょ》たるものがある。

秀吉は、千利休の僭上《せんじょう》を憎んで、これを処罰

したが、一時の怒りが鎮まると、そのことを後悔し、利休流の侘び茶事の趣向を慕《した》い、隠居所として築いた伏見城の構想にも、利休流の数寄屋、滝の座敷などを設け、名護屋に出陣してからも、利休の作意になる山里の数寄屋を解体して運び、名護屋城内に復元させ、そこで数寄屋披きの茶会を催したり、「利休流の趣向で茶を飲む」といってみたり、また、神屋宗湛の工夫した床飾りのことを、「利休は、このように指南しまいぞ」と、きめつけたりしている。

茶の湯に関する定書といえば、このほかにも、『茶の湯客仁次第』と題する、三箇条の定書がある。その一つは、「三月、四月、五月、六月、七月、八月、九月の七箇月は、客仁は夜のほのぼのと明ける頃、露地に入るべきである」とあり、その二つは、「十月、霜月、極月、正月、二月の五箇月は、客仁は、日の射し出した時分に座敷へ入るべきだ」とし、その三は、「かねて時分を定めたうえでは、別に呼び出しを待たなくとも、茶会に出席すべきである」とあり、「右の三箇条を固く規定する」と、書いている。秀吉の朱印が押され、宛名は「富田左近将監《さこんのしょうげん》」となっている。つまり、秀吉の御伽衆《おとぎしゅう》の一人、富田知信に与えたのだ。日付が「極月八日」となっていて、年代は明らかでないが、筆蹟などから推測して、おそらく、文禄元年ごろのものと思われる。

文禄二年(一五九三)の五月十五日には、明国の講和使節、謝用梓と徐一貫の両人が、肥前の名護屋城にやってきて、秀吉に謁見《えっけん》をもとめたので、秀吉は、徳川家康や前田利家などに命じて、大いにこれを歓待させ、二十三日に両使を引見して、厚くこれを饗応し、六月十一日には、山里の数寄屋に招いて茶を振舞っている。このときの茶の湯道具の覚書が、横浜市の「原三渓旧蔵文書」にあるが、もちろん、秀吉自筆の覚書であり、玉澗《ぎょくかん》筆「帆帰《はんき》」図、紹鷗《じょうおう》所持の曽呂利の花入、青磁の筒花入、「新田肩衝」茶入、「鴫肩衝」茶入、象牙の茶杓、台天目、瓜の釜、内赤の盆、茶巾、縁桶、胡桃《くるみ》柄杓、合子《ごうす》の水翻《みずこぼし》、蓋置などが使用されたようである。

なお、「益田鈍翁旧蔵文書」によれば、このとき、名護屋城内の黄金の座敷で、黄金の道具を使って、茶の饗応をしたことがわかる。

つぎに、関白秀吉の右筆《ゆうひつ》駒井重勝の日記として知られている『駒井日記』を見てゆくと、伏見城における秀吉晩年の茶会の有様がわかるが、ことに、『宗湛日記』に見える慶長二年(一五九七)の二月二十四日の、伏見城での秀吉の朝会は、その代表的なものであって、露地の門をくぐると、松原があり、跳ね木戸の内潜《うちくぐり》を入り、内露地をすぎて、五畳敷の数寄屋に入る趣向であり、すでに二重露地のできていたこともわかる。数寄屋内での秀吉の衣裳も、上下ともに渋紙子で、頭巾はしゅす(繻子)であった。炭斗《すみとり》は瓢《ふくべ》、香合は古い鉄のものであった。宗湛、宗仁、道哲、青木法印の四人にお茶を下された。ほのぼのと夜の明けた頃に露地を入ると、座敷の縁の口の障子を一枚あけて、秀吉が立ったまま、「入れや」といって、上の窓をあけた。そして、やがて、勝手から炭斗を持って出てき、自分で、炉のなかの様子を眺めて、「巧者」といって、感心している。それから、次の間で振舞の御馳走《ちそう》が出た。青木加賀右衛門重直(刑部卿法印《ぎょうぶきょうほういん》)が下座に坐っていた。濃茶《こいちゃ》が終わってから、「博多の者どもに城の内を見せよ。法印、案内せよや」と、秀吉がいうので、青木重直が座を立った。露地の跳木戸の本の左方に、また数寄屋があって、「この座敷で薄茶《うすちゃ》を召されよ」と、重直が案内した。松の大木の下に古い社があり、それをまわって数寄屋に入った。薄茶の点前《てまえ》は長束友阿弥であった。座敷は四畳敷。床の間に定家の色紙を掛け、白梅を生けた。その前に桃尻の花入を薄板に据えて、炉には乙御前の釜を自在で釣り、芋頭の水指、「抛頭巾」肩衝、洞庫には高麗の白茶碗に道具を仕込んで、土の水翻、引切蓋置、といった取り合わせで、茶を点てた。『宗湛日記』には、なお、このときの茶道具の一々について、細かな説明をしているが、ここでは、省略しておく。

なお、秀吉の侘び好みについて、特記しておきたいことがある。

それは、京都東山の良恩寺所蔵の手取釜に関する逸話である。天正のころ、京都の粟田口《あわたぐち》のほとりに、善輔という侘び茶人が隠棲《いんせい》していた。朝夕、茄子《なす》形の手取釜に湯を沸かし、往きかよう人に一碗の茶をすすめ、老後の楽しみとしていた。秀吉は、ふとした機会で、この善輔の話を聞き、利休に命じて、その行方を探索させたが、ついに、わからず、また、その手取釜のありかも判明しない。秀吉は、それを甚だ残念に思い、また、利休に命じて、善輔の愛用したという茄子形の釜そのままの物を造らせ、それができてくると、非常に喜び、晩年に至るまでこれを愛用した、ということである。

これが、良恩寺所蔵の茄子形手取釜に関する由緒書にしたためた逸話であって、この由緒書も、釜と同様、良恩寺に現存する。手取釜は、高さ七寸、周囲二尺一寸。鎖《くさり》と鐶《かん》が付いている。しかも、その釜には、田中兵部大輔吉政に与えた秀吉の朱印状が、添状として付いている。このほうは、縦七寸、横一尺七寸二分の大幅で、文意は、「手取釜と、釣箱に入れる鎖まで、念を入れて届けられたのは、喜ばしく存ずる。なお、山中橘内と木下半介が委《くわ》しく申し伝えるであろう」といった、すこぶる簡単なものである。日付は、「十月十一日」となっている。筆蹟その他の具合から推定して、天正十八年（一五九〇）から文禄元年（一五九二）ころのものと思われる。これによると、田中吉政が、この手取釜の製造について、秀吉から委嘱《いしょく》されたものかもしれない。ちなみに、この掛物の表装は、秀吉所用の能衣裳をもって作ったものであろうといわれる。

ただ、京都の粟田口に住む侘び茶人、善輔というのは、どうも、茶の湯の開山（開祖）といわれた珠光の高弟、粟田口善法のことと思われる。そうとすれば、この善法（善輔）というのは、東山時代の人物であって、それが、天正のころまで生きていたとは、考えられない。だから、この逸話は、秀吉が、利休から、珠光の高弟粟田口善法が茄子形の手取釜を所持していた話を聞き、それに似たものを、利休に命じて造らせた。そして、その結果、出来上がったのが、良恩寺に伝わる手取釜ではなかろうかと、推測する。それにしても、これは、秀吉の侘び好みを実証する最も確かな遺物といってよかろう、と思うのである。

（桑田）

その他の所持した名物

- 唐物茶壺「四十石」・唐物茶壺「松花」
- 唐物茶壺「捨子」・唐物茶壺「撫子」
- 唐物茶壺「沢姫」・唐物茶壺「時香」
- 唐物茶壺「浄林」・唐物茶入「紹鷗茄子」
- 唐物茶入「作物茄子」・唐物茶入「富士茄子」
- 唐物茶入「初花肩衝」・唐物茶入「楢柴肩衝」
- 唐物茶入「油屋肩衝」・唐物茶入「勢高肩衝」
- 唐物茶入「朝倉肩衝」・唐物茶入「上杉瓢箪」
- 茶碗「安井」・虚堂墨蹟
- 牧谿筆「洞庭秋月」図・玉澗筆 枯木図
- 玉澗筆 青楓図・馬麟筆 朝山図

師匠（不明）

直江兼続《なおえかねつぐ》

茶人度 ★☆☆
名物数 ☆☆☆

生没年 一五六〇～一六一九 **別諱** 重光
通称 与六 **号** 従五位下 山城守
領地 出羽国米沢 **石高** 三十万石

戦国時代から江戸時代初期の武将。上杉景勝の家臣。樋口兼豊の子。いつ頃から景勝に仕え始めたか諸説あるが、景勝の取次や奏者を勤めているのは景勝が家督を継いでからである。直江信綱が殺害されると景勝の命でその跡を継いで直江兼続となる。事実上上杉家のただ一人の執政となり、景勝を助けて家中を切り回した。

上杉家が豊臣秀吉に臣従すると山城守に任ぜられた。佐渡征伐、小田原征伐、文禄・慶長の役にも景勝に従って出陣した。慶長三年、上杉家が会津百二十万石に加増・移封されるとそのうちから米沢を与えられた。

秀吉が没すると、上杉家は台頭《たいとう》した徳川家康に標的にされるが、屈服するを潔《いさぎよ》しとしなかったため、家康は上杉征伐と称して軍を起こした。これが関ヶ原の戦いを誘発することになる。

上方で石田三成が挙兵したため、家康は反転西上した。景勝と兼続《かねつぐ》は最上義光領へ侵攻したが、関ヶ原で西軍が敗北したため、多大の犠牲《ぎせい》を払いながら会津へ撤退した。戦後、景勝とともに上洛し家康に謝罪。上杉家は兼続の所領であった米沢三十万石に減封された。

兼続は米沢城に景勝を迎え入れ、以後は徳川家と融和を図りながら内政に努めた。越後《えちご》高田築城の天下普請に参加、大坂の陣にも出陣し功を挙げた。元和五年江戸で死去。享年六十一歳。家康の腹心・本多正信の次男を養子に迎えていたが、縁組を解消していたため直江家は断絶した。大幅に減封された上杉家の財政を助けるため兼続が意図的に断絶させたともいう。

ただし、正室お船の方は、兼続の死後も景勝と、その養育を担当した嫡子定勝から尊重され、化粧料三千石が与えられていた。お船の方は再婚せず、兼続に代わって藩政に助言を与え続け、「尼将軍（北条政子）のようだ」といわれた。したがって寛永十四年のお船の方の死をもって直江家は断絶したといえる。夫婦揃って上杉家に尽くした生涯だった。

兼続は文人、蔵書家としても知られ、連歌《れんが》もよくした。兼続の蔵書である宋版『史記』などが国宝に指定されている。茶の湯に関しては、上杉家が豊臣秀吉に臣従した際に、景勝とは別に利休に招かれている。また、利休が秀吉に追放された際に、兼続は利休の京屋敷の警護を命じられている。なお、自会を開いてもおり、『宗湛日記』にそのことが記録されている。

師匠　千利休・古田織部

永井直勝《ながいなおかつ》

茶人度 ★☆☆
名物数 ★☆☆

生没年 一五六三〜一六二五
通称 伝八郎
官位・官途名・受領名 従五位下　右近大夫
領地 下総国古河　**石高** 七万二千石

徳川家康の家臣で武将。はじめ家康の嫡男・信康の家臣で、信康自刃後は一時隠棲《いんせい》したが、家康に召し出された。

小牧・長久手の戦いで、池田恒興《つねおき》を討ち取るという大功を立て、五千石を賜《たまわ》った。後年、恒興の跡を継いだ輝政と面会した際、輝政は父を討った恩賞が少ないと嘆いたという。その後も大坂の陣などで功を挙げ、最終的には下総《しもうさ》で七万石余りを得て評定衆《ひょうじょうしゅう》に列した。

茶の湯は、千利休と古田織部《おりべ》に学んだ。

関ヶ原の戦いの後、外様大名に比べて恩賞が少ないと愚痴《ぐち》をこぼす井伊直政に、直勝は「外様と譜代ではおのずと恩賞の下し方は異なる。それをわきまえて奉公すべきだ」と諫言《かんげん》した。最初は激怒したがよく考えると直勝の言うことが道理であると悟った直政は、詫びて秘蔵の文琳《ぶんりん》茶入を贈ったという。

師匠　千利休

長岡忠隆《ながおかただたか》（休《きゅう》無《む》）

茶人度 ★★☆
名物数 ★☆☆

生没年 一五八〇〜一六四六
通称 与一郎　**号** 休無
官位・官途名・受領名 従四位下　侍従
領地 （扶持米）　**石高** 三千石

細川忠興《ただおき》（三斎）の長男。関ヶ原の戦いに際し、休無の正室で前田利家の娘・千世は、姉・豪姫《ごうひめ》のいる宇喜多屋敷に避難した。

戦後、忠興がこれを咎《とが》め、忠隆に離縁を命じた。細川家と前田家の姻戚関係を警戒する徳川家康の意を汲《く》んでの処置と思われるが、忠隆はこれを拒否、忠興は忠隆を勘当《かんどう》・廃嫡《はいちゃく》した。忠隆は剃髪《ていはつ》し、千世と子を伴って蟄居《ちっきょ》した。

細川家はこの頃長岡氏を称しており、大坂の陣の後細川氏に戻しているが、忠隆は遠慮して生涯長岡を称した。後年、忠興とは和解が成立したが、細川家に戻ることはなかった。

京都では、茶の湯、歌道、能楽などを通じて公家《くげ》と親しく交わり、文化サロンの長老的存在として重んじられた。茶の湯は千利休に学び、忠興から利休所持の阿弥陀堂釜《あみだどうがま》を譲られている。

師匠　古田織部

中川《なかがわ》秀政《ひでまさ》

生没年　一五六八〜一五九二
官位・官途名・受領名　右衛門尉
領地　播磨国三木　**石高**　十三万石

茶人度 ★☆☆
名物数 ★☆☆

中川清秀の嫡男《ちゃくなん》。初め父とともに織田信長に、本能寺の変の後は羽柴秀吉に仕えた。天正十一年（一五八三）、清秀が賤ヶ岳《しずがたけ》の戦いで討死したため、秀政が家督を継ぐ。このとき、清秀の妹の婿《むこ》であった茶人・古田織部《おりべ》が、秀政の後見につくこととなった。以降、織部とともに小牧・長久手の戦いや四国征伐に従軍する。

文禄の役にも出陣し、朝鮮半島に渡ったが、鷹狩《たかがり》の最中に敵に襲撃され死亡した。これは「無覚悟」による死とみなされ、本来ならば家督相続が許されないところであったが、清秀の戦功に免じて、弟秀成の相続が許された。

豊後岡藩古田家の家譜『本家系譜』によると、同家には織部宛千利休書状が伝来し、その中で利休は、秀政の点前《てまえ》の技量について、「目を見張るほど素晴らしい」と述べているという。秀政が茶の湯について豊かな才能をもっていたことがうかがえる記述である。

師匠　千利休

中川《なかがわ》光重《みつしげ》（宗《そう》半《はん》）

生没年　一五六二〜一六一四
通称　清六郎　**号**　巨海斎　宗半
領地　越中国増山　**石高**　二万三千石

茶人度 ★★☆
名物数 ★☆☆

武将だが、茶人・中川宗半として知られる。はじめ織田信長、信忠に仕えていたが、本能寺の変の後、前田利家の娘を娶《めと》っていた縁で前田家に仕えた。佐々成政との戦いなどで軍功を顕《あらわ》し、前田家中での地位は高かった。後年、豊臣秀吉より御伽衆《おとぎしゅう》として召し抱えられるが、関ヶ原の戦いの直前に前田家に帰参。慶長十六年（一六一一）に致仕している。

茶の湯は千利休に学び、茶会記にその名が見える。前述の佐々成政との戦いが終結したころ、城の修理の課役を怠《おこた》ったとして、一時蟄居《ちっきょ》を命じられているが、茶事に忙しく職務を怠ったともいわれている。なお、「宗半肩衝《かたつき》」茶入の所持者としても有名である。

唐物茶入「宗半肩衝」
（『大正名器鑑』）

師匠　千利休

中村《なかむら》一氏《かずうじ》

生没年　生年不詳〜一六〇〇
通称　孫平次
官位・官途名・受領名　従五位下　式部少輔
領地　駿河国駿府　**石高**　十四万石

茶人度 ★☆☆
名物数 ☆☆☆

豊臣政権下で、五大老、五奉行の仲裁を行う三中老の一人。ただし三中老が実在した職制ではなかったという説もある。

羽柴秀吉に早くから仕え、秀吉が長浜城主になった際には知行を受けている。山崎の戦いや賤ヶ岳《しずがたけ》の戦いを経て、岸和田城主となる。小牧・

中村一氏像
（東京大学史料編纂所所蔵模写、原本：大龍院）

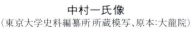

長久手の戦いの際には、秀吉不在となった大坂を守り抜き、紀州《きしゅう》征伐では主導的役割を果たした。

近江国《おうみのくに》水口へ加増移封され、小田原征伐では山中城を攻略して駿河《するが》で駿府《すんぷ》を賜《たまわ》る。これは、関東へ移された徳川家康を押さえることを期待されたものである。

関ヶ原の戦いでは東軍に与《くみ》したが、決戦の直前に病死した。嫡子《ちゃくし》・一忠らが出陣し、その功で中村家は伯耆国米子《ほうきのくによなご》で十七万石余りを領したが、その後無嗣《むし》断絶となった。

秀吉にとっては古参の家臣であるが、その出自ははっきりしない。一説に尾張中村の住人中村孫平次一政の子とされるが、もしそうなら秀吉とは同郷ということになる。

また、近江甲賀の土豪甲賀五十三家の一つ多喜(滝)家の出であるとする説もあり、さらに発展させて織田信長の重臣滝川一益と同族であるとする説もある。

家臣には、剛勇で知られた野一色助義らがいるが、そのほかに、これも剛勇で当時の名物男といわれた渡辺勘兵衛を一時召し抱えていたこともある。

茶の湯に関しては、『利休百会記』に、天正十三年(一五八五)二月十二日に一人で、また天正十八年十一月には増田長盛《ました》、蜂須賀《はちすか》家政とともに、利休の茶会に参会したことが記されている。

師匠　千利休

長束正家《なつかまさいえ》

茶人度 ★☆☆
名物数 ★☆☆

生没年 一五六二?～一六〇〇
通称 新三郎 利兵衛
官位・官途名・受領名 従四位下 大蔵大輔 侍従
領地 近江国水口　**石高** 五万石

豊臣政権下の五奉行の一人。はじめ丹羽《にわ》長秀に仕えたが、豊臣秀吉の直参《じきさん》となる。計数に明るく、豊臣政権の財政を司り、太閤検地《たいこうけんち》の実施に功があった。九州征伐、小田原征伐では兵糧奉行となり、兵站《へいたん》を担っただけでなく、現地の米を買い占め、兵糧攻めにも寄与している。文禄・慶長の役でも兵糧奉行を務め、肥前《ひぜん》名護屋に在陣した。

関ヶ原の戦いでは、石田三成とともに挙兵する。伏見城攻略戦では調略で功を挙げるが、本戦では吉川広家に牽制《けんせい》されて動けず、西軍の壊滅後に戦場を離脱。亀井茲矩《これのり》、池田長吉に捕縛され切腹させられた。

名護屋在陣中をはじめとして、多くの茶会に参加しており、伏見では神屋宗湛《そうたん》を招いて自会を開いている。なお、正家の自会の記録が『宗湛日記』に遺されている。

師匠　千利休・古田織部

鍋島直茂《なべしまなおしげ》

茶人度 ★☆☆
名物数 ☆☆☆

生没年 一五三八～一六一八　**別諱** 信生
通称 孫四郎　**官位・官途名・受領名** 従五位下 飛騨守 加賀守 左衛門大夫
領地 肥前国佐賀　**石高** 三十五万七千石

肥前《ひぜん》の佐賀藩の開祖。とくに茶人として聞こえているわけではないが、桃山時代後期の慶長年間に、茶道具作りで名を馳《は》せた唐津焼《からつやき》を主導したことで注目される武将であった。平安時代にあっては肥前在庁官人であった高木氏の系譜をひく竜造寺《りゅうぞうじ》氏の当主竜造寺隆信に仕えた被官

鍋島直茂像（公益財団法人鍋島報效会所蔵）

であったが、戦国大名となった。文禄慶長の役に際しては渡海して戦い、慶長三年（一五九八）には帰陣にあたって、かの地の陶工を連れて帰り、唐津焼の発展を計画した。その時の意図は、産業育成にあり、「日本の宝」としたいと考えたと『鍋島直茂公譜《なべしまなおしげこうふ》』は伝え、初め佐賀市金龍山に窯を開き、慶長末年に伊万里《いまり》市の藤川内に移窯したという。

『松屋会記』は慶長九年に利休の子息の道安が、唐津水指《みずさし》を使用していることを記す。

その子の勝茂（一五八〇～一六五七）は、二十三歳前後と若い慶長六年から七年辺りに、黒田如水《じょすい》（一五四六～一六〇四）に伴われて伏見の古田織部《おりべ》邸での茶会に参加している。その時、織部の口から、京都三条の陶工が佐賀に下向して焼物を修業して帰郷していること、その実例として茶碗・茶入などの話が出て、激怒して国許に「むざと（勝手に）焼き候《そうら》わぬように」と指示する手紙を送っている。

この唐津焼は、とくに美濃焼《みのやき》の志野陶《しのとう》をモデルとし、流行の茶道具を焼造して一世を風靡《ふうび》している。また世にいう朝鮮唐津は、独創的な茶道具である。このように成果を挙げながら、なぜか、江戸時代に入ると、茶道具作りは沈滞し、代わって磁器製造に成功して日常食器を中心とする染付と色絵磁器へとシフトする。この移行にあたっても、直茂と勝茂父子の意向が働いている可能性はある。

（矢部）

師匠　千利休・古田織部

南部利直《なんぶとしなお》

茶人度 ★☆☆
名物数 ★☆☆

生没年 一五七六～一六三二
別諱 晴直　**通称** 彦九郎
官位・官途名・受領名 従四位下　信濃守
領地 陸奥国盛岡　**石高** 十万石

南部家中興の祖といわれる南部信直の長男、二十八代目当主。領国経営に注力し、金山開発に成功したこともあって近世的な支配体制を確立した。

関ヶ原の戦いでは、上杉征伐に東軍として出陣するはずであったが、伊達政宗が領内で一揆《いっき》を煽動《せんどう》したため帰国し、鎮圧にあたった。大坂冬の陣にも参戦したが、一部の家臣が大坂城に入城したため、弁明に努め疑惑を晴らした。

古田織部《おりべ》の弟子であり、江戸屋敷の露地や数寄屋の建築に際してはその指示を仰ぎ、茶道具の調達を織部に依頼してもいる。また、佐竹義宣の茶会に出たいと申し入れるなど、積極的に茶を嗜《たしな》んでおり、家康から「道阿弥肩衝《どうあみかたつき》」茶入を拝領している。なお、利直が慶長年間ごろに京都から釜師《かまし》を招聘《しょうへい》したのが、盛岡の南部鉄器の起源とされる。

師匠　武野紹鷗

長谷川宗仁《はせがわそうにん》

茶人度 ★☆☆
名物数 ★☆☆

生没年 一五三九～一六〇六
通称 源三郎
官位・官途名・受領名 従五位下　刑部卿　法眼

京都の町衆である長谷川宗味《そうまい》の一族と考えられている。天正の初め頃織田信長の家臣になったとみられ、さまざまな奉行職を務めている。

本能寺の変の際には羽柴秀吉に急使を送っており、そのまま秀吉に仕えた。豊臣政権下では側近として、また外交官として活動しており、マニラを訪れたこともある。関ヶ原の戦いでは西軍につき、田辺城の攻囲に加わったが、咎《とが》められることはなかった。その後は家康に仕えた。

茶の湯は武野紹鷗《じょうおう》に学んだ。信長の催した茶会には、織田信忠や秀吉ら重臣とともに名を連ねているほか、今井宗久とも親しく、また津田宗及《そうぎゅう》の茶会にもしばしば出席している。大名物の古瀬戸肩衝茶入「長谷川肩衝《かたつき》」を所持したことでも知られる。画家としても著名で、松井友閑《ゆうかん》の茶会に絵が飾られ、また名古屋城本丸の障壁画《しょうへきが》を狩野光信とともに手掛けている。

師匠（不明）

長谷川《はせがわ》秀一《ひでかず》

茶人度 ★☆☆
名物数 ☆☆☆

生没年 生年不詳〜一五九四
別諱 貞長 **通称** 竹 竹丸 藤五郎
官位・官途名・受領名 従四位下 侍従
領地 越前国東郷 **石高** 十五万石

織田信長の小姓から豊臣政権下で大名にまでなった武士。若年より信長に小姓として仕え寵愛《ちょうあい》が深かった。そのため、本能寺の変の後まで、その名は一次史料ではすべて幼名の「竹」である。天正三年（一五七五）ごろから各種の奉行あるいは検使として、活躍していたことがわかっている。万見重元が戦死すると、安土のその屋敷に移されており、上役の死により席次が上がったと考えられる。以後は堀秀政や菅屋長頼らと一段と重要な任務に取り組んでおり、長頼、秀政のほか福富秀勝、矢部家定らとともに馬廻《うままわり》を統括する立場になっている。

本能寺の変の際は、徳川家康、穴山梅雪を堺に案内しており、梅雪は一行と別れて途中で土民に殺害されたが、家康を無事に熱田《あつた》まで送り届けている。

その後は、羽柴秀吉に従った。小牧・長久手の戦いには二千余りの兵を率いて参戦し、さらに九州征伐、小田原征伐にも従軍して功を挙げている。文禄の役では五千人を率いて渡海しているが、病を得て陣没したとされる。一説には一旦《いったん》帰国してから没したともいう。

茶の湯に関しては、家康と梅雪を堺に案内した際に、ともに津田宗及《そうぎゅう》の茶会に出席しており、また、秀吉に従ったころ、大坂で羽柴秀長、堀秀政とともに宗及の茶会に出席している。ちなみにこの茶会から藤五郎秀一を名乗っている。

『天王寺屋会記』によれば、天正九年の八月に行われた安土での御馬揃に際して、秀一は見物に来ていた宗及のもとに使者に立ち、文琳《ぶんりん》茶入の召し上げについて伝達している。「こらしめ」という語を用いているので、前年の佐久間信盛の追放に関わっての処置であったのかもしれない。

長谷川秀一像
（東京大学史料編纂所 所蔵模写、原本：崇徳寺）

師匠　千利休

蜂須賀《はちすか》家政《いえまさ》（蓬庵《ほうあん》）

茶人度 ★★☆
名物数 ★☆☆

生没年 一五五八〜一六三八 **号** 蓬庵
別諱 一茂 秋長 **通称** 彦右衛門
官位・官途名・受領名 従五位下 阿波守
領地 淡路国 阿波国 **石高** 二十五万七千石

小六の名で知られる蜂須賀《はちすか》正勝の嫡子《ちゃくし》。早くから羽柴秀吉に仕え、中国攻めには黄母衣衆《きほろしゅう》として従軍している。

本能寺の変後、山崎の戦い、賤ケ岳《しずがたけ》の戦いをはじめ秀吉に従って転戦した。四国攻めの後、その軍功に対し秀吉は父・正勝に阿波国《あわのくに》を与え

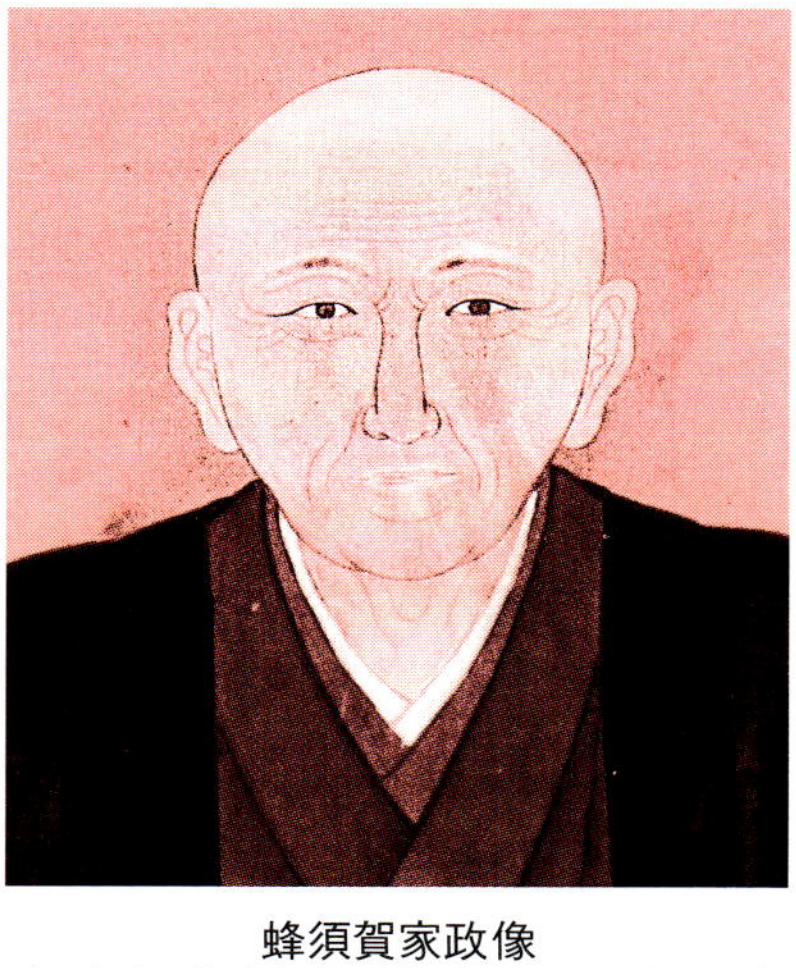

蜂須賀家政像
（中津峰山如意輪寺所蔵、徳島城博物館 提供）

ようとしたが、あくまでも秀吉に近侍したい正勝が辞退したので、家政に十八万石が与えられた。

九州征伐、小田原征伐でも功を挙げ、文禄・慶長の役でも目覚しい軍功を挙げたが、戦線の縮小を連名で上申したことで秀吉の逆鱗《げきりん》にふれ、領国での蟄居《ちっきょ》を命じられた。

秀吉が没すると徳川家康に接近し、関ヶ原の戦いでは子の至鎮《よししげ》を上杉征伐に従軍させたが、自身は親徳川の態度を西軍諸将に咎《とが》められ、剃髪《ていはつ》して高野山に上った。戦後は本領を安堵《あんど》されたが、蓬庵《ほうあん》と号して隠居した。

大坂の陣でも徳川方として行動し、至鎮の戦功で淡路国《あわじのくに》を与えられ大大名となった。至鎮が早世したので、嫡孫《ちゃくそん》・忠英を後見し、戦国生き残りの長老として三代将軍家光の傍《そば》に仕えることもあった。

千利休や津田宗及《そうぎゅう》などの茶会にしばしば参加している。利休が切腹を命じられた際に、家政が利休長男の道安を匿《かくま》い、その子孫が阿波千家として存続したという説がある。また、宇治の茶師上林春松とも交友があった。なお、名物「青木肩衝《かたつき》」茶入を所持している。

また、関ヶ原の戦いの後、浪人していた上田宗箇を客将に招いているが、茶人としても重用し、徳島城表御殿の庭園「千秋閣庭園」を造らせている。宗箇らしい豪壮な石組みの庭で、現在は国の名勝に指定されている。

師匠（不明）

蜂屋頼隆《はちやよりたか》

茶人度 ★☆☆
名物数 ★☆☆

生没年 一五三四？〜一五八九
官位・官途名・受領名 従四位下 兵庫頭 出羽守 侍従
領地 越前国敦賀 **石高** 四万石

蜂屋頼隆像
（東京大学史料編纂所所蔵模写、原本：崇徳寺）

美濃《みの》の出身で、初め土岐《とき》氏に、次いで斎藤氏に仕える。蜂屋《はちや》一族は斎藤道三と義龍の父子相克では道三に与《くみ》し、義龍の討伐を受けて美濃から亡命したとされる。

頼隆自身は尾張《おわり》へ行き織田信長に仕えた。次第に頭角を現し、姉川の戦い、一向一揆《いっこういっき》鎮圧、石山合戦など数多くの合戦に出陣し、功を挙げている。東大寺正倉院の蘭奢待《らんじゃたい》切取りに際しては奉行の一人を務めている。佐久間信盛の失脚後には和泉国《いずみのくに》の支配を任されたと思われ、岸和田城に入っている。

本能寺の変の際には、丹羽《にわ》長秀の与力《よりき》として大坂にあり、山崎の戦いにも参戦している。その後は羽柴秀吉に従い、織田信孝の岐阜城を攻めた功により、越前国敦賀《えちぜんのくにつるが》を与えられ、侍従に叙任されている。その後も越中《えっちゅう》の佐々成政征伐や九州征伐に従軍した。なお、太閤検地に反対し、秀吉に苦言を呈する書状を認《したた》めている。天正十七年（一五八九）に死去した。享年は五十六歳といわれる。

頼隆には嗣子がなく蜂屋家は断絶となった。遺領は大谷吉継が継承し、頼隆の居城であった敦賀城も改修した。同城には頼隆の手になる三層の天守があったという。

連歌《れんが》に嗜《たしな》みがあり、里村紹巴《じょうは》・昌叱《しょうしつ》らと交わった。

茶の湯に関しては、信長が堺を屈服させた永禄十二年（一五六九）に、津田宗及《そうぎゅう》が堺で開いた茶会に佐久間信盛、柴田勝家、森可成《よしなり》らと出席している。

また、天正十五年（一五八七）の『北野大茶湯之記』には、「右座之分」に羽柴出羽守殿として、頼隆の名前を確認することができる。なお名物記には、「小紫肩衝《こむらさきかたつき》」茶入および牧谿《もっけい》筆 蕪《かぶ》の絵を所持したことが記されている。

福島正則《ふくしままさのり》

茶人度　★☆☆
名物数　★☆☆

生没年　一五六一〜一六二四　**号**　高斎
官位・官途名・受領名　従三位　侍従　参議
領地　安芸国広島　**石高**　四十九万八千石

福島正則像（東京大学史料編纂所所蔵模写）

正則は、尾張の住人福島市兵衛尉正信の長男で、母は秀吉の伯母《おば》にあたると伝えている。幼時より秀吉に仕え、市松と称した。

天正十一年四月二十一日、江北賤ヶ岳の戦いには一番槍の働きがあったため、近江と河内の内で五千石を賞賜された。そして、後世、賤ヶ岳七本槍の随一と称せられたのである。秀吉の死後は、石田三成と不仲であった関係から、心を徳川家康に寄せ、慶長五年（一六〇〇）の乱には、家康から武功随一と賞せられて、安芸《あき》・備後《びんご》二か国で四十九万八千石を与えられた。

元和三年（一六一七）、広島の太田川の洪水で城の石垣が破壊したとき、正則が石垣の修理に着手させると、幕府から武家諸法度に違犯する行為として咎《とが》められた。正則は安芸・備後を没収され、信濃《しなの》の配所に六年間を過ごし、寛永元年（一六二四）の七月十三日、病死している。

正則は、酒を嗜《たしな》み、人となりが粗暴であったといわれているが、旧恩を忘れず、部下にも情が厚かったと伝えられる。彼が武骨一点張りの人でなかったことは、秀吉に仕えて検使や検地奉行をつとめたことでもわかるが、晩年、安芸・備後の領主としては、厳島《いつくしま》明神社の宝物「平家納経」の蒔絵《まきえ》唐櫃《からびつ》を造らせたり、備後畳表の産業を奨励したりしたことでもわかる。

唐物茶入「油屋肩衝」
（『大正名器鑑』）

唐物茶入「木目肩衝」
（『大正名器鑑』）

茶の湯の嗜みについては、『細川家記』に次のような逸話が見える。あるとき、正則が、細川忠興に向かって、「そこもとは、つねづね、利休のことをお慕《した》いなされると聞いているが、武勇もなく、なんとも知れない者を、どうしてそのようにお慕いなさるのか」と、問うた。すると、忠興は、「彼は名誉の者である。少しお逢《あ》いなされるように」と、答えた。そしてなおも、利休を諸大名の茶会に同伴させるのであった。そこで正則も遂《つい》に我を折り、利休について茶の湯の手ほどきを受けたが、あるとき、忠興に向かい、「そこもとが利休をお慕いなさるのも、もっともである。この正則は、いかなる強敵に立ち向かっても、聊《いささ》かも、くじけたことがない。しかし、利休に立ち向かえば、奇妙にも臆《おく》した気持になる。さても名誉の者よ」といって感歎し、利休について茶の湯を学んだというのである。

正則は、「木目《きのめ》肩《かた》衝《つき》」「油屋肩衝」などの名物茶入を秘蔵していたが、川中島の配所でも茶の湯に親しみ、富士形釜などを使用したことが、その遺品によって知られる。

（桑田）

大井戸茶碗「福島井戸」
（『大正名器鑑』）

その他の所持した名物
・大井戸茶碗「福島井戸」

師匠　千利休・古田織部

舟越景直《ふなこしかげなお》

茶人度 ★★☆
名物数 ★☆☆

生没年 一五四〇〜一六一一
通称 五郎右衛門
官位・官途名・受領名 左衛門尉
領地 播磨国明石郡 大和国宇智郡 **石高** 六千石

淡路の国人で、はじめ安宅冬康《あたぎふゆやす》に水軍の将として仕えたが、織田家に帰参し、本能寺の変の後は羽柴秀吉の直臣となった。賤ヶ岳の戦いや小牧・長久手の戦いに参戦。小田原征伐や文禄の役にも従軍している。豊臣秀次事件では連座し改易されたが、秀吉の死後、徳川家康のはからいで罪を解かれた。関ヶ原の戦いでは東軍に与《くみ》し、加増を受け旗本に列した。そのため、息子の永景（伊予《いよ》）も家康に小姓として近侍し、長じて作事奉行《さくじぶぎょう》となった。

秀吉に仕えていた時代から千利休の門下として、著名な茶会にしばしば出席した。茶人として知られ、利休のほか古田織部《おりべ》に師事した。また、茶道具に用いられる織物、名物裂《めいぶつぎれ》のひとつである舟越間道《かんとう》は、景直が用いたことに由来する。なお、景直が自会を開いたことが、『松屋会記』に記録されている。

師匠　千利休

古田重然《ふるたしげなり》（織部《おりべ》）

茶人度 ★★★
名物数 ★★☆

生没年 一五四三〜一六一五
通称 左介 **号** 印斎 宗屋
官位・官途名・受領名 織部正 従五位下 織部助
領地 山城国・大和国・丹波国の一部
石高 一万石

天文十二年（一五四三）、美濃国で、同国の小領主である古田加兵衛尉《かひょうえのじょう》重安の甥で、父は勘阿弥と称した、土岐《とき》氏の同朋衆《どうぼうしゅう》であった。諱《いみな》は重然《しげなり》、仮名は左介といった。

古田重然（織部）像（『茶之湯六宗匠伝記 三』）

古田家は斎藤道三に仕えていたが、天文二十年（一五五一）までにはその許を離れて尾張国の織田信長に仕えた。織部も尾張に移り住み、同地で重安とともに連歌を学んでいる。

永禄十一年（一五六八）、信長が上洛する。この頃、信長の命を受けて重安が長岡藤孝（細川幽斎）の与力となり、織部は藤孝の使番を務めることとなった。この経験を通して、織部は当代随一の歌人であった藤孝から薫陶を受け、連歌の技量を磨いている。

若年の織部は連歌に長じ、信長上洛以降、伯父重安や幽斎に伴われて連歌会に参加していた。元亀二年（一五七一）多聞城での松永久秀による興行や、天正二年（一五七四）および同十年の興行には、明智光秀と出座している。

織部は織田家中として数々の戦に従軍。荒木村重造反の際、村重方に与《くみ》した義兄・中川清秀の調略に成功するなどの功績をたてている。

織部は初め茶の湯を嫌っていたが、清秀から盗んだ名物釜をほめられて、茶道具の収集に興味を持つようになったという逸話がある。程なく興味の対象を茶の湯そのものにも広げた織部は、天正六年（一五七八）頃、千宗易（利休）に入門し、本格的に茶の湯を学び始める。そして宗易の下で研鑽《けんさん》を積み、「利休七哲」の一人に数えられる高弟となった。

天正十年（一五八二）に勃発《ぼっぱつ》した本能寺の変の後、織部は清秀の軍に属して山崎の戦いに加わる。同十一年の賤ヶ岳の戦いで清秀が討死し、

黒織部六波文茶碗
(古田織部美術館所蔵)

子の秀政が家督を継承すると、織部はその後見となり、十二年の小牧・長久手の戦いには、秀政後見として参戦している。

天正十三年(一五八五)に秀政後見の役を解かれた。この頃から織部正《おりべのかみ》を称するようになる。正式に従五位下織部助に叙任されたのは、文禄三年(一五九四)頃と思われる。石高は八千石であったが、関ヶ原の戦いまでに子に分知した。

その後、豊臣政権の下でも、紀州攻め、四国攻め、九州攻め、小田原攻め等に従軍した。朝鮮出兵では、肥前国名護屋城に出陣した。なお、小田原攻めの折には、師・利休も関東に赴いており、織部と複数の書簡を交わしている。

天正十九年、利休は秀吉から死を賜る。この時、堺での蟄居《ちっきょ》を命じられた利休を、織部と細川忠興(三斎)だけが見送ったという逸話(「細川忠興」の項参照)は、つとに有名である。利休没後、織部は秀吉の御咄衆《おはなししゅう》(御伽衆《おとぎしゅう》)となり、その側近くに仕えた。また、秀吉から「数寄の和尚」に任じられ、天下一の茶人の地位を獲得したのである。そして、島津義弘、毛利秀元、伊達政宗、佐竹義宣、浅野幸長などの大名に茶の湯を指導した。

関ヶ原の戦いでは徳川家康に付き、七千石を給せられた。亡父から受け継いだ三千石とあわせて一万石を領する大名となり、また豊臣家・徳川家に両属するかたちとなった。所領は南山城・東大和に所在した。江戸幕府の下では、二代将軍秀忠の茶の湯指南役に任ぜられ、大名、公家、豪商、僧侶といった、多くの人々の尊崇を集めた。

しかし、大坂夏の陣が目前に迫る慶長二十年(一六一五)、織部は茶堂木村宗喜に命じて、徳川家に対する謀叛を企む。それは、大坂での戦に備えて、家康・秀忠が京都の二条城と伏見城をそれぞれ出立した後、京中に放火し、両城に戻れない状況をつくった上で、南山城を領する織部と、大坂方の別働隊を率いる大野治房、大坂城からの出撃部隊で、家康父子を挟撃するというものであった。

この計画は事前に露見し、四月二十七日に木村宗喜が、同月三十日には織部本人が捕縛された。そして、大坂夏の陣を経た六月十一日、織部は切腹する。長男の九郎八《くろはち》は、秀頼の小姓として大坂城に籠城しており、他の子らは徳川方として討死したり戦後に切腹したりして、古田家は断絶した。秀吉に取り立てられた恩義を忘れず、豊臣家を救おうとしたがゆえの謀叛であった。織部は、道義を重んじ、信念を貫く人物だったのである。

織部は、茶人の特徴を表した狂歌に「織理屈」と詠まれたり、江戸時代初期の茶書で「茶の湯の作法・道具ともに堅い。寸法・置き場所や主客のやりとりまで細かく定めすぎて柔軟性がない」と評されたりしている。茶風には理屈っぽく堅苦しいところがあったようである。

一方、「へうけもの(剽《ひょう》げ物)」「やきそこない」と称される歪んだ沓形《くつがた》茶碗で知られる通り、独自の美意識に基づく斬新な茶道具・会席(懐石)具を次々と生み出していった。織部の好みは一世を風靡《ふうび》し、各地の陶工を指導して好みの茶陶を焼かせたのをはじめ、その監修は、鋳工・木竹工・漆工・織工、さらには建築・造園にまで及んだ。その影響力は「織部がほめたなら、もうその品物の値は論じるところではない」とさえいわれたほどである(『看羊録』)。

織部は、秀吉や家康・秀忠という天下人の茶の湯の指南を務めた。この絶大な権勢のもと、常軌を逸した織部独自の好み物を用いた茶の湯が、慶長年間に行われた。その原動力は、桃山という時代ではなく、織部個人の強烈な個性であった。そして織部没後、その好みは次第に顧みられなくなっていくのである。

(宮下)

所持した名物
- 唐物茶入「勢高肩衝」
- 瀬戸茶入「辻堂肩衝」

師匠 山上宗二

北条長綱《ほうじょうながつな》（幻庵《げんあん》）

茶人度 ★★☆
名物数 ☆☆☆

生没年 一四九三〜一五八九
通称 三郎 **号** 幻庵 宗哲
官位・官途名・受領名 駿河守
領地 相模国 武蔵国 **石高** 約七千五百石

北条早雲と駿河《するが》の有力豪族であった葛山《かつらやま》氏の娘との間に生まれた四男。後に近江・三井寺に入寺し、箱根権現《ごんげん》の四十世別当になり、天文七年（一五三八）頃まで在職した。天文十一年、玉縄《たまなわ》城主・北条為昌の死去により、三浦衆と小机《こづくえ》衆を指揮するようになる。その後、永禄十二年（一五六九）氏康の七男・三郎（後の上杉景虎）を養子に迎えて家督と小机城を譲り、隠居して幻庵宗哲と号した。

しかし、養子に迎えた三郎は上杉家に養子に出されることになり、小机城は氏康の子・氏光に、家督は孫の氏隆に継がせた。早雲から氏直までの五代すべてに仕え、家中で最大の所領を有した。

作法伝奏《てんそう》を業とした伊勢家の後継者として、文化の知識も多彩な教養人であった。とりわけ和歌への造詣《ぞうけい》の深さは当代一流であり、天文三年（一五三四）に冷泉《れいぜい》為和を招いて歌会を催し、天文五年には藤原定家の歌集『藤川百書』の相伝者である高井堯慶の所説に注釈書を著し、天正八年には板部岡江雪斎に古今伝授についての証文を与えている。

また連歌《れんが》にも長《た》けており、連歌師の宗牧とは近江《おうみ》時代から交流を持ち、天文十四年（一五四五）に小田原で宗牧と連歌会を催した。古典籍の蔵書家でもあり、藤原定家の歌集や『太平記』を所蔵していた。狩野派の絵師とも交流があった。

手先も器用であり、鞍鐙《くらあぶみ》作りの名人としても知られ、「鞍打幻庵」とも呼ばれた。他にも一節切り尺八も自ら製作し、その作り方は独特で「幻庵切り」と呼ばれている。伝説によれば、伊豆《いず》の修善寺近郊にある瀧源寺でよく一節切りを吹き、滝落としの曲を作曲したともいわれている。

北条氏康の娘が嫁ぐ際に『幻庵おほへ書』という礼儀作法の心得を記した書を記しており、幻庵が有職故実《ゆうそくこじつ》や古典的教養に通じていたことがうかがえる。

茶の湯に関しては、秀吉に追放されていた山上宗二を庇護し、学んでいた。宗二が打首になったのは、幻庵に義理立てしたためとされる。

宗二に学んだのは、長寿だった幻庵の最晩年のごく短期間であったが、それでも宗二が死を賭して義理立てしようとしたほど、その意欲と庇護の手厚さは特別なものであったのだろう。

師匠 千利休

細川忠興《ほそかわただおき》（三斎《さんさい》）

茶人度 ★★★
名物数 ★★☆

生没年 一五六三〜一六四六
通称 与一郎 **号** 三斎宗立
官位・官途名・受領名 従三位 越中守 参議
領地 豊前国中津ほか **石高** 四十万石

細川三斎。名は忠興。通称与一郎、越中守《えっちゅうのかみ》に任ぜられている。古典文学者としても名高い幽斎（藤孝）の長男である。

その三斎は、利休七哲の一人で、三斎流茶の湯の開祖としても知られているが、また、戦国武将、細川忠興の名でも通っている。天正五年

細川忠興像（宮帯文庫 所蔵）

（一五七七）、十五歳のときの初陣《ういじん》から、元和元年（一六一五）大坂夏の陣まで、三十九年のあいだ、数十度の戦いに参加した。いわゆる千軍万馬の間を往来した古強者《ふるつわもの》だが、また、智謀武略兼備の名将として、世に知られている。

弓馬の道にすぐれていたのは、もとよりのことだが、忠興はまた、和歌、連歌《れんが》、狂歌などにも巧みで、画技においては、狩野探幽も顔色《がんしょく》がなかったというし、さらに蹴鞠《けまり》は飛鳥井《あすかい》流の奥義を受け、乱舞も諸流の秘伝を会得し、刀剣や甲冑《かっちゅう》の製作にも一派を開き、衣服や器物の制度についても故実を伝えている。いわゆる万能に秀でた秀才なのだ。その点、親ゆずりともいえるだろう。とくに茶の湯は、一代の名人千利休について奥義を究《きわ》め、七哲の一に列し、自作の茶道具もすこぶる多い。

『津田宗及茶湯日記《つだそうぎゅうちゃのゆにっき》』を見ると、天正九年（一五八一）の四月十二日の朝、長岡与一郎の振舞があった、と記しているが、この長岡与一郎こそ、細川忠興のことである。人数は、明智光秀父子三人、長岡兵部大夫父子三人、紹巴《じょうは》、津田宗及、山上宗二、道是《どうぜ》の十人である。長岡兵部大夫というのは、すなわち、忠興の父細川藤孝《ふじたか》、のちの幽斎のことである。紹巴は連歌師の里村紹巴、道是は堺の茶人、平野屋道是のこと。

本膳が七色、二の膳が五色、三の膳が五色、四の膳が三色、五の膳が三色。引き物が二色。菓子と酒が出た。この朝会の席上で、亭主の忠興は、「地蔵行平」の太刀を明智光秀に進上している。細川忠興（三斎）の名前が茶会記に出てくるのは、おそらくこれが始めであろう。会席料理は、いわゆる七五三の膳で、本格的な振舞で、とくに、それからちょうど一年後に本能寺の変を起こす舅《しゅうと》の明智光秀に、「地蔵行平」の太刀《たち》を進上するなど、偶然のことではあろうが、何か印象的である。本能寺の変の直後、細川藤孝・忠興父子が光秀から味方に誘われたとき、父子はもとより、これを拒絶している。そして、忠興は、最愛の妻おたまを、一時離別している。おたまは、いうまでもなく、光秀の娘で、のちの細川ガラシャ夫人である。

天正十年（一五八二）六月二日の本能寺の変を契機として、細川父子は、主君を信長から秀吉に切りかえた。同十五年十月朔日《ついたち》の北野大茶湯には、忠興も、もちろん、連なった。来会の大名将士は三百五十余人であったといわれる。これらの人々は、北野の右近《うこん》の馬場の左右の松の下や、梅の陰や、岩のあいだに、数寄屋《すきや》を構え、関白秀吉に茶を勧めた。『細川家記』によると、この日、忠興は茶屋を影向《ようごう》の松の根もとに構え、それを「松向庵」と名づけた。忠興のことをのちに「松向寺殿」と称したいわれは、ここにある。また、一説によると、この「松向庵」という茶亭に、「松向寺」と忠興が直筆で扁額《へんがく》を掲げたともいい、そのとき、茶席に飾った道具のなかで、大耳の釜と水指《みずさし》とが、いまなお、細川旧侯爵《こうしゃく》家に伝わるという。

天正十九年（一五九一）の二月、師の利休が、秀吉のために罰せられて、堺に帰るとき、古田織部《おりべ》とともに、これを淀《よど》の渡し場まで見送ったことは、師の恩を忘れぬ美談とされているが、利休は、その死に臨み、形見として阿弥陀堂《あみだどう》釜と、今焼茶碗「鉢開《はちびらき》」、石灯籠《いしどうろう》などを、忠興に与えたという。また、利休が晩年になって、門弟たちに向かって言うには、

「我が数寄道は、細川越中守（忠興）と古田織部に残らず伝授したが、わけても、茶杓と花筒を切る法は、忠興にこれを伝えた。われ死してのちも、この道に志あらん人々は、織部と越中守に従って稽古《けいこ》すべし」と。

利休の死後、忠興は、利休の長男道安を、領国豊前《ぶぜん》に呼びよせ、御茶頭《さどう》として、これを遇し、慶長六年（一六〇一）のこと、宇佐郡水崎村で三百石の知行を与えている。

瀬戸茶入「出雲肩衝」
（『大正名器鑑』）

細川忠興が、三斎宗立と号したのは、徳川二代将軍秀忠の治世、元和五年（一六一九）である。そして、三代将軍家光の治世となった寛永九年（一六三二）、彼の嗣子《しし》細川忠利が、肥後《ひご》の隈本《くまもと》（熊本）五十四万石に転封されて以来、三斎は、肥後の八代《やつしろ》、京都、あるいは江戸にあって、風

雅の道を楽しみ、正保二年（一六四五）の十二月二日、八十三歳の高齢をもって、八代で死去している。

　なお、細川三斎が太閤《たいこう》秀吉から拝領した茶器に、「有明」茶入と「時雨《しぐれ》」茶壺がある。

　「有明」茶入は、三斎が屋敷を普請して、費用が不足したとき、金子《きんす》五十枚の質に入れてしまった。それが、かなたこなたへと伝わって、徳川家康の手に入ったのを、津田秀政という者が拝領した。三斎は、京都で秀政の茶会に呼ばれたとき、はからずもこの茶入にめぐり逢《あ》って、いなんとかしてこれを手に入れようと思って、いろいろと交渉したが、秀政は「拝領の品だから、差し上げるわけにいかない」というので、つぎの茶会の折に木下延俊と示し合わせて、これを奪って逃げ出した。秀政が三斎を追いかけて出ようとすると、中潜《なかくぐり》で、延俊が袂《たもと》をひかえたため、ついに追いつくことができず、三斎は目的を達したのである。ただし、「有明」茶入の代金として金子五百枚を秀政に遣わした。そして、「年たけて又こゆべしと思ひきや命なりけり小夜の中山」という歌の心をとって、「中山」と名をつけかえたのである。豊前国を子の忠利に譲ったときに、「中山」茶入も譲ったのであるが、その後、酒井忠勝が金子六百枚でこれを買い受けた。これは、忠利が勝手向き不如意《ふにょい》のために売り払ったのである。このことを三斎が聞いて、「忠利の茶の湯が上達した」と、語ったということである。

　「時雨」壺は、後小松天皇の御物であったのを、三条家が拝領して、その後、堺の住人、本郷四郎左衛門尉が所持していたのを、秀吉が手に入れ、細川三斎がこれを拝領し、忠利に譲ったのである。忠利はまた、遺物として、これを徳川三代将軍家光に進上している。壺の蓋《ふた》のなかに、「三条内府」の書判があったのを、削って、秀吉が判を据えたという。これは、いうまでもなく、葉茶を入れる大壺である。

　また、あるとき、細川三斎のところへ、蒲生氏郷《がもううじさと》から、善次という者が使にやってきたとき、茶を飲ませたが、相客が二人ほどあった。ところが、濃茶《こいちゃ》・薄茶《うすちゃ》ともに、かの使者が、唯一人で飲んでしまった。それを、三斎の家来の佐藤伝右衛門が、同座して見届け、三斎に告げた。そこで、三斎から氏郷へ返事を出したときに、「ただ茶のめ善次が腹のさくるまでわが湯のもとのあらんかぎりは」という狂歌一首を添えてやったという。

　さて、細川旧侯爵家に伝わる名物の茶道具のなかで、とくに三斎と関係のあるものについて、『細川家記』の所記により述べると、まず、一休和尚《おしょう》の墨蹟《ぼくせき》がある。これは、三斎が京都の亀屋栄仁から金子三十枚で買い上げたものである。そのなかの「善」という字が落ちているのを、脇に書きつけたのが「数寄の道に適っている」といって、利休がほめたという話が伝わっている。

　それから、渋団扇《しぶうちわ》がある。これには利休の文が、添え掛物として付いている。

　また、「海士《あま》の刈藻《かるも》の文」と題する利休自筆の書状がある。これはもちろん、茶掛であるが、寛文二年（一六六二）の火事で焼失してしまったという。ただし、文句だけが、『細川家記』に載っている。これは「羽与様」と宛書きにあり、「上林」茶壺について和歌のやりとりをしたものである。

　徹書記の文。これは大徳寺の清巌《せいがん》和尚が、豊前の中津に下ったとき、三斎が、「もはやお逢いすることはできなかろう」といって、進呈したものである。

　「出雲肩衝《いずもかたつき》」茶入。これは金森出雲守可重《いずものかみありしげ》が秘蔵していたのを、三斎が所望して、忠利に譲ったものである。それから、細川光尚が遺物として、「引木の鞘」茶碗といっしょに、堀田加賀守《かがのかみ》に遣わしたのが、綱利の代にまた、細川家に戻ってきたのである。

　「妻木肩衝」茶入。これは三斎が妻木吉左衛門に所望して手に入れたもので、のちに吉田の神主、神竜院兼庵に遣わしている。

　「首長」茶入。これは三斎がしばしば茶の湯の席に出し、とくに秘蔵したものであるという。

　刷毛目茶碗。これは三斎が京都で買った茶碗で、ことのほか秘蔵したが、綱利のとき、京都の町人、井上源三郎に遣わしたという。

　「引木の鞘《さや》」茶碗。これは初め利休が持っていた。それから三斎の手に入り、細川忠利から光尚に伝わったが、光尚が遺物として堀田加賀守に遣わした。加賀守から将軍家に献上し、また、本庄安芸守《あきのかみ》がそれを拝領したという。

覆輪《ふくりん》付の茶碗。信長から拝領したということで、織田常真（信長の次男信雄《のぶお》）から三斎に授けられたが、細川綱利のとき、ある人に譲り、それから落合藤助という者の手に入ったという。

「鉢開」黒茶碗。これは長次郎の今焼茶碗である。利休七種の一。利休が常々いうには、「もし、零落《れいらく》したならば、この茶碗を持って鉢を開いたがよい」とあったので、この銘が付けられたという。利休から蒲生氏郷に伝わり、氏郷から三斎の手に入った。三斎は、これを大徳寺清巌和尚に与えたという。

三島の香炉茶碗。関白豊臣秀次から三斎に遣わされて、細川家に伝わったが、惜しいことに、寛文八年（一六六八）の火災で焼失してしまった。

瀬戸の四方茶碗。これも三斎が数度茶会に出したものであるが、やはり、寛文八年の火事で焼けてしまっている。

「仏祖」茶碗。これは泰厳寺の葉屋和尚が茶会に出したのを、三斎が見て、ことのほか褒《ほ》めたので、和尚が「本当でござるか」と、問い返すと、三斎は、「仏祖をかけて見事なものだ」といったため、この銘がついた。その後、泰厳寺から細川家に献上されている。

「乙御前《おとごぜ》」黒茶碗。三斎が長次郎に命じて焼かせた今焼茶碗であり、三斎好みの一つとして、細川家に伝わった。

瀬戸継茶碗。これは南京の染付で、継ぎがある。織田有楽《うらく》の好みで、三斎が貰《もら》い受けて、秘蔵したという。

「羽与様」の利休茶杓。これは利休が最期に臨んで、遺物として三斎に与えたもの。享保二年（一七一七）の火事で焼失している。

「裏折れ」の利休茶杓。これも三斎に伝わったが、浅野采女正《うねめのかみ》へ遺物として遣わしたものである。筒に、「うらをれ候へ共、これにて候」と、利休が自筆で書いたという。のちに細川丹後守《たんごのかみ》に伝わった。

「養子」の三斎茶杓。ただし、筒は利休の作である。「家がかわりたる」という心で、この名を付けたという。木下延俊から細川丹後守へ伝えられた。

「いづも」の三斎茶杓。これは細川丹後守に伝えられた。

「ゆがみ」の利休茶杓。これは三斎から平野長泰に伝えられた。そのときの三斎の自筆の消息も細川家に伝わっている。

阿弥陀堂釜。利休が摂津《せっつ》の有馬温泉に湯治したとき、湯の山の阿弥陀堂で見つけて持って帰ったもの。その後、三斎の手に入った。三斎は、それをまた小寺休夢に遣わした。すると休夢は、「このような名物をいただいて、有難い次第でござる」と、礼をいってきた。それに対して三斎は、「そなたのような数寄者にやるのは、阿弥陀を地獄に落とすようなものだ」と、冗談をいった。その後、休夢から細川光尚の手に戻ったが、享保二年の火事で焼失したという。

瓢箪《ひょうたん》の釜。三斎好みの釜で、釜師の五郎左衛門という者に命じて作らせたもの。

芋頭水指《いもがしらみずさし》。「交趾物《こうちもの》」と、三斎が自筆でしたためた書付がある。北野大茶湯に出したという。堺の住吉屋某が持っていたのを買い上げたという。

金の大耳の水指。『山の井肩衝』茶入の相手にすべきである」といって、三斎がことのほか秘蔵して、あるときは、花入にも使った。寛文八年の火事に焼けてしまった。

飯筒の水指。千道安（利休の長男）が形見として三斎に贈ったもので、三斎も非常に大切にして、しばしば茶会に出したが、やはり、寛文八年の火事に焼けてしまった。

古瀬戸の水指。三斎が花入にもしていたが、家来の谷三郎兵衛に遣わした。それを、三郎兵衛がまた、細川丹後守に返上して、細川家に伝わったのである。

唐物茶入「利休尻膨」
（『大正名器鑑』）

金のねぶとの香合。肥前の大名、寺沢広高が、江戸から帰国しようとしたとき、三斎の所へ暇乞いに行って、この香合と火箸をふところから取り出して、「わしも、はや年をとったから、再びお目にかかることもあるまいと思うから、これを形見として進上いたす。折があったならば、これを御覧なされて、拙者のことを思い出し、愚息の兵庫頭《ひょうごのかみ》をお見捨てなきようにお願い申す」というと、三斎は、「我らこそ、貴殿より年が寄っているから、どちらが先に死ぬかも判らぬ。まず、この香合を見て、常に、利休が秘蔵したものであると思って、利休のことをいよいよ思い出すことであろうから、まず、預かっておいて、もし我らが先に死んだ場合は、お返し申そう。もしまた、あとに残ったならば、我々の子孫に伝え申そう。兵庫頭殿のことは、たといなんと仰せられなくとも、抜かりはないはずである」といって、この香合を受取り、細川丹後守に伝えたという。

「車僧」花入。これは、小田原の陣のとき、秀吉が利休に切って作らせた竹の花入で、銘を「車僧」と、利休がつけたのである。そのわけは、「浮世をばめぐらぬものを車僧のりもうるべきわけあらばこそ」という和歌の心である。それがのちに三斎の手に入り、三斎から細川忠利に伝えたものである。

亀の花入。これは筒の中に浪に亀の蒔絵《まきえ》があるもので、佐藤将監《しょうげん》の遺物として、三斎に伝わった。

「縁の下」花入。いつの茶会であったか、利休が古田織部などと寄り合って、道具を見たとき、縁の下にこれがあったのを、三斎が見つけて取り出すと、利休がことのほかそれをほめたので、さっそく、「縁の下」の花入と名づけた。寛文八年の火事に焼けている。

「柴栗《しばぐり》」茶壺。三斎の遺物として、将軍家に献上したものであるが、元来、千道安の後家から手に入れた名物であるという。

「京」壺。これは日本に二つとない、ということで、この名がついた。利休が持っていて、「もし、与一郎殿が御所望ならば遣わすが、さもなくば、打ち破って捨てよ」と、遺言したという。これも寛文八年の火事で焼けている。

「藤四郎」壺。これも三斎が秘蔵していた茶壺だが、寛文八年の火事で焼けてしまった。

「仙人」壺。初め利休が持っていたが、三斎の手に入り、稲葉丹後守に遣わした。そのわけは、そのころ上林味卜《みぼく》という宇治の茶師の茶が非常に悪いという評判で、「会津盆」という異名さえつけられていた。そこで、三斎は「いま一度だけ味卜の茶をお取りなされたい。我らの壺に詰めさせて、進じ申す」といって、この「仙人」壺に味卜の茶を詰めたまま、稲葉丹後守へ遣わしたということである。三斎の誠実さがうかがわれるではないか。

（桑田）

その他の所持した名物

・唐物茶入「利休尻膨」・墨蹟「仏照金渡」

師匠　千利休・古田織部

堀《ほり》　直政《なおまさ》

茶人度　★☆☆
名物数　☆☆☆

生没年　一五四七〜一六〇八
別諱　政次　直次　通称　三右衛門　監物

戦国時代から江戸時代初期の武将。尾張出身。奥田直純の子で、堀秀政の従兄《いとこ》にあたる。奥田直政と呼ばれることもある。秀政と同じころ織田信長に仕えたと考えられる。伊賀《いが》・伊勢《いせ》攻略で功を挙げ、本能寺の変の後は秀政とともに羽柴秀吉に従い、山崎の戦い、賤ヶ岳《しずがたけ》の戦い、小牧・長久手の戦い、四国征伐、九州征伐、小田原征伐と転戦し功を挙げた。

『寛政重修諸家譜』によれば、特に賤ヶ岳の戦いでは、柴田勝家の馬印を分捕り、また前田利家の有力家臣小塚藤右衛門を討ち取るという華々しい戦功を挙げたという。

小田原征伐のさなかに秀政が陣没すると、その遺児・秀治の家督相続に尽力した。慶長三年に、越後《えちご》の上杉景勝が会津に転封になると、そのあとに堀秀治が封じられ、直政はその家老として三条城を預かった。この国替えの際、年貢米の扱いで、上杉家の直江兼続《かねつぐ》と確執が生じた。

秀吉の死後、上杉家では浪人を雇うなど不穏な動きを見せたので、堀家ではその動静を徳川家康に訴えた。この訴えが家康の上杉征伐の契機となる。東西の手切れが確定的になると堀家内では意見百出したが、直政が東軍に与《くみ》すと主導し国論を統一した。しかし、直江兼続は故地である越後へ大勢の兵を潜伏《せんぷく》させ、堀家に対する一揆《いっき》を煽動《せんどう》した（上杉遺民一揆）。関ヶ原の戦いが東軍の勝利に終わったこともあり、直政らは苦戦の末一揆の鎮圧に成功、家康から感状を得ている。

戦後、家康が高台院のために高台寺建立《こんりゅう》を命じると、直政はその費用の半分を負担した。今も直政の木像が高台寺に安置されている。

秀治の子と徳川秀忠の養女との婚姻を調《ととの》えるなど、徳川政権下での堀家の生き残りに尽力した。終生、家老としての職責を全うし、上杉家の直江兼続、毛利家の小早川隆景と並んで、天下三陪臣《ばいしん》と呼ばれた。

山崎の合戦で明智光秀が滅び、秀政と直政が光秀の居城坂本城を攻めたとき、城を守っていた光秀の重臣・明智秀満が一族もろとも自害するにあたって、光秀秘蔵の名物などをまとめて寄せ手に引き渡したという美談が残るが、秀満が引き渡す相手に直政を名指ししている。

『宗湛日記《そうたんにっき》』によれば、肥前名護屋城で、有名な黄金の茶室を用いた会や、山里丸の竹の茶室の席抜《せきびら》きに招かれている。

堀《ほり》 秀政《ひでまさ》

生没年　一五五三〜一五九〇
通称　久太郎
官位・官途名・受領名　従四位下　侍従　左衛門督
領地　越前国北ノ庄　**石高**　十八万石

茶人度　★☆☆
名物数　★☆☆

堀秀政像（長慶寺所蔵）

若年より織田信長に小姓として仕え、十六歳頃からは信長の側近としてさまざまな奉行職を務めている。越前《えちぜん》の一向一揆《いっこういっき》討伐をはじめ、合戦にも出陣するようになり、天正伊賀《いが》の乱などでは武将としても活躍する。

本能寺の変の際には備中《びっちゅう》にいた羽柴秀吉の陣中に軍監として派遣されており、そのまま秀吉に従う。山崎の戦いでは先陣を務め、坂本城に明智秀満を滅ぼした。

清洲会議で近江《おうみ》佐和山城を与えられ、賤ヶ岳《しずがたけ》の戦いのあとの越前北ノ庄攻めや小牧・長久手の戦いなどに転戦した。

小牧・長久手の戦いでは、羽柴秀次を総大将とする三河奇襲部隊の三番隊として進軍したが、奇襲を察知した徳川家康によって迎撃された。本隊の秀次隊が壊滅し、先陣の池田恒興、森長可も戦死するなど、大敗を喫したが、秀政は慌てず、勢いに乗る家康方の榊原康政らを待ち伏せて撃退し、敗兵を収容しつつ、撤退に成功している。

紀州《きしゅう》征伐、四国平定における功績で、越前北ノ庄を与えられた。九州征伐や小田原征伐にも参戦し功を挙げたが、小田原滞陣中に病を得て急死した。享年三十八歳。

家臣の統御に優れ、何をさせてもそつなくこなして落ち度がなかったので「名人久太郎」などと呼ばれた。真偽は定かではないが、人柄を表す逸話が多く残っている。また、本項に掲げた肖像画は、秀政自筆であると伝わる。

明智光秀旧蔵の名物「坂本千鳥」砧《きぬた》青磁香炉を、秀吉から下賜されている。また、天正六年（一五七八）、信長の供として津田宗及《そうぎゅう》の茶会に参席したことや、同十一年に秀吉の茶会に随行したことが、茶会記などに記録されている。

師匠（不明）

本願寺教如《ほんがんじきょうにょ》（光寿《こうじゅ》）

茶人度 ★☆☆
名物数 ★☆☆

生没年 一五五八～一六一四
諱 光寿　**号** 信浄院

東本願寺第十二代法主。光寿は諱《いみな》で、教如は法号である。

石山合戦において、父・顕如《けんにょ》とともに石山本願寺に籠城《ろうじょう》し、織田信長と戦う。天正八年（一五八〇）に顕如が講和に応じると、それに反対して徹底抗戦を主張し、四月の顕如退城後も腹心の家臣を率いて八月まで籠城を継続した（大坂拘様《おおさかかかえざま》）。最後は力尽きて開城するが、顕如からは義絶された。

本願寺教如像（無為信寺所蔵）

その後、顕如から赦免《しゃめん》されるが、教団内には、顕如に従って石山本願寺を退去した家臣と、教如と共に籠城を続けた家臣との対立が生じていた。

顕如没後、教如は本願寺を継承した。ところが、母・如春尼《にょしゅんに》によって、顕如が記したとされる譲状が公になり、豊臣秀吉の裁定によって、教如は十年後にその地位を弟の准如《じゅんにょ》（光昭《こうしょう》）に譲ることを命じられる。しかし、これに教如の家臣が反発したことで秀吉の怒りを買い、即刻の隠居を命じられた。

秀吉の死後、徳川家康に七条烏丸の土地を寄進され、ここに堂宇《どうう》を建立《こんりゅう》し、宗主として活動する。これによって東本願寺が成立し、以後、本願寺は東西に分立して現在に至る。

千利休と親しく、徳川家康とも茶会を通じて親しくなったという。

また、古田織部とも親交があり、織部の茶会記によると、慶長四年（一五九九）から同十三年（一六〇八）にかけて、織部が教如を招いた茶事が八回確認できる。

慶長十三年五月十九日の朝の織部の茶会では、教如は正客として招かれ、金森可重《ありしげ》らが相伴している。なお、床の掛物は、織部の参禅の師・春屋宗園の偈《げ》であった。教如から春屋への、宗派を超えた敬意がうかがえる。

師匠　千利休

前田玄以《まえだげんい》（徳善院《とくぜんいん》）

茶人度 ★☆☆
名物数 ★☆☆

生没年 一五三九～一六〇二　**諱** 基勝
通称 孫十郎　**号** 徳善院　半夢斎　玄以
官位・官途名・受領名 民部卿法印
領地 丹波国亀山　**石高** 五万石

豊臣政権下の五奉行の一人。もとは美濃《みの》在住の僧侶で、織田信長に招聘《しょうへい》され、嫡男《ちゃくなん》・信忠付きの家臣となった。本能寺の変に際しては、信忠の傍《かたわ》らにあったが、命じられて脱出し、嫡子《ちゃくし》・三法師を美濃岐阜城から尾張《おわり》清洲城へ避難させた。

前田玄以像
（東京大学史料編纂所所蔵模写、原本：霊洞院）

清洲会議後は信長の次男・信雄《のぶお》(常真)に仕えたが、やがて羽柴秀吉の家臣となる。京都所司代に任じられ、朝廷との交渉にあたり、その功で丹波国《たんばのくに》亀山を与えられた。故事典礼に通じていることから後陽成《ごようぜい》天皇の聚楽第行幸《じゅらくていぎょうこう》では奉行を務めている。その手腕を買われて洛中洛外の民政も任され、また当初はキリシタンを弾圧したが、後に理解を示し融和策をとっている。そのためか息子のうち二人が入信している。秀吉の晩年に五奉行の一人に任じられ、行政官として活動した。

秀吉の没後には、徳川家康の会津討伐に反対し、石田三成が挙兵すると、五奉行の一人として家康の弾劾状《だんがいじょう》に署名し西軍に与《くみ》した。しかし、三成挙兵の情報を家康に通報し、大坂に残って出陣せず、中立的に振る舞っている。

戦後は、通報を評価されたのか、朝廷との交渉能力を買われたのか、本領を安堵《あんど》された。同じ五奉行で、同じように大坂に残り、家康に内通していた増田長盛が、戦後改易されたのとは対照的である。その二年後の慶長七年に死去。享年六十三歳。三男茂勝が家督を継いだが、キリシタンであることを危険視され、乱心を理由に改易された。

天正十五年(一五八七)の北野大茶湯では奉行を務め、『北野大茶湯之記』の「左座之方」に、民部法印《みんぶほういん》として、玄以の名前を確認することができる。

前田利家《まえだとしいえ》

茶人度 ★★☆
名物数 ★★☆

生没年 一五三八~一五九九
通称 又左衛門
官位・官途名・受領名 従二位 権大納言
領地 加賀国 能登国 越中国 **石高** 百六万石

秀吉の五大老の一人、前田利家は秀吉からもっとも篤《あつ》い信頼を得ていた武将の一人であった。茶の湯者利家については、とくに茶会記にあまり頻繁《ひんぱん》に登場する人物ではないが、『宗湛《そうたん》日記《にっき》』には六回の記事を留めている。文禄元年(一五九二)二月には九州で、宗湛の振る舞いを受け、翌二年には佐賀の名護屋城に数寄屋《すきや》を築いて秀吉を迎え、慶長二年(一五九七)には、今度は利家が宗湛を伏見に迎えて茶を振る舞っている。

奈良の松屋久重は『松屋名物記』に、利家が所持した名物について、木村屋からの肩衝《かたつき》茶入、木津屋からの肩衝、「面影《おもかげ》」茶壺を挙げるのみだが、多量の名物を入手していたのではあるまいか。

秀吉からの名物の拝領では、足利義輝所持という「富士茄子《なすび》」茶入が有名で、慶長二年に授けられた。この茶入には利休の竹茶杓が添えられていて、現在でも両種ともに伝わり、前田育徳会の蔵となっている。

文禄三年には、大坂城下に御殿を設け、秀吉の御成を受けているが、その時の御成書院の図面は、秀吉の新趣向である、押板に替えて床《とこ》を挿し込んだ造りであり、書院造りの発祥を占う重要な事例を成したことが知られる。

(矢部)

前田利家像(東京大学史料編纂所 所蔵模写)

唐物茶入「富士茄子」
(『大正名器鑑』)

その他の所持した名物
・茶入「もしや肩衝」
・玉澗筆「洞庭秋月」図

前田利長《まえだとしなが》

茶人度 ★★★
名物数 ★★☆

生没年 一五六二〜一六一四
別諱 利勝　**通称** 孫四郎
官位・官途名・受領名 従三位　左近衛権少将　左近衛権中将　侍従　参議　権中納言　肥前守
領地 加賀国　能登国　越中国　**石高** 百二十二万石

前田利長像（魚津歴史民俗博物館 提供）

尾張《おわり》出身の武将で、豊臣政権下の五大老の一人・前田利家の嫡男《ちゃくなん》。自身も、秀吉および利家の没後に五大老に就任し、豊臣秀頼の養育係となった。

はじめは父とともに織田信長に仕え、越前《えちぜん》府中の一部を与えられ、信長の娘・永姫と結婚する。本能寺の変後の賤ヶ岳《しずがたけ》の戦いでは父・利家とともに柴田勝家に与《くみ》したが、その後秀吉に恭順《きょうじゅん》した。以後は、九州征伐、小田原征伐で武功を挙げた。

秀吉、利家が相次いで没すると、利長は徳川家康に対抗しうる大名と目されるが、家康が加賀《かが》征伐を企《くわだ》てると、苦慮した末に恭順を決意し、実母・芳春院（まつ）を江戸に人質として送るなどして危機を回避した。

関ヶ原の戦いでは東軍に加勢し、本戦には参加していないが、加賀の大聖寺《だいしょうじ》城を攻略し、越前へ侵攻。また、加賀小松城主・丹羽《にわ》長重と交戦している。戦後加増を受け、加賀・能登・越中の三国を領し、俗にいう加賀百万石の基礎を築いた。

唐物茶入「日野肩衝」
（『大正名器鑑』）

嫡子《ちゃくし》がなかったので、異母弟・利常を養嗣子《ようしし》にし、富山城に隠居、その後高岡城を築いて移った。病が進み京都での隠棲《いんせい》を願うが、高岡城で没した。享年五十三歳。

その死は大坂の陣の直前であり、また前年には豊臣方より味方になるよう勧誘を受けていた。父利家以来の豊臣家に対する忠誠心と、母芳春院を江戸に人質に取られ、また養嗣子利常の正室に徳川秀忠の女《むすめ》を迎えている現実との間で、煩悶《はんもん》したあげくの服毒自殺であったという説もある。

茶の湯は、千利休、古田織部《おりべ》に学び、利休七哲に数えられた。しかしなぜか、『江岑夏書《こうしんげがき》』（「利休弟子衆七人衆」）からはずされている。

師としての利休は相当厳しかったらしく、利長は「怖いものは何か？」と尋ねられて、「一に豊臣秀吉、二に春屋宗園、三に千利休。最も怖かったのは利休の前で茶を点《た》てたこと」と答えたという。

同門の蒲生氏郷《がもううじさと》、細川忠興《ただおき》とは、年齢が近いためか、親しく交わったとされる。また、同じく利休の高弟で、キリシタン禁教により改易された高山右近《うこん》（南坊）を召し抱えて重用した。大聖寺城を攻略した際には右近が参謀を務めたといい、また、高岡城は右近の縄張《なわばり》（設計）によるものという。利長が右近に茶を振る舞った際、立炭の所作を、右近が源三位《げんざんみ》頼政の歌を引いて褒《ほ》め、利長も喜んだという逸話が残る（高山右近の項参照）。

なお、父利家から茶道具の名品を受け継いだり、秀吉から下賜されたりなどして、「橋立」茶壺・「富士茄子」茶入・「利休小肩衝」茶入・「木村屋肩衝《かたつき》」茶入・「日野肩衝」茶入を所持していた。

前《まえ》野《の》長《なが》康《やす》

茶人度 ★☆☆
名物数 ☆☆☆

生没年 一五二八〜一五九五
別諱 光景　**通称** 将右衛門
官位・官途名・受領名 従五位下　但馬守
領地 但馬国出石　**石高** 十一万石

羽柴秀吉の最古参の家臣に数えられる。有名な墨俣《すのまた》一夜城の築城にも関わったとされる。賤ヶ岳《しずがたけ》の戦い、小牧・長久手の戦い、四国征伐などを転戦し加増されている。聚楽第《じゅらくてい》の造営では奉行を務め、後陽成《ごようぜい》天皇の聚楽第行幸《ぎょうこう》では供応役を務めた。小田原征伐、文禄の役にも従軍し加増を受けている。

豊臣秀次の付家老となったが、秀次事件で罪に問われ自害を命じられた。享年六十八歳。

茶人としての足跡はあまり明らかでないが、長泰が自会を開いたことが、『宗湛日記』に記録されている。

なお、戦国期の貴重な史料として注目された『武功夜話』は、前野家の家譜とされ、中でも『五宗記』は長泰の日記であるとされるが、偽書という説もあり、信憑性《しんぴょうせい》についてはいまだ決着を見ていない。

牧《まき》村《むら》利《とし》貞《さだ》（兵《ひょう》部《ぶ》）

茶人度 ★★★
名物数 ★☆☆

生没年 一五四六〜一五九三
別諱 政治　政吉　高虎　**通称** 長兵衛
官位・官途名・受領名 従五位下　兵部大輔
領地 伊勢国　**石高** 二万六百五十石

千利休の門人で、七哲に挙げられる武将茶人。牧村兵部の名で知られる。織田信長、次いで豊臣秀吉に仕えたが、後に家名断絶となる。そのためもあって事績はよくわかっていない。

天文十五年、稲葉重通の子として生まれた。稲葉一鉄の孫にあたる。春日局とはいとこ同士であり、父重通が春日局を養女としたので義理の兄妹でもある。外祖父の牧村政倫の跡を継いで牧村姓を名乗った。

牧村利貞像
（妙心寺雑華院 所蔵〈非公開〉）

異説では、明智光秀の妹婿である斎藤伊予守の子とするが、斎藤伊予守なる武将は他の史料にその名が見えず、伊豆守の間違いであれば、斎藤利賢あるいは斎藤利宗となるが、前者は明智光秀の重臣斎藤利三の父、後者は利三の子でいずれも光秀の妹婿ではなく、どちらの場合であっても系図上該当する人物は見当たらない。

武将としては、秀吉の馬廻として小牧・長久手の戦いに出陣し、その後四国征伐、九州平定にも参加した。それらの功により伊勢国内で二万石余を与えられ岩出城主となった。文禄の役にも十二人の舟奉行の一人として参加したが、文禄二年病を得て朝鮮で死去した。享年四十八歳。

天正十二年には、高山右近に勧められキリスト教に入信しているが、洗礼名などはわかっていない。ルイス・フロイスらの記録によれば、秀吉の側近としてその信頼も厚く、万人に愛される人柄で、受洗後は側室を廃し謹厳な生活を送るようになったばかりか、諸将の前でキリシタンであることを公言し勧誘したという。蒲生氏郷が入信したのは、右近とともに兵部が熱心に説いたためといわれる。ただ、秀吉による禁教令以後のキリシタンとしての動向は不明である。

茶人としては天正六年七月の信長の長子である信忠の茶会にその名がみえ、翌年には茶会の亭主を務めている。また、同十二年の秀吉の大坂城における大茶湯には客として招かれている。

『天王寺屋会記』によれば、利貞は、天正八年正月、安土の自邸において、津田宗及と佐久間信栄を招いて茶会を開いているが、このとき「ユカミ 茶碗」を用いたと記されている。これが「歪み茶碗」であれば、現在わかっている範囲では最古の使用例となる。しかし、「ユカミ」の語と「茶碗」の語の字間があいているので、確定的なことは言えない。

当時は、古田織部が盛んに歪んだ茶碗を用い始めた時期より二十年近くも早く、かつ、唐津など歪み茶碗の生産地となる窯も、ほとんどがまだ開窯されていなかった。したがって、この時期の「歪み茶碗」の使用には疑問符を付けざるを得ない。

七哲に数えられながら、実は利休との師弟関係についても詳細はわかっていない。ただ、利休流の小座敷における突き上げ窓の創案は、利貞の功績であるといわれている。

死去した時点で嫡男牛之助が幼かったので、弟である稲葉道通が家督を継いだ。この際に牧村姓から稲葉姓に戻したと思われる。のちに、家督争いによって、牛之助が道通に暗殺されるという事態が起こった。道通もその直後に急死し、その跡を襲った紀通も慶安元年に謀反を疑われ、自害して家名断絶となった。

師匠 千利休

増田長盛《ましたながもり》

茶人度 ★☆☆
名物数 ★☆☆

生没年 一五四五～一六一五
通称 仁右衛門
官位・官途名・受領名 従五位下 右衛門尉
領地 大和国郡山 **石高** 二十万石

豊臣政権下の五奉行の一人。出身については尾張《おわり》説と近江《おうみ》説がある。

天正元年に羽柴秀吉に召し出された。秀吉の中国攻めなどに従軍し、また上杉景勝との外交交渉などにも携《たずさ》わっている。小牧・長久手の戦いの功で二万石に加増され、紀州《きしゅう》征伐、小田原征伐などにも参加し、関東の大名に対する取次となっている。

増田長盛像
（国立国会図書館ウェブサイトより転載）

太閤検地《たいこうけんち》では中心的な役割を果たし、文禄の役でも渡海し奉行を務めている。文禄四年（一五九五）には断絶した大納言《だいなごん》秀長家に代わって大和郡山《やまとこおりやま》を与えられている。慶長の役では、開戦当初には国内にいたが、指揮官として渡海する予定だった。また、秀吉晩年には五奉行に任じられた。

関ヶ原の戦いでは、五奉行として徳川家康を弾劾《だんがい》する文書に署名して西軍につき、伏見城、大津城を攻めているが、同時に家康にも通じ、本戦時は大坂から動かなかった。戦後に出家して謝罪したが改易された。

大坂の陣の前に、家康に大坂方への仲介を依頼されるが、拒否している。嫡男《ちゃくなん》の盛次は、尾張の徳川直義に仕えていたが、大坂夏の陣に際して、直義の許しを得て尾張家を出奔《しゅっぽん》し、大坂城に入城、長宗我部盛親《ちょうそかべもりちか》隊に属して戦死した。大坂入城を長盛も認めていたため、戦後になって家康に咎《とが》められ、切腹を命じられた。享年七十一歳。

千利休や神屋宗湛《そうたん》らと親しく交わったらしく、彼らの茶会の記録にその名が散見される。『宗湛日記』のほか、『利休百会記』には、天正十八年（一五九〇）十一月三日に、蜂須賀《はちすか》家政や中村一氏《かずうじ》と茶会に参加したことが記されている。

松井《まつい》康之《やすゆき》（佐渡《さど》）

茶人度 ★★☆
名物数 ★☆☆

生没年 一五五〇～一六一二
通称 甚七郎 新助 胃助 猪助 甚介
官位・官途名・受領名 佐渡守

室町幕府将軍足利義輝に仕えたが、永禄の変で義輝が暗殺されると、長岡藤孝《ふじたか》(細川幽斎)と行動を共にし、やがて織田信長に仕えた。
羽柴秀吉の鳥取城攻めで功を顕《あらわ》し、信長に賞賛されている。藤孝が丹後《たんご》を与えられると康之は松倉城を預けられた。このころ細川家に仕えたのか、それ以前からなのかは定かではない。

松井康之像(松井文庫 所蔵)

本能寺の変の際、藤孝が出家すると、嫡子《ちゃくし》・忠興(三斎)に仕えた。細川家が秀吉に仕えると、小田原征伐や文禄・慶長の役などにも活躍している。これらの功で、秀吉から独立した大名に取り立てる旨《むね》内示があったが、辞退したとされる。また、豊臣秀次事件で、忠興が秀次の謀反に加担したとの疑いをかけられた際には、奔走して事なきを得ている。
関ヶ原の戦いの際にも、細川家の飛び地であった豊後杵築《ぶんごきつき》城を死守している。この功によって細川家中の筆頭家老となり、二万六千石と、一国一城令の例外として、肥後八代《ひごやつしろ》城を与えられた。慶長十七年(一六一二)没。享年六十三歳。
茶の湯は千利休に学んだ。康之と利休の間柄は親密で、天正十九年(一五九一)に利休が蟄居《ちっきょ》を命じられた際には、康之は見舞状を送り、利休も返書を認《したた》めている。また、古田織部《おりべ》とは晩年まで親しく交友しており、慶長十四年のものをはじめとして、多数の往復書簡が遺されている。

瀬戸茶入「山井肩衝」
(『大正名器鑑』)

所持した名物
・瀬戸茶入「山井肩衝」

水野《みずの》忠重《ただしげ》

茶人度 ★☆☆
名物数 ☆☆☆

生没年 一五四一～一六〇〇 **別諱** 忠勝
通称 藤十郎 惣兵衛 **号** 賢忠 勇心
官位・官途名・受領名 従五位下 和泉守
領地 三河国刈屋 **石高** 二万石

徳川家康の叔父《おじ》にあたり、徳川二十将の一人。初め織田信長に仕えたが家康に転仕、その後織田家に戻って信長の嫡子《ちゃくし》・信忠に属した。本能寺の変後は信長次男・信雄《のぶお》に、続いて豊臣秀吉に仕えたらしい。秀吉没後は徳川家に戻り、関ヶ原の戦いでは東軍に属したが、本戦の直前に暗殺された。北野大茶湯にその名がみえる。

水野忠重像(東京大学史料編纂所所蔵模写)

師匠　山上宗二

皆川広照《みながわひろてる》

茶人度 ★★☆
名物数 ☆☆☆

生没年 一五四八～一六二七
通称 又三郎　**号** 老圃斎
官位・官途名・受領名 従四位下　山城守
領地 常陸国府中　**石高** 一万石

下野皆川城の皆川俊宗の次男に生まれた。父と兄が相次いで没したため家督を継いだ。

当時の関東は後北条氏や上杉氏などの勢力争いの舞台であり、在地の国人や豪族は生き残りを賭《か》けた競争を演じていた。広照は、次第に北条氏に圧迫されたことから、徳川家康や織田信長と誼《よしみ》を通じようと試みている。

信長から関東に派遣された滝川一益《かずます》に仕えたが、本能寺の変で状況が一変し、さらに激しさを増した北条氏の北関東侵攻にさらされることになる。激しく抵抗したが衆寡《しゅうか》敵せず、滅亡の淵《ふち》まで追い込まれるが、徳川家康の斡旋《あっせん》で北条に降伏し滅亡を免れた。続いて行われた秀吉による小田原征伐で北条氏が滅び、広照は所領を安堵《あんど》された。

徳川家康に六男・忠輝が誕生したが、家康に嫌われたため、本多正信の斡旋で広照が養育した。長じて大名となった忠輝の付家老になった広照だが、忠輝の素行不良を幕府に訴えたところ、逆に家老として不適格とされ、改易された。後に許され、常陸府中で一万石を与えられた。

北条氏の下にいた山上宗二に茶の湯を学び、天正十八年（一五九〇）、秘伝伝授を請うて『山上宗二記』を与えられている。

皆川広照像（金剛寺所蔵、栃木県立博物館提供）

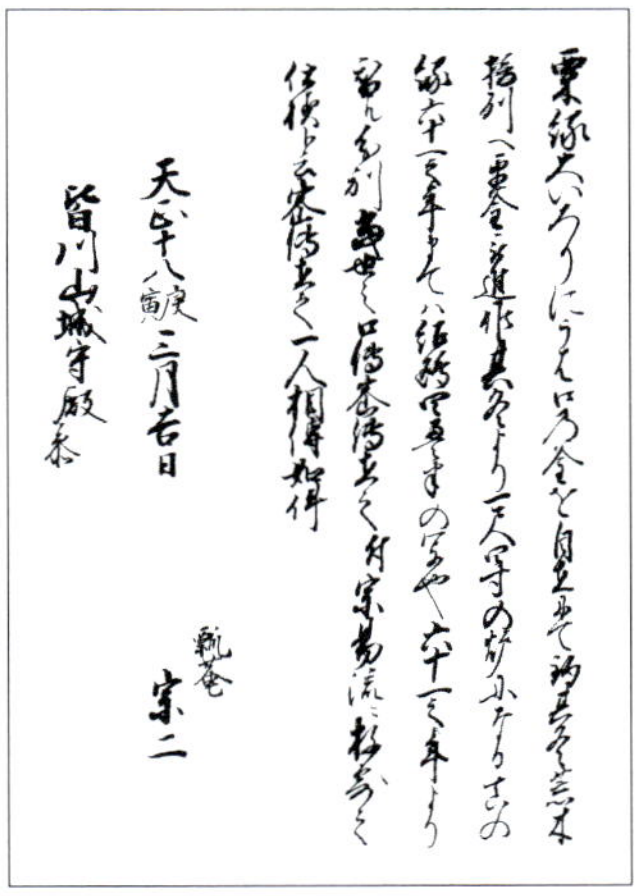

天正十八庚寅二月吉日
瓢庵　宗二
皆川山城守殿　参

皆川広照宛「山上宗二記」写本
（宮帯文庫所蔵）

師匠　千利休

宮城頼久《みやぎよりひさ》

茶人度 ★☆☆
名物数 ☆☆☆

生没年 一五七〇～一六〇九
官位・官途名・受領名 従五位下　右京進
領地 但馬国芦屋　**石高** 六千石

山崎片家の子で、同じ近江《おうみ》出身の宮城豊盛の養子となる。

関ヶ原の戦いで養父・豊盛が西軍に与《くみ》し、大坂城平野橋を警護したため、戦後所領を没収された。

慶長十年（一六〇五）に実兄の山崎家盛から六千石を分知され、旗本となり但馬芦屋《たじまあしや》に陣屋を構えた。翌年には駿府《すんぷ》城の石垣普請を務めている。

天正十五年（一五八七）の豊臣秀吉による北野大茶湯では、前田玄以とともに奉行を命じられ、実務を担当した。このことから、茶の湯について一定の素養があったことがうかがえる。

実父山崎片家は、居城に数寄屋を新造して織田信長を饗応するなど、茶の湯に造詣が深く、また養父豊盛も、金戒光明寺や慈照寺銀閣の復興に奉行として尽力したことで知られる。頼久も双方の素養を受け継いでいたと思われる。

毛利勝信《もうりかつのぶ》

茶人度 ★☆☆
名物数 ☆☆☆

生没年 生年不詳～一六一一
別諱 吉成　**号** 一斎
官位・官途名・受領名 従五位下　壱岐守
領地 豊前国小倉　**石高** 六万石

豊臣氏の家臣。子に大坂の陣で活躍した毛利勝永がいる。

尾張《おわり》の出身で早くから羽柴秀吉に仕え、九州征伐や、肥後《ひご》国人《こくじん》一揆《いっき》の鎮圧で功を挙げ、天正十五年に豊前《ぶぜん》小倉《こくら》を与えられた。その際、森姓を毛利に改めるよう秀吉に命じられた。

秀吉没後の関ヶ原の戦いでは、西軍に与《くみ》し、子の勝永は伏見城の攻撃に参加している。勝信は豊前にいたが、家中に内紛があり、東軍についていた隣国の黒田如水《じょすい》に説得され降伏した。剃髪《ていはつ》して如水に家康へのとりなしを依頼したが、追放され、土佐の山内一豊の預かりとなった。一豊は毛利親子を厚遇したとされるが、勝信はそのまま土佐で没した。

博多に程近い小倉を領したことから、神屋宗湛《そうたん》とは交流が深く、『宗湛日記』にもしばしばその名が見える。

師匠　千利休

毛利輝元《もうりてるもと》

茶人度 ★★☆
名物数 ★★☆

生没年 一五五三～一六二五
通称 少輔太郎　**号** 幻庵宗瑞
官位・官途名・受領名 従三位　権中納言
領地 周防国　長門国　安芸国　石見国　出雲国　備後国
石高 百二十万五千石

祖父が毛利元就《もとなり》、父は隆元。父の急死によって十一歳という若さで家督を継いだ。秀吉から百十二万石の知行を受けたが、関ヶ原の合戦では西軍の盟主と目され、周防《すおう》と長門《ながと》二国に移封された。この合戦の後に、剃髪《ていはつ》して茶の湯に心を注いでいく。

毛利輝元像（東京大学史料編纂所所蔵模写）

茶人としては、天正十六年（一五八八）には博多の箱崎の陣屋にて平三畳の席で神屋宗湛《そうたん》を迎え、古い釜に棗《なつめ》にて茶を点《た》てるという新旧取り混ぜての取り合わせであった。自ら点てるのではなく、茶頭《さどう》に振る舞いをさせている。

時流となった新奇性を求める輝元は、慶長四年二月二十九日には伏見にて宗湛を招き、新しい瀬戸肩衝《かたつき》茶入と高台を四つに刻んだ歪《ゆが》んだ高麗《こうらい》茶碗を使う。

この茶碗は三島手の暦手《こよみで》であったが、この茶碗が新製なのか、焼き損ないの古いものなのか分からないが、「ひょうげもの」という評価を宗湛は下している。

文禄二年（一五九三）に朝鮮から陶工を招いて萩焼を始めたとされるが、萩市にある坂窯の発掘では、慶長様式と認定できる確たる陶片は見つからなかった。

また茶杓作りにも精を出し、宗瑞の署名を筒に書いて、福島正則の茶杓に似た、雉股《きじもも》を幅広くとった、いかにも武将らしい風格のある作行きのものを残している。

（矢部）

所持した名物
・唐物茶壺「飯山」・唐物茶入「星肩衝」
・唐物茶入「油屋肩衝」
・唐物茶入「鍋屋肩衝」
・茶入「宗観肩衝」

師匠　古田織部

毛利秀元《もうりひでもと》

茶人度 ★★☆
名物数 ★★☆

生没年 一五七九～一六五〇
官位・官途名・受領名 正三位 参議
領地 長門国長府　**石高** 六万石

毛利秀元像
（長府毛利家所蔵、下関市立歴史博物館寄託）

秀元は毛利元就の四男穂田《ほいだ》元清の長男として生まれたが、従兄弟《いとこ》にあたる毛利輝元の養子となっている。が、輝元に実子が生まれたので、分家することとなり、長門国《ながとのくに》長府（今の下関市）に設けられた長府藩の初代藩主となって、輝元を助ける立場となった。

茶人としての活動は、古田織部《おりべ》との交友がよく知られている。その証拠となるのが『長府毛利家文書』で、秀元宛の織部の手紙が五通も含まれている。

秀元所持 安南樽形茶器
（古田織部美術館所蔵）

秀元から茶の湯の招待に与《あずか》ったことに対する礼状やら、秀元が上様（秀吉か、または家康か）から蕪《かぶら》無しの花入を拝領したことに対する祝言と拝見に及びたいと願う手紙、蓋《ふた》付きの水指《みずさし》について、仕立て直したということだから、別途、水指は進上しなかったことや茶杓・鳥箒《とりぼうき》・水指などを改めて進上するつもりであることなどを述べ、茶道具の斡旋《あっせん》をしている手紙など、茶の湯や茶道具に関する内容となっていて、いかに秀元が織部を信頼して茶の湯の指導を受けていたかを知ることができる。

たくさんの茶友をもつ織部ではあるが、茶の湯を介する秀元との交流は、特段、親密であったことが分かる。

（矢部）

所持した名物
・唐物茶壺「玉虫」・唐物茶入「鍋屋肩衝」
・瀬戸茶入「浅草肩衝」
・瀬戸茶入「国清寺肩衝」
・南堂墨蹟・舜挙筆 龍眼子
・毛益筆 鹿の絵・徽宗筆 水鳥図

師匠　佐久間信盛

山岡景友《やまおかかげとも》（道阿弥《どうあみ》）

茶人度 ★☆☆
名物数 ★☆☆

生没年 一五四〇～一六〇四
通称 八郎左衛門　**号** 暹慶 暹景
官位・官途名・受領名 備前守 権大僧都 宮内卿法印
領地 常陸国古渡　**石高** 一万石

近江《おうみ》の六角氏の家臣・山岡景之の四男。兄弟に景隆、景佐《かげすけ》、景猶《かげなお》がいる。

はじめは三井寺《みいでら》（園城寺《おんじょうじ》）光浄院の住持で法号を暹慶《せんけい》としたが、足利義昭に取り立てられ、後に還俗《げんぞく》を命じられ山岡景友と名乗った。義昭の寵臣《ちょうしん》といわれ、兄弟が信長に寝返るなか、最後

山岡景友像（東京大学史料編纂所所蔵模写）

まで義昭を見捨てず石山城に籠《こ》もって抗戦を継続した。しかし、柴田勝家に攻撃され降伏、以後は信長に仕えた。

織田家では佐久間信盛の与力《よりき》であったと思われる。本能寺の変の際には兄とともに明智光秀の近江進出に抵抗した。その後兄たちが柴田勝家に与《くみ》したため改易されたので、景友が山岡家の当主となった。

小牧・長久手の戦いでは織田信雄《のぶお》に与したが、許され所領を安堵《あんど》された。のち、秀吉の御伽衆《おとぎしゅう》になっており、そのころ再び出家して道阿弥《どうあみ》と号した。現在も伏見城下には「道阿弥町」の名が残る。また、伏見城内の北東の曲輪《くるわ》「弾正丸」を「山岡道阿弥曲輪」とした古図もあり、豊臣政権下ではそれなりに優遇されていたと考えられる。

文禄の役では名護屋城に在陣した。関ヶ原の戦いでは東軍に与し、桑名城や水口城の攻略で活躍した。この功ではじめ近江国内で九千石を与えられ、のちに加増されて常陸《ひたち》で一万石の大名となった。

秀吉によって闕所《けっしょ》とされた三井寺の再興の際には、かつて住持を勤めた光浄院を再建しており、書院造の客殿は国宝になっている。また、知恩院の北の正門ともいうべき黒門も、景友が伏見城の城門を寄進したとされる。

なお、柳営御物《りゅうえいごもつ》となった「道阿弥肩衝《かたつき》」の所持者としても知られる。

師匠 古田織部

山口直友《やまぐちなおとも》

茶人度 ★☆☆
名物数 ☆☆☆

生没年 一五四四～一六二二
通称 新五郎 勘兵衛 **号** 恵倫
官位・官途名・受領名 従五位下 駿河守
領地 大和国山辺郡 **石高** 五千石

天正十三年に徳川家康に仕えた。後北条氏に備えて興国寺城を預り、同氏滅亡後近習になった。家康から薩摩《さつま》島津氏のもとに派遣され、関ヶ原の戦いでは、島津氏の戦後交渉を井伊直政とともに取《と》り纏《まと》め、島津氏を存続させている。

その後は奏者番、丹波《たんば》郡代、伏見《ふしみ》城番、伏見町奉行、大和郡山《やまとこおりやま》城番を歴任、大坂の陣にも参戦している。家康没後に剃髪《ていはつ》し、元和八年、伏見で没した。享年七十九歳。

島津義弘は、朝鮮から連れ帰った陶工に焼かせた薩摩焼を保護育成したが、関ヶ原戦後の交渉相手であった直友に茶入を二つ贈っている。この茶入を古田織部《おりべ》が高く評価したことで、薩摩焼がもてはやされるようになったという。なお直友は、織部の薩摩焼を島津家に届けたり、島津家の批評を聞いて織部に伝えたりと、織部と島津家の仲介役を担っていた。

師匠（不明）

山崎片家《やまざきかたいえ》

茶人度 ★☆☆
名物数 ☆☆☆

生没年 一五四七～一五九一
別諱 賢家 堅家 秀家 **通称** 源太左衛門尉
官位・官途名・受領名 従五位下 志摩守
領地 摂津国三田 **石高** 二万三千石

近江の六角義賢《よしかた》に仕えていたが、織田信長に与《くみ》した。

本能寺の変では、明智光秀に威圧され一時は光秀に協力しているが、羽柴秀吉から本領を安堵《あんど》されている。以後は秀吉に仕え、摂津《せっつ》の三田に移封されている。

九州征伐、小田原征伐などに従ったほか、博多復興の奉行の一人に任じられるなど、行政官としても活躍している。天正十九年に伏見で死去。享年四十五歳。

甲州征伐から凱旋《がいせん》した織田信長を近江《おうみ》犬上郡の山崎城に招いて茶を献じている。また、津田宗及《そうぎゅう》の茶会にしばしば出席しているほか、天正十八年の秀吉が有馬で開いた茶会には千利休、津田宗及、小早川隆景などと出席している。なお、片家が自会を開いたことが、『宗湛日記』に記録されている。

師匠　千利休

山《やま》中《なか》長《なが》俊《とし》

茶人度 ★☆☆
名物数 ☆☆☆

生没年 一五四七〜一六〇七
通称 橘内　吉内　**号** 紹春
官位・官途名・受領名 従五位下　山城守

近江国《おうみのくに》甲賀の武将。忍術で有名な甲賀二十一家の一つである山中氏の庶流。最初は六角義賢《よしかた》に属し、義賢が織田信長によって観音寺城を追われると、これを保護し、石部城で織田軍と戦った。

しかし、義賢父子が逃亡すると、開城して柴田勝家に仕える。勝家が敗死すると、丹羽《にわ》長秀、堀秀政と主を変え、天正十三年に豊臣秀吉の右筆《ゆうひつ》となった。小田原征伐や奥州仕置《おうしゅうしおき》に従軍、文禄の役では名護屋に在陣した。その後は豊臣家の蔵入地《くらいりち》の代官を歴任し、その功で各地で一万石を与えられた。関ヶ原の戦いでは西軍に与《くみ》し、大坂城の留守居を務めたため戦後改易された。

京都で隠棲《いんせい》しそこで没した。文才があり、秀吉の命で歴史書『中古日本治乱記』を著している。なお、長俊が自会を開いたことが、『宗湛日記』に記録されている。

師匠　千利休

山《やま》名《な》豊《とよ》国《くに》（禅高）

茶人度 ★☆☆
名物数 ☆☆☆

生没年 一五四八〜一六二六
別諱 元豊　**号** 禅高
官位・官途名・受領名 従五位下　中務大輔　宮内少輔
領地 但馬国七美郡　**石高** 六千七百石

秀吉に仕官を勧められたが断って浪人したとされる。関ヶ原の戦いでは東軍に属し、戦功をたてて但馬国七美郡《たじまのくにしつみ》を与えられた。その後は家康・秀忠に仕えている。

有職故実《ゆうそくこじつ》や和歌・連歌《れんが》・茶の湯・将棋など、文化面に精通しており、駿府《すんぷ》城の茶会に参加するなどした。

山名豊国像（山名氏史料館「山名蔵」所蔵）

コラム③ 世界の至宝 曜変天目

天目茶碗のうち最上級のものに、曜変天目がある。中国の南宋時代（十二、三世紀）に造られたもので、漆黒の釉薬が厚く掛かり、星雲を思わせる青白い窯変に無数の星状の輪が現れていて、何とも美しい。

我が国には、徳川家光から春日局に下賜され、実家の淀藩主稲葉家に伝来したもの（現静嘉堂文庫美術館蔵、国宝）、水戸徳川家伝来品（現藤田美術館蔵、国宝）、津田宗及の子江月宗玩が住持を務めた大徳寺塔頭龍光院《たっちゅうりょうこういん》の伝来品（現同寺蔵、国宝）、加賀藩主前田家伝来品（現MIHO MUSEUM蔵、重文）の四点しか現存していない。海外には一点もないので、世界で四点となる。

とても稀少なものであるが、かつてはもっと多数が存在していた。『清玩名物記』には、近江の六角定頼から三好実休（之虎）に渡ったもの、伊豆の伊勢（北条）早雲、越前の朝倉宗滴（文中には宗源）、堺の豪商樋口屋紹拶《しょうさつ》が所持した四点が収載されている。また、『玩貨名物記』には、堺の豪商油屋常祐《あぶらやじょうゆう》が所持し尾張徳川家に伝来したものが記されている。『天王寺屋会記』の宗達他会記には、三好宗三（政長）が堺にて入手したとあり、『言継卿記《ときつぐきょうき》』には、信長がお気に入りの僧・日乗《にちじょう》に下賜したことが出てくる。

近年、中国人が自国の美術品を高く買うため、天目茶碗も注目されている。五点目の曜変天目の発見が期待される。（宮下）

師匠 細川三斎

浅野長重《あさのながしげ》

茶人度 ★☆☆
名物数 ★☆☆

生没年 一五八八～一六三二
別諱 長則 **通称** 長兵衛
官位・官途名・受領名 従五位下 采女正
領地 常陸国笠間 **石高** 五万四千石

浅野長政の三男で、豊臣秀吉の正室・おね(北政所《きたのまんどころ》・高台院)の甥《おい》。紀伊藩を興した幸長、幸長を継ぎ広島藩主となった長晟《ながあきら》の弟であり、後世、赤穂《あこう》事件で改易された長矩《ながのり》の曽祖父《そうそふ》。

徳川秀忠に仕え、関ヶ原の戦いは若年のため参戦しなかったが、浅野一族全体の軍功により下野国真岡《しもつけのくにもおか》で大名に取り立てられた。その後の収城使を務めた功績や大坂の陣での軍功で加増・移封され、最終的には同国笠間《かさま》藩浅野家の初代となった。

茶の湯は細川三斎に学んだ。『細川家史料』によれば、長重が数寄屋を普請した際に、三斎が助言を記した長文の書簡を送っている。また、長重は能楽の金春流肥後中村家に入門の起請文を入れているが、これも三斎の影響であろう。長重臨終の報に接し、三斎は「言語に絶する」と先立った愛弟子《まな》を惜しんでいる。

師匠 (不明)

石川康長《いしかわやすなが》

茶人度 ★☆☆
名物数 ☆☆☆

生没年 一五五四～一六四三
別諱 三長 数長 **通称** 玄蕃頭
官位・官途名・受領名 従五位下 式部大輔
領地 信濃国松本 **石高** 八万石

石川数正の嫡男として生まれ、豊臣秀吉、徳川家康に仕える。父の跡を継いで信州松本藩主となる。関ヶ原の戦いでは東軍に与し、真田昌幸の上田城の支城冠者ヶ嶽城を攻撃するが失敗した。慶長十八年(一六一三)の大久保長安事件に連座して改易され、豊後佐伯に流罪となった。寛永十九年、配所で没した。享年八十九歳。

茶の湯に関しては、改易されたその年の正月に木下延俊の訪問を受けていることが特筆される。延俊は長嘯子として知られる木下勝俊の弟で、自身も茶人として知られている。

訪ねる相手が幕閣や有力大名ならば、ご機嫌伺いや根回しが目的と思われる。しかし、この時期の康長は重要人物ではなかったわけで、この場合は純粋に数寄を目的とした。康長が日頃から延俊と親しくしており、また相当に茶の湯を嗜《たしな》んでいたことがわかる。

師匠 古田織部

板倉重宗《いたくらしげむね》

茶人度 ★☆☆
名物数 ★☆☆

生没年 一五八六～一六五六
通称 十三郎 **官位・官途名・受領名** 従四位上 右少将 侍従 周防守
領地 下総国関宿 **石高** 五万石

京都所司代に任じられ、以後三十年以上にわたって務める。その間、公正無私な審理・決裁に努めた名吏として多くの逸話を遺している。所司代を辞した後も宿老として幕政に参与し、大老と同等の発言力を有したという。

所司代在任中は、小堀遠州《えんしゅう》や千宗旦《そうたん》の茶会に出席している。

板倉重宗像(松雲院 所蔵、刈谷市 提供)

師匠 金森可重

金森重近《かなもりしげちか》（宗和《そうわ》）

茶人度 ★★★
名物数 ★☆☆

生没年 一五八四〜一六五六
号 宗和
官位・官途名・受領名 従五位下 飛騨守

飛騨国《ひだのくに》高山藩藩主・金森長近の孫で可重《ありしげ》の子。父から廃嫡《はいちゃく》されるが、その原因は、大坂の陣に際して可重が徳川方につくことを批判したためとも、所領に関して徳川家に楯突《たてつ》いたためとも、家中の事情によるともいわれる。

金森重近像（飛騨高山まちの博物館 所蔵）

金森家を追われた重近は、宇治から京都に移って隠棲《いんせい》し、大徳寺の紹印伝双《じょういんでんそう》を師として剃髪《ていはつ》、宗和と号した。

祖父、父と同じく茶の湯に秀でており、古田織部《おりべ》や小堀遠州《えんしゅう》の茶も取り入れながら、自らの茶風を確立する。また、遠州や片桐石州《かたぎりせきしゅう》を介して、近衛信尋《このえのぶひろ》・一条恵観《えかん》ら公家《くげ》と親しく交わるようになる。宗和のやわらかく優美な茶風は「姫宗和」と称され、公家たちに受け入れられた。こうした事績から、宗和は宗和流の祖とされ、また公家社会に茶の湯を定着させた功労者と評される。

また、野々村仁清《にんせい》を見出し、好みの茶道具を焼かせた。この焼物は御室焼《おむろやき》（仁清焼）とよばれ、瀟洒《しょうしゃ》な意匠と精巧な造形を特徴とする。『松屋会記』には宗和の茶会が三回記されているが、その中でも、宗和の切形による御室焼の茶道具が用いられたことが述べられている。

好みの数寄屋には、大徳寺真珠庵の庭玉軒《ていぎょくけん》、鹿苑寺《ろくおんじ》の夕佳亭《せっかてい》、興福寺慈眼院《じげんいん》の六窓庵がある。また、所持した茶道具としては、一休宗純墨蹟《ぼくせき》・竺仙梵僊《じくせんぼんせん》消息などが挙げられる。

宗和好 仁清作
茶壺「吉野山」
（売立目録）

加賀藩主前田利常の招聘《しょうへい》を受けたが、宗和自身は辞退して子の方氏が出仕。以降金森家は加賀藩に仕えた。

師匠 千道安

桑山貞晴《くわやまさだはる》（宗仙《そうせん》）

茶人度 ★★☆
名物数 ★☆☆

生没年 一五六〇〜一六三二
別諱 重長 **通称** 小伝次 **号** 宗仙 洞雲
官位・官途名・受領名 従五位下 左近大夫
領地 大和国の一部 **石高** 二千五百石

桑山重晴の三男。甥《おい》に同名の桑山加賀守《かがのかみ》貞晴がいるため、区別して桑山小伝次《こでんじ》、桑山左近《さこん》大夫《だいぶ》と呼ばれる。茶人・桑山宗仙として名高い。

豊臣秀吉の弟である秀長に知行二千五百石で仕えた。秀長の没後は秀吉に仕え、文禄・慶長の役にも出陣している。秀吉の死後は徳川家康につき、関ヶ原の戦いでは東軍に加わり、大坂の陣でも東軍として薄田兼相《すすきだかねすけ》と戦っている。

茶の湯は千利休の嫡男《ちゃくなん》・千道安に学んだ。弟子の片桐石州《かたぎりせきしゅう》によって、利休のわび茶が石州流となって伝わり、江戸期を通じて盛行した。所持した茶道具には「桑山法印肩衝《かたつき》」茶入・「桑山」熊川《こもがい》茶碗などがある。また、名物裂《ぎれ》「桑山金襴《きんらん》」「桑山間道《かんとう》」に名を遺している。なお、古田織部《おりべ》とは仲が良くなかったが、宗仙が織部の炭点前《すみてまえ》をほめたことをきっかけに親しくなったという逸話がある。

小堀政一《こぼりまさかず》（遠州《えんしゅう》）

茶人度★★★
名物数★★☆

生没年 一五七九〜一六四七
別諱 正一 **通称** 作助 **号** 大有宗甫
官位・官途名・受領名 従五位下 遠江守
領地 近江国小室 **石高** 一万二千石

父は近江の小堀村（現在の長浜市）の出身で、政次といい、浅井氏に仕え、続いて豊臣秀長、そして秀吉の家臣となっている。その子の遠州《えんしゅう》は名前を政一といい、号は宗甫《そうほ》。文禄二年（一五九三）に秀吉に仕えることとなる。中年には幕府から伏見奉行を命じられて幕政に参加し、駿府《すんぷ》城の作事の功により、遠江守《とおとうみのかみ》に任じられて大名となった。

小堀政一像（東京大学史料編纂所 所蔵模写）

遠州は芸術の天分にも恵まれ、青年期から頭角を現して一目置かれる存在だった。

二十一歳になったばかりの慶長四年（一五九九）には、当時天下一の茶の湯宗匠といわれた五十七歳の古田織部《おりべ》らと、吉野の花見に事寄せた茶席で余興に打ちふけっている。

この遠州の創作は建築作庭といった作事と、織部流を継承してさらに発展させた遠州流の茶の湯に発揮された。

作事では、天皇の起居する禁裏・二条城・江戸城の西の丸といった公的なもののほかに、数多くの寺社・城郭《じょうかく》、私的な御殿・茶亭の建築作庭にも関与している。

忙しい遠州ではあったが、その合間に茶の湯を楽しんだ。

遠州の茶風は、「綺麗寂び《きれいさび》」にあるといわれる。この標語は最近の造語ではあるが、確かに「冷凍寂枯《れいとうじゃくこ》」の文字で言い表された古典期の茶における「沈潜《ちんせん》し、低回する」という難しい茶風よりも、当世流行の洗練された彩り豊かな新鮮な道具を取り合わせる趣《おもむき》に特徴がある。中国の景徳鎮《けいとくちん》で焼かれた染付・色絵の茶道具も喜んで茶会に使った。

とくに名を馳《は》せた業績としては、埋もれていた瀬戸茶入を発掘してそれぞれに銘を与え、作風別の分類、いわゆる「窯分け」を行って体系付けたこと、地方の新興の窯々の新作茶道具の指導を行ったことが挙げられる。

実際の茶会では、唐物名物を尊重する場合と創作物を重視する場合とに分かれる。ただ、彼が住んだ伏見の奉行邸の構えからも分かるが、その茶風には織部流を根底から革新した気配は感じられない。

こまめに筆を執《と》り、おびただしい手紙を書き、散文をしたため、和歌を詠じている。

茶の湯では、鎌倉時代の藤原定家の書法を尊重して自家薬籠中《じかやくろうちゅう》のものとした。なぜに定家の書風を珍重したかというと、遠州の和歌好みに加え、定家の芸術思潮を茶の湯の指導理念として一家を成した武野紹鷗《じょうおう》が、茶の湯を大成したという事績とともに紹鷗が権威付けた「名物茶道具」の威厳を尊重する姿勢からであろうと思う。

（矢部）

瀬戸茶入「在中庵肩衝」
（『大正名器鑑』）

所持した名物
・唐物茶入「吹上文琳」
・瀬戸茶入「在中庵肩衝」
・瀬戸茶入「相坂丸壺」・瀬戸茶入「広沢」
・虚堂墨蹟・牧谿筆 野牛図
・牧谿筆 叭々鳥図

師匠（不明）

酒《さか》井《い》忠《ただ》世《よ》

茶人度 ★☆☆
名物数 ★☆☆

生没年 一五七二～一六三六
官位・官途名・受領名 従四位下 雅楽頭
領地 上野国厩橋 **石高** 八万五千石

徳川家中の最古参で譜代筆頭といわれる雅楽頭酒井家の二代当主。家康、秀忠、家光の三代に仕え、老中、大老を務めた。

秀吉の時代には、後陽成天皇の聚楽第《じゅらくてい》行幸に供奉《ぐぶ》している。家康が関東に移封された頃に秀忠付きとなり、秀忠に従って大坂の陣などに出陣。秀忠の筆頭年寄を務めている。

酒井忠世像（東京大学史料編纂所所蔵 模写）

家光が秀忠の世嗣となると、家光付きの年寄に転じた。寡黙で謹厳な忠世は、家光からおそれられていたという。

晩年は江戸城西の丸留守居に任じられたが、家光の上洛中に火災が起こり、責任を問われて寛永寺に謹慎した。許されて復職するが老中には復帰できず、火災の翌々年死去した。享年六十四歳。

元和二年（一六一六）に、病床にあった徳川家康に謁見した際に、大名物の「酸漿《ほおずき》文琳」茶入を下賜されている。まもなく家康は死去しているので、雅楽頭酒井家宗家ではこの茶入を家康の形見とみなし、第一の家宝として伝えた。

また、慶長十八年（一六一三）の正月には、茶人としても知られる豊後日出の大名木下延俊が、「数寄をもって」忠世の江戸屋敷を訪ねている。当時の忠世は二代将軍秀忠付の年寄筆頭で、幕政の中心にいたことから、この訪問は政治的なご機嫌伺いの性格が強い。それでも、忠世が茶の湯を嗜んでいなければ、「数寄をもって」ではなく、別の形での訪問になったはずであり、ここから、忠世自身がある程度茶の湯に親しんでいたことが推測される。

唐物茶入「酸漿文琳」
（『大正名器鑑』）

師匠 小堀遠州

佐《さ》川《が》田《わだ》昌《まさ》俊《とし》

茶人度 ★★☆
名物数 ★☆☆

生没年 一五七九～一六四三
通称 喜六
号 桃山 壺斎 黙々翁 臥輪 不二山人

はじめは上杉景勝に仕えたが浪人し、関ヶ原の戦いでは西軍に属している。

戦後もしばらくは浪人であったが、永井直勝に仕える。大坂の陣の際には永井家の一手の大将となっていた。

直勝の没後はその子・尚政に仕え、淀への移封後は家老として手腕を発揮した。城内へ給水していた淀城名物の巨大な水車も、昌俊の発案になるものという説がある。また、困窮した藩士を救うために藩主に無断で城の金蔵を開いたなど、善政をしいた伝承が残る。

茶の湯は小堀遠州《えんしゅう》に学んで奥旨《おうし》に達したといわれ、また、連歌は里村昌琢《しょうたく》に、書は松花堂《しょうかどう》昭乗にそれぞれ学び、また歌道においても集外三十六歌仙の一人に選ばれている。その他にも石川丈山、近衛信尋《このえのぶひろ》、木下長嘯子《ちょうしょうし》などと親しく交わった。

師匠　古田織部

佐久間勝之《さくまかつゆき》（大膳《だいぜん》）

茶人度 ★☆☆
名物数 ★☆☆

生没年 一五六八〜一六三四
別諱 安之　**通称** 源六 源六郎
官位・官途名・受領名 従五位下 大膳亮
領地 信濃国長沼　**石高** 一万八千石

織田信長の家臣・佐久間盛次の子。柴田勝家の養子となり、次いで佐々成政の婿《むこ》養子となった。成政が羽柴秀吉に降伏すると、関東の後北条氏に仕え、後北条氏が滅ぼされると秀吉に召し出された。

関ヶ原の戦いでは東軍に属し、軍功により加増され大名となった。大坂の陣でも功を挙げ信濃《しなの》長沼藩の藩祖となった。

上野東照宮の大灯籠《とうろう》（お化け灯籠）、京都南禅寺の大灯籠、名古屋熱田《あつた》神宮の大灯籠の、いわゆる「日本三大灯籠」はいずれも勝之が寄進したものである。

名字が同じで活躍した年代が重なることから、しばしば佐久間信栄《のぶひで》（不干斎）や同実勝（将監《しょうげん》）と混同される。『茶人系譜』によると利休門下とも されるということだが、これも信栄の事跡と取り違えられている恐れがある。

佐久間実勝像
（東京大学史料編纂所 所蔵模写、原本：帝室博物館）

師匠　古田織部・小堀遠州

佐久間実勝《さくまさねかつ》（将監《しょうげん》）

茶人度 ★★★
名物数 ★☆☆

生没年 一五七〇〜一六四二
別諱 直勝　**号** 山隠 宗可 匿藪斎 寸松庵
官位・官途名・受領名 従五位下 伊予守 河内守 将監
石高 二千石

寸松庵《すんしょうあん》佐久間将監《しょうげん》の名で知られる。佐久間政実の子で、豊臣秀吉に小姓として仕えた。父が徳川家康に従って関ヶ原の戦いで東軍に加わったこともあり、自身も家康から秀忠、家光に仕えた。伊予守《いよのかみ》に叙任され、名古屋城築城の普請奉行などを歴任する。

茶の湯は古田織部《おりべ》に師事し、「佐久間面取」茶入を所持した。晩年、京都大徳寺の塔頭龍光院《たっちゅうりょうこういん》に数寄屋寸松庵を建立《こんりゅう》し隠棲《いんせい》した。堺の南宗寺にあった伝紀貫之《きのつらゆき》筆の色紙（正確には断簡）の一部を烏丸《からすまる》光広から譲り受け、この庵で愛蔵した。故にこの色紙は「寸松庵色紙」と称された。

この「寸松庵色紙」は、古来「色紙の三絶」（他の二つは「継色紙」と「升色紙」）の中でも、その典麗高雅な書風から最も優れているとされ、古筆の最高峰に位置する。

もともと粘葉装冊子であったものが、色紙の形に分割されたものである。南宗寺で三十六葉が屏風に貼られ、他にも断簡が同寺に伝来していた。実勝が入手したもの以外は「寸松庵色紙」と呼ぶべきではないとする意見もあるが、その後も南宗寺に伝来したものを含めて、現在、四十点が現存するといわれる。うち十一点が重要文化財に指定されている。

実勝好　雪吹（茶器）
（古田織部美術館所蔵）

瀬戸茶入「佐久間面取」
（『大正名器鑑』）

師匠　古田織部・小堀遠州

永《なが》井《い》尚《なお》政《まさ》（信《しん》斎《さい》）

茶人度　★★☆
名物数　★☆☆

生没年　一五八七～一六六八
通称　伝八郎　**号**　信斎
官位・官途名・受領名　従四位下　信濃守
領地　山城国淀　**石高**　十万石

父は、小牧・長久手の戦いで池田恒興《つねおき》を討ち取る大功を立てた永井直勝。その長男として生まれた尚政は、関ヶ原の戦いに従軍し、大坂の陣でも戦功を挙げた。父とは別に上総国《かずさのくに》潤井戸《うるいど》で大名に取り立てられ、本多正純の失脚後に老中に任じられた。その後、父・直勝の遺領を相続した。二代将軍秀忠の没後、寛永寺での廟《びょう》の建立《こんりゅう》を監督した。

老中解任後、山城国淀《やましろのくによど》へ加増移封された。その後も、京大坂の奉行を統括し、禁裏の造営にもあたった後、明暦四年に致仕《ちし》した。

茶の湯は古田織部《おりべ》に学び、小堀遠州《えんしゅう》や片桐《かたぎり》石州《せきしゅう》、千宗旦《そうたん》とも交友があった。淀城でたびたび茶会を開き、江戸城でも西丸山里で家光に茶を献じるなど重きをなした。無準師範《ぶじゅんしばん》の墨蹟《ぼくせき》や呂宋《るそん》の茶壺などを拝領している。

ある日、尚政が宗旦を茶会に招いた。わびた趣向の茶会で、懐石は一汁三菜の質素なものであった。これを宗旦は次のように評した。「このの茶会の懐石は、利休のわびの精神に適ったものでした。しかしながら、大名の茶にはふさわしくありません」。

これを聞いた尚政は再び宗旦を招き、今度は所領淀の名物である鯉《こい》を出したという。なお、『松屋会記』の記録によると、尚政は自会で二汁九菜の豪勢な懐石を供している。あるいは宗旦の忠告に基づく献立であったのかもしれない。

また尚政は、父直勝の菩提《ぼだい》を弔うために、宇治に興聖寺を復興させ、この寺の宇治河畔《かはん》に「興聖寺五亭」と呼ばれる五つの数寄屋を営んだ。さらに、寺院復興のため境内に縮小した朝日茶園の代わりに、近くに幾つもの茶園を開いたという。

永井尚政像（興聖寺所蔵、碧南市提供）

師匠（不明）

丹《に》羽《わ》長《なが》重《しげ》

茶人度　★☆☆
名物数　☆☆☆

生没年　一五七一～一六三七　**号**　玉峯
通称　五郎左衛門　小松侍従　小松宰相
官位・官途名・受領名　従三位　参議　加賀守
領地　陸奥国白河　**石高**　一〇万石

織田信長の重臣であった丹羽長秀の嫡男として生まれ、豊臣秀吉、徳川家康に仕えた。長秀の死去にともない、北陸で一二三万石の大封を相続したが、その後領地を次々に召し上げられた。

関ヶ原の戦いでは西軍に与したため、戦後改

丹羽長重像
（大隣寺所蔵・二本松市教育委員会提供）

易されるが、その後に常陸古渡に一万石で封じられ、その後大坂の陣の戦功などで加増移封を繰り返し、最終的に白河で十万石を与えられた。関ヶ原の戦いの敗者でありながら十万石以上の大名に返り咲いたのは、長重と立花宗茂のみである。

築城の名手といわれ、棚倉城、白河小峰城を築いている。特に小峰城は、東北地方では珍しい総石垣造りで知られ、奥州への入り口を守る名城として名高い。

元和五年（一六一九）、秋田藩主佐竹義宣が、将軍秀忠の上洛に扈従《こしょう》するために江戸に滞在した際に、連日のように幕閣や有力大名・旗本の屋敷を「数寄をもって」訪ねている。つまり、自邸に招くのではなく、訪ねて行って主人と茶の湯を楽しんだということであろうか。

もちろんこの場合は、純粋に茶の湯目的というわけではなく、談合や根回しのためであることは明らかであるが、義宣が訪ねた中に、大大名たちと並んで、丹羽長重が入っていることは注目される。

当時の長重は棚倉藩五万石で、義宣は減封されていたとはいえ二十万石であり、義宣は格下の大名をわざわざ訪ねたことになる。それだけ長重が将軍家に近い重要人物と目されていたこと、そして、格上の大名が訪れることが不自然でないほどに、茶の湯にも堪能であったことを示している。

松平忠明《まつだいらただあきら》

茶人度 ★☆☆
名物数 ★☆☆

生没年 一五八三〜一六四四
別諱 清匡　**号** 玄鉄
官位・官途名・受領名 従四位下　侍従
領地 播磨国姫路　**石高** 十八万石

長篠の戦いで勇名を馳《は》せた奥平信昌とその正室で徳川家康の長女・亀姫との間に生まれた。天正十六年、家康の養子になり松平姓を許されている。

関ヶ原の戦いに参戦し、三河《みかわ》で大名となり、のち伊勢亀山へ加増転封された。大坂冬の陣では高齢の父に代わって美濃《みの》勢を率いて河内口の大将を務め、戦後は大坂城の堀の埋め立ての奉行となる。夏の陣でも活躍し、戦後は十万石で大坂城を与えられた。

松平忠明像（天祥院所蔵、大阪城天守閣提供）

荒廃した大坂の町の復興に尽力し、天下の台所といわれた大坂の繁栄の礎《いしずえ》を築いた。有志が開鑿《かいさく》した運河に「道頓堀《どうとんぼり》」の名を付けたのは忠明といわれる。

大和郡山《やまとこおりやま》へ加増移封。寛永九年には二代将軍秀忠の遺言で井伊直孝とともに三代将軍家光の後見に任じられ、幕政で重きをなした。のち、姫路に転封、西国探題とされた。

茶の湯は小堀遠州《えんしゅう》に学んでいる。郡山城主時代には『松屋会記』にその名が見え、片桐石州《かたぎりせきしゅう》らと席を共にしている。また、「遅桜肩衝《おそざくらかたつき》」茶入を所持した。

忠明は、家康の孫という名に恥じない勇猛果敢な武将であり、同時に辣腕《らつわん》の政治家・為政者でもあったという稀有《けう》な存在である。さらに、『当代記』という大著の著者であるという説もある。

『当代記』は『信長公記』などを再編した二次史料である。しかし、当時の政治・文化・世相などを知る上で貴重なだけでなく、信長の事績に関して独自の考証を重ねた部分もあり、もしこれが忠明の著作であるとすれば、その素養の深さは一流の学者に匹敵するといっても過言ではない。

武将以外の戦国茶人

本書では、武将でありかつ茶人である人物一九一人をとりあげた。だが、茶の湯史上には、武将ならざる有力茶人が多数存在する。

古くは、足利将軍家の同朋衆能阿弥《どうぼうしゅうのうあみ》・芸阿弥・相阿弥が挙げられる。彼らは、室町幕府八代将軍足利義政の命を受けて、会所の茶の湯――唐物を用いて行う茶の湯の方式を定めた。

その一方、珠光《しゅこう》は、質素な道具を用いて行う茶の湯、すなわち「わび茶」を創出した。その茶風は、引拙《いんせつ》や子の宗珠ら弟子たちに継承され、武野紹鷗《じょうおう》によってさらに変化する。そしてこの紹鷗の孫弟子の一人が、わび茶の大成者千利休(田中宗易《そうえき》)である。

利休は、能阿弥の系譜を引く北向《きたむき》道陳の弟子でもある。利休の登場によって、会所の茶の湯とわび茶という二つの流れが統合されたといえよう。利休の死後、息子の千道安(田中紹安《しょうあん》)、養子の少庵をはじめとする人々がその茶を受け継いで、現在に至っている。

戦国・安土桃山期において、京・堺・奈良・博多の豪商は、武将と並んで当時の茶の湯の重要な担い手であった。彼らは資産をつぎこんで唐物名物を収集し、盛んに茶会を催した。利休とともに「天下三宗匠」と称せられた堺の今井宗久・津田宗及《そうぎゅう》は、その代表である。また、辻玄哉《げんさい》は、利休に台子《だいす》の相伝を授けているし、利休の高弟山上宗二・重宗甫《じゅうのそうほ》・万代屋《もずや》宗安・住吉屋宗無のように、豊臣秀吉に信任され、御伽衆《おとぎしゅう》や茶堂(茶頭)となるなどして活躍した者もいる。

武将茶人は彼らと交友し、彼らから茶の湯を学んだ。ゆえに、武将茶人の茶の湯における行跡が、彼らの記録した茶会記に遺されていることも多い。そんな茶会記の代表が、津田(天王寺屋)宗達・宗及・宗凡の『天王寺屋会記』、神屋宗湛《そうたん》の『宗湛日記』、土門(松屋)久政・久好・久重の『松屋会記』である。

公家《くげ》出身の茶人には、名物茶道具も保有した烏丸光宣《からすまるみつのぶ》、利休の弟子であった日野輝資《てるすけ》、古田織部《おりべ》門下の近衛信尋《このえのぶひろ》らがいる。医師で茶の湯を能《よ》くした者には、「富士茄子《なすび》」茶入等を所持した曲直瀬《まなせ》道三、北野大茶湯に参加した施薬院《やくいん》全宗らがいる。さらに、台子や茶道具はもともと寺院に伝来したものであり、名物を所持した有名寺院の僧侶たちの存在も見逃せない。このように、武将茶人以外にも、特筆すべき事績を遺した茶人は多い。よって、本書の主題からは外れるものの、ここに付記した次第である。

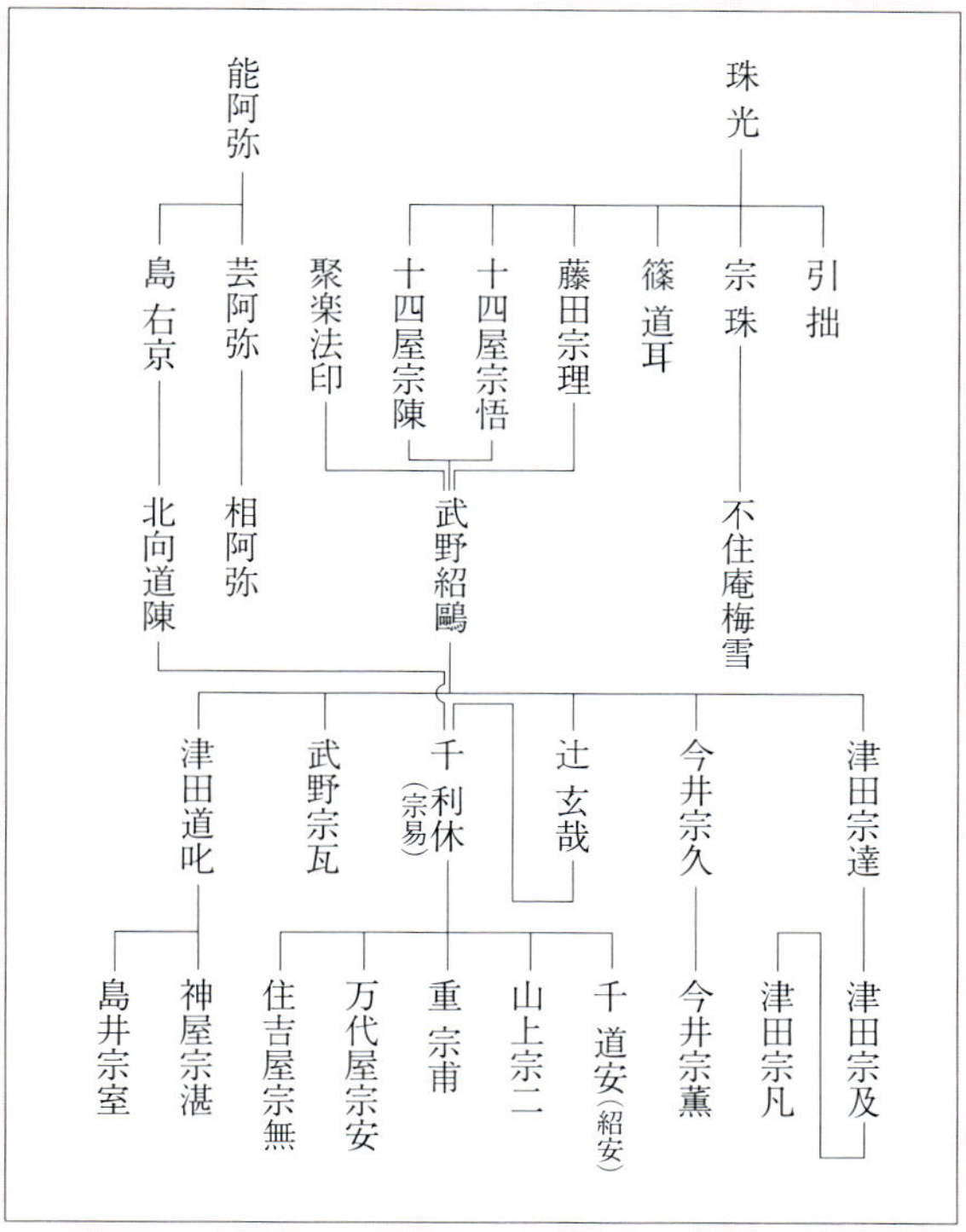

茶の湯道統略図(武将茶人を除く)

付録　武将・大名茶人の数寄屋（茶室）平面図

『名物数寄屋図』『古今囲之図』『茶席古図集』（宮帯文庫所蔵）

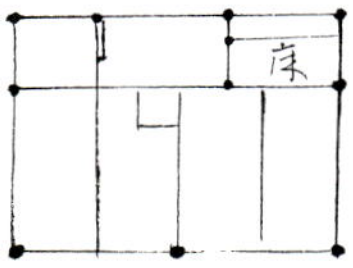

伊達政宗

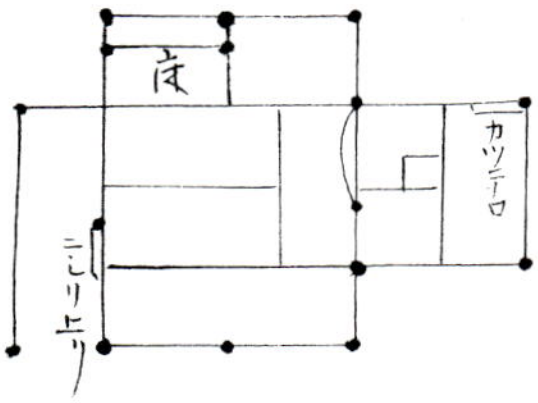

立花宗茂（1567-1643）

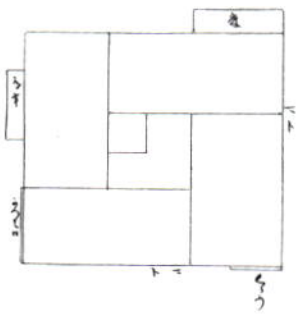

佐久間実勝（将監）（1570-1642）

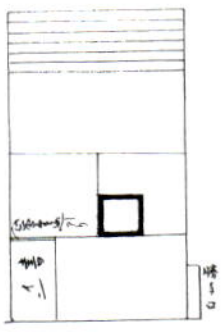

佐久間実勝（将監）

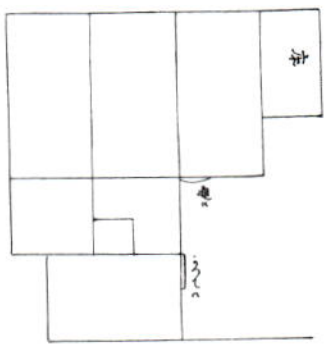

小堀政一（遠州・遠江守）（1579-1647）

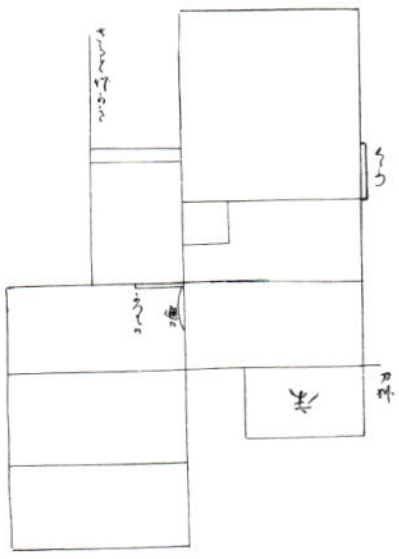

小堀政一（遠州・遠江守）

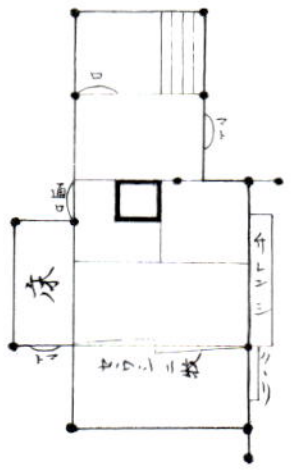

桑山貞晴（左近）

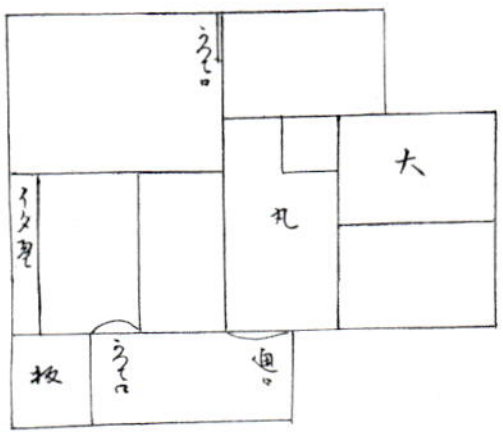

細川忠興（三斎）（1563-1646）

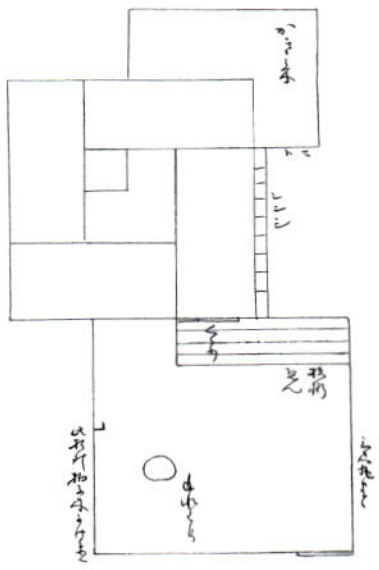

細川忠興（三斎）

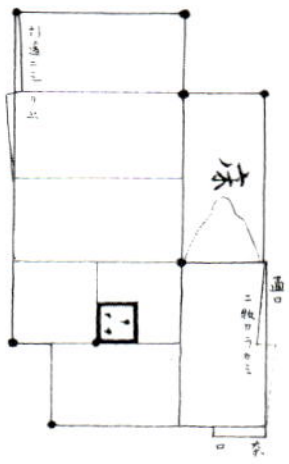

細川忠興（三斎）

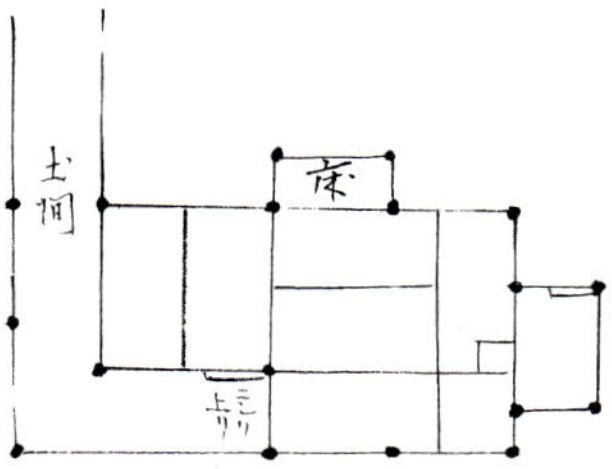

伊達政宗（1567-1636）

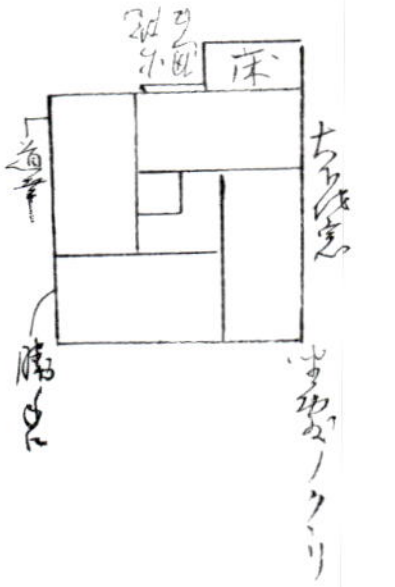

豊臣秀吉（1537-1598）

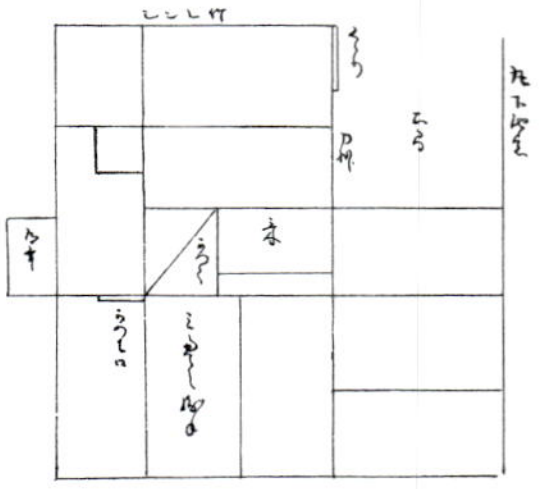

織田長益（有楽斎）（1547-1622）

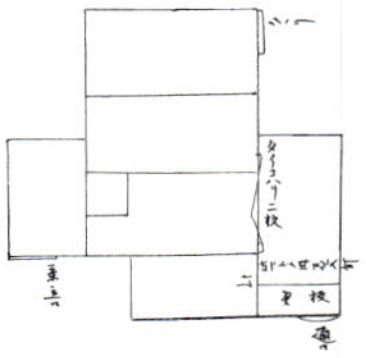

古田重然（織部）（1543-1615）

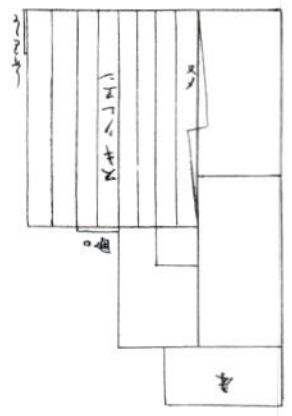

織田信雄（常真）（1558-1630）

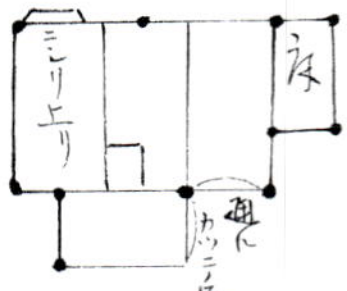

桑山貞晴（左近）（1560-1632）

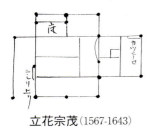

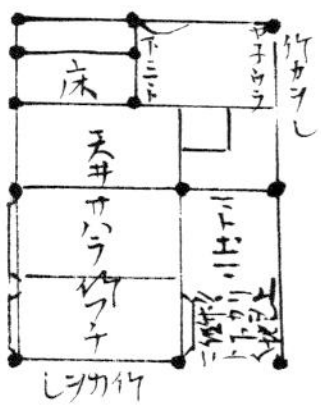

安藤重長(1600-1657)

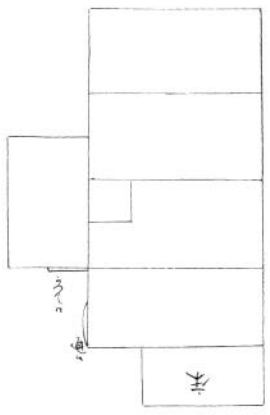

舟越永景(伊予守)(1597-1670)

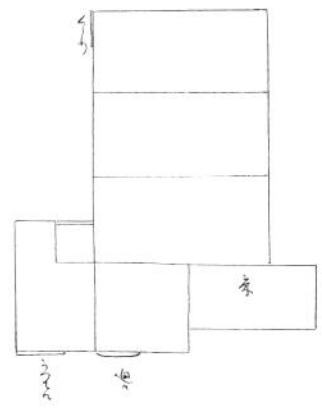

金森重近(宗和)(1584-1657)

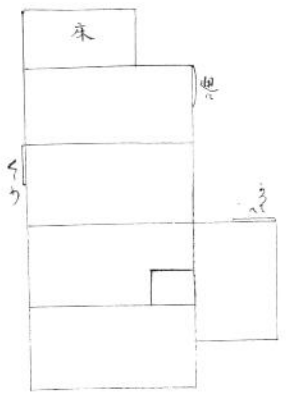

喜多見重勝(久太夫)(1604-1685)

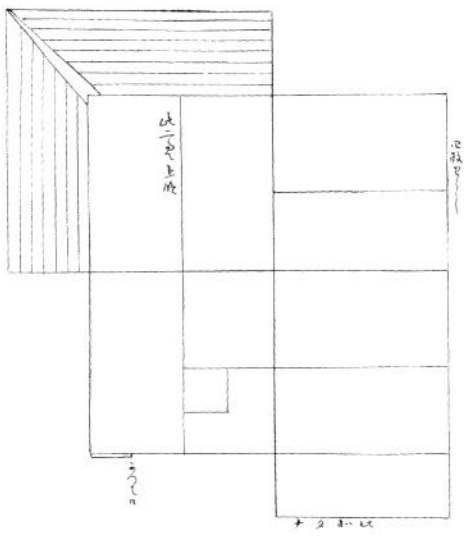

舟越永景(伊予守)

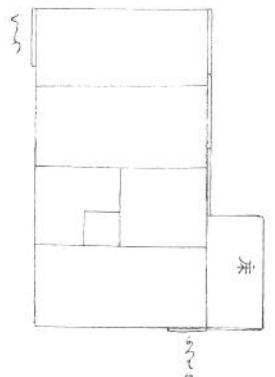

金森重近(宗和)

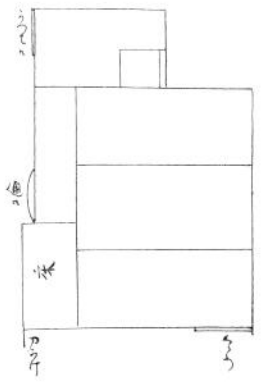

金森重近(宗和)

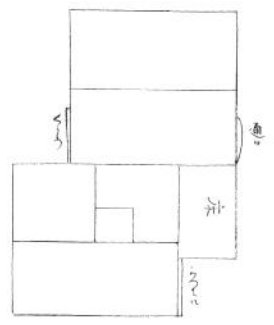

片桐貞昌(石州・石見守)(1605-1673)

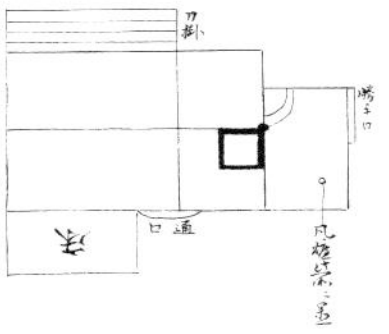

松平忠昌(1598-1645)

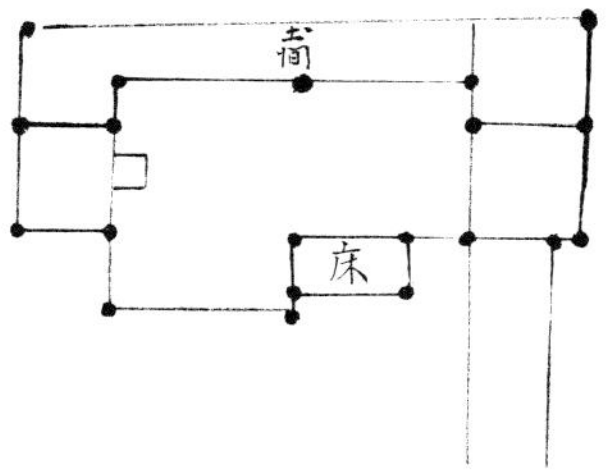

小出吉親(伊勢守)(1590-1668)

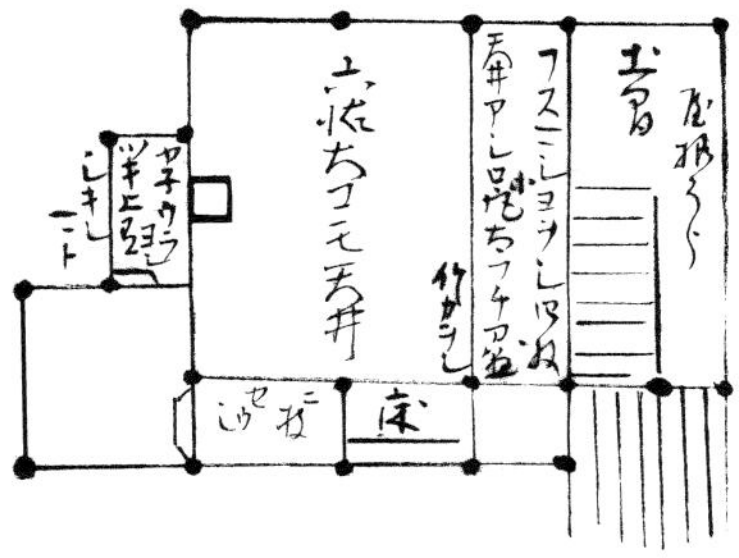

保科正之(1611-1673)

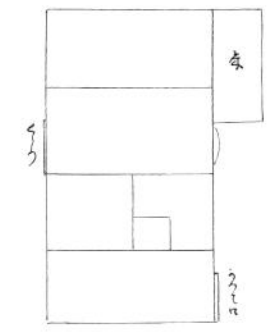

小出吉親(伊勢守)

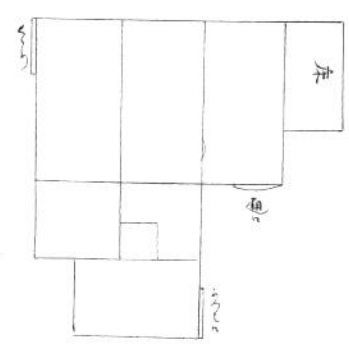

松平正信(備前守)(1621-1693)

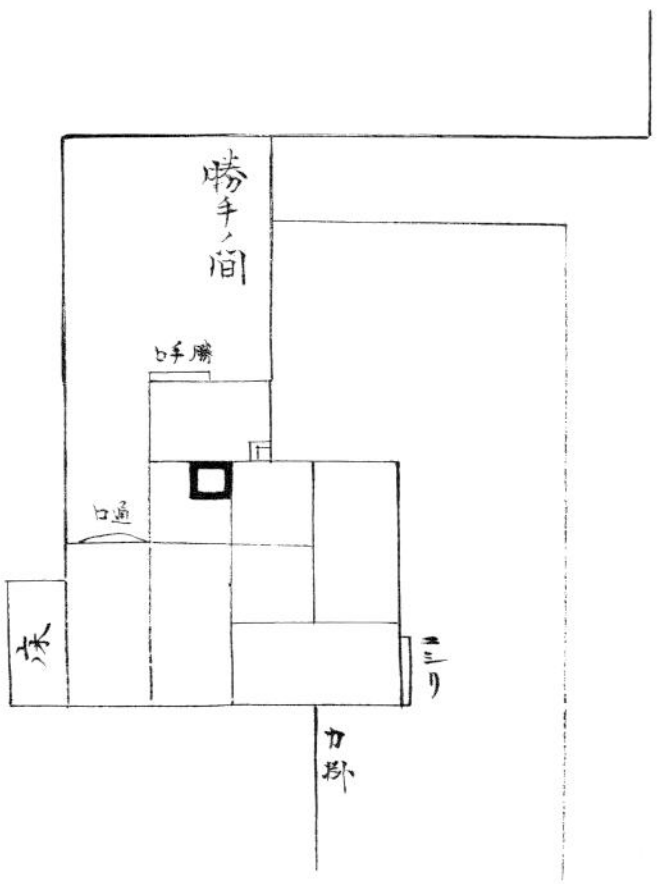

京極高広(安知)(1599-1677)

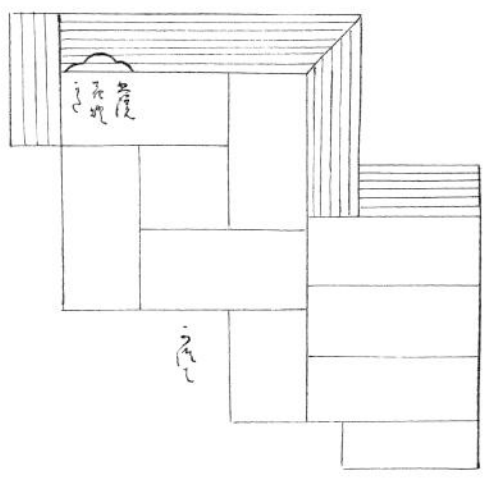

前田利常(肥前守)(1594-1658)

『天下人の茶』執筆にあたって

―千利休の死の謎に迫る―

伊東潤

プロフィール　伊東潤（いとう・じゅん）。小説家。１９６０年、神奈川県横浜市生まれ。早稲田大学卒業。日本ＩＢＭなどを経てコンサルティング会社を設立。その後文筆業に転じ、多くの作品を発表。これまでに吉川英治文学新人賞、山田風太郎賞をはじめ６つの文学賞を受賞。直木賞受賞には至っていないが、候補には5回なっている。主な作品に『国を蹴った男』（講談社）、『巨鯨の海』（光文社）、『峠越え』（講談社）、『義烈千秋　天狗党西へ』（新潮社）、『黒南風の海――加藤清正「文禄・慶長の役」異聞』（ＰＨＰ研究所）、『吹けよ風、呼べよ嵐』（祥伝社）、『敗者列伝』（実業之日本社）、最新作に『西郷の首』（ＫＡＤＯＫＡＷＡ）がある。また現在、地方新聞各紙で利休を主人公にした『茶聖』を連載中。

戦国時代を扱う歴史小説家は、いつかは千利休に挑まねばならない、と私は思ってきた。それだけ戦国時代において茶の湯の存在は大きく、信長、秀吉、家康という三代にわたる天下人の政治を動かしてきたと言っても過言ではないからだ。

本稿では、私が千利休と茶の湯に挑んだ、『天下人の茶』という作品を上梓《じょうし》するまでの話を書いていきたいと思う。

最初のきっかけは、『利休にたずねよ』の著者である故山本兼一氏の存在だった。厳密には山本氏が入院し、深刻な状態にあると聞いたのが、執筆を始めた動機と言えるだろう。

それが二〇一三年の十月頃だったと思う。山本氏と私は、文藝春秋の文芸誌「オール讀物」の座談会で、同年四月に一度、お会いしただけの関係だが、それ以前から私は山本氏の大ファンで、戦国と幕末を描いた作品の大半を読んでいた。

私は山本氏の作品を通して氏と対話し、氏から学んできた。そして自分なりの侘を見出した。すなわち強みを生かした独自の作品を書いてきたつもりだ。言うなれば山本氏と私は、利休と古田織部のような関係と言ってもいいだろう。

山本氏の松本清張賞受賞作『火天の城』を読んだのは、ちょうど小説を書き始めた頃である。この職人たちの魂が息づく素晴らしい作品を読むことで、私は歴史小説の面白さを再発見した。

その後も、ハードボイルドな『雷神の筒』、本能寺の変の謎に迫った『信長死すべし』(私が文庫版の解説を担当)、山本版『竜馬がゆく』とも言える『命もいらず名もいらず』など、山本氏は作品ごとに作意(趣向)を凝らし、「これでどうどすやろか」(山本氏は京都市出身)とばかりに読者を楽しませてくれた。

中でも、直木賞受賞作となった『利休にたずねよ』にはやられた。この作品の持つ凄みは、とても言葉では表せない。山本氏のしつらえた茶室は、利休一人に焦点を絞りながら、無限の広がりを持っている。私は、この作品を通じて「小説を書くというのは何と恐ろしいことか」を知った。

しかもこの作品は、小説技法中でも最高難度の「時間遡行」という荒業を使っており、それが最終的に「利休の死の謎」ではなく、「若き日の恋」に行き着くという秀逸な構成だった。あえて山本氏は、作家なら誰しもが取り組みたい「利休の死の謎」を避け、利休という謎多き人間の人格が形成された謎に向かったのだ。

私は「さすが、山本氏だ」と感心し、それなら私が、利休の死の謎に挑もうと思った。そして私の作品を山本氏に読んでいただき、いつか二人で、利休と茶の湯についての対談をしたいと思っていた。ところが、そんなのんきな私を尻目に、二〇一四年二月、山本氏は急ぎ足で冥府へと旅立たれてしまった。

後に編集の一人から聞いた話だが、山本氏はお亡くなりになる五時間ほど前まで、連載原稿の執筆をしていたが、いったん休むことになり、そのまま危篤となって死に至ったという。おそらくご本人としては、もう少し時間があると思っていたに違いない。

さて本作、すなわち『天下人の茶』所収の『利休形《なり》』を「オール讀物」誌に発表した時点で、山本氏の死に直面した私は、大きな衝撃を受けた。同じ稼業の後輩として、まさに大海に一人、投げ出されたような寂しさを覚えたものだ。

山本氏の死により、茶の湯をテーマとした拙著を山本氏に読んでいただくことはできなくなったが、同時代を生きた書き手として、同じ茶の湯を題材にした恥ずかしい作品を残すわけにはいかない。とくに山本氏の弟子を勝手に名乗る私が、だらしない作品を書いていては、冥府にいる山本氏に申し訳ない。私はそう覚悟を決めて、本作に取り組むことにした。

執筆を始めるにあたって、いくつかの利休と茶の湯に関する小説を読んでみた。むろん時間に限りがあるので、再読や再々読も含めて読むことができたのは、『利休にたずねよ』、井上靖氏の『本覚坊遺文』、海音寺潮五郎氏の『茶道太閤記』、野上弥生子氏の『秀吉と利休』だけだったが、どの作品にも秀逸な利休像が描かれており、また「利休の侘や死生観」などが、徹底的に追究されていた。

私は大変なことになったと思った。同時に、これらの著作とは全く違った概念のものを書かねばならないと思った。

まず、視点である。

かつて私は直木賞候補にもなった『王になろうとした男』で、織田信長を家臣の視点から描いた。というのも信長視点では、信長の時に不合理で何を考えているのか分からないようなミステリアスな部分も本人に説明させねばならず、読者個々が持つ信長のイメージを壊してしまう恐れがあるからだ。

利休も同様で、利休本人の視点で描いてしまうと、利休の考えやその凄みを、はっきりと提示せねばならなくなる。それゆえ視点を弟子たちに振り分け、多面体のような利休を描くことで、私なりの利休像を構築することにした。

利休には、「利休七哲」と呼ばれる弟子たちがいる。この七哲は武家茶人だけに限られ、最も利休の謦咳《けいがい》に接していたと思われる直弟子の山上宗二や息子の千少庵は入らない。

七哲には諸説あるが、蒲生氏郷、細川三斎（忠興）、高山右近、芝山監物《けんもつ》、瀬田掃部《かもん》、牧村兵部、古田織部の七人というのが、ほぼ定説になっている。

実は、信長の弟の織田有楽斎や荒木村重を挙げている茶書もあるが、私は、すでに荒木村重を『王になろうとした男』所収の『復讐鬼』で、ま

た七哲ではないが、山上宗二も『国を蹴った男』所収の『天に唾して』で取り上げており、そうした理由から、前掲の七人の中から視点人物を選ぶことにした。

七哲に関する関連書籍や史料を読み、そこで知ったのは、七哲には不可解な死を遂げた人物が多いことである。それで何人かをピックアップし、それぞれの視点から利休に迫ることにした。

個々の内容に移る前に、『天下人の茶』の構成を見ていくことにしよう。なお、この作品は連作長編という形式を取っている。連作長編とは、「それぞれが一話で完結しているが、何らかのつながりを持っており、長編としても読める小説の一形式」ということである。つまり連作長編は連作短編よりも、それぞれのエピソードの結合度が密というわけだ。

なぜこのような形式を選んだのかと言うと、長編や短編といった形式概念から脱し、この作品を虚心坦懐に読んでいただきたいからである。

〈タイトル〉	〈視点人物〉
『天下人の茶』第一部	豊臣秀吉
『奇道なり兵部』	牧村兵部
『過ぎたる人』	瀬田掃部
『ひつみて候』	古田織部
『利休形』	細川三斎(忠興)
『天下人の茶』第二部	豊臣秀吉

『奇道なり兵部』で取り上げた牧村兵部は、文禄・慶長の役で朝鮮半島に渡海し、そこで病死を遂げたことになっている。多分、それが事実だろう。だが兵部こそ、古田織部に先駆けて歪み茶碗を初めて茶席に用いた武将であり、その芸術センスは七哲の中でも飛び抜けていた。兵部は自らの侘を見出すべく、苦労に苦労を重ねた末に歪み茶碗というコンセプトにたどり着いたのだと、私は思った。そして彼は、自ら生み出した歪み茶碗によって殺されるというストーリーを思い付いた。

続いて『過ぎたる人』の瀬田掃部だが、彼の場合、豊臣秀吉の甥の関白秀次に近侍し、いわゆる「秀次事件」に連座して死罪となった。宿老の一人とはいえ、掃部は大身ではなく、おそらく政治的なことには関与していなかったと思われる。つまり秀次の茶頭を務めていたにすぎない。そんな掃部が、秀吉から死罪を申し渡されるというのは実に不可解である。そこに何らかの謎があると思い、彼を視点人物の一人に選んだ。

続いて『ひつみて候』の古田織部である。織部の死の謎を解くことは、利休〜織部〜小堀遠州と連なる「内なる世界」の支配者の系譜をはっきりさせることであり、ここに、この連作長編集の核心(ハイライト)がある。

織部と言えば、漫画『へうげもの』のイメージが強いが、これまで、さほど研究がなされてきたわけではない。近年、古田織部美術館館長を務める宮下玄覇氏によって、織部の正しい経歴が徐々に解き明かされてきているが、いまだその実像は定かでない。とくに、その死をめぐる謎は不可解に過ぎる。私は断片的に残された史実を元に、織部の死の謎に迫ろうとした。むろんそれは、彼の創造してきた茶の湯と不可分の関係にある。利休の死と同様、織部の死にも茶の湯の魔が潜んでいたのだ。

そして『利休形』だが、細川三斎と蒲生氏郷という謎の死を遂げたわけではない二人の凡庸な茶人を描くことで(視点は三斎のみ)、茶の湯における天才性や独自性とは何かを問いかけることにした。こうした冷めた視点の一編を挟むことで、凡庸でない人が際立つという効果もある。

ちなみに拙著『池田屋乱刃』では、長州藩留守居役・乃美織江という平凡な役人視点の短編を入れたことで、志士たちの熱気を相対化することができ、あの時代に対する読者の理解を深めることに成功した。

それと同様、「利休の作った渦に巻き込まれないぞ」という細川三斎の冷静さが、作品全体の理解を深めていると思う。

ここまで牧村兵部、瀬田掃部、古田織部、そして細川三斎という四人の茶人を取り上げることが決まった。

「さて、次は誰の視点にするか」と考えていたところで、「はた」と気づいた。七哲にこだわらなくても、武家茶人なら誰でも構わないのではないかと。そこで秀吉視点の一編を設けることで、利休と秀吉の対峙感を、よりいっそう際立たせることにした。

表題作『天下人の茶』は、単行本では第一部と第二部に分けたが、実は「オール讀物」誌には一つの短編として発表した。もちろん当初から、単行本を発表する際には分けるつもりでいたので、後から思い付いたわけではない。「不定期での短編掲載」という「オール讀物」誌の要求に応える形にしたのだ。

そこで、単行本発表前の推敲時に大きなトランスフォームを施し、第一部では信長の茶の湯を、第二部では秀吉のそれを中心に置き、より明快に、「歴史の流れと茶の湯の時代的変遷」を俯瞰《ふかん》できるようにした。

「オール讀物」誌に掲載したバージョンは、短編個々の独立性が高い一方、単行本バージョンは、外縁部から同心円を描きつつ「利休の死の謎」という核心に迫っていくという連作長編形式が取られている。そして最後は、秀吉が己を見失い、迷走していくことを予感させながらエンドマークを迎えるという構成である。

戦国時代、茶の湯は戦いに疲れた武将たちの心を慰め、互いの風流心を比べ合う格好のツール（趣味）であった。だがツールは、次第に武将たちの心を支配し、最後には武将たちを操ろうとしたのだ。

利休は天下人・秀吉の懐に入り込み、己が求める世界を天下人に作らせようとする。だが秀吉には類まれな芸術センスがあり、現実世界だけでなく心の内の世界（精神世界）へも侵攻を図ってきた。

傀儡子《くぐつし》として、徐々に現実世界をも統御しようとしていた利休にとって、それは予想外のことだった。

やがて二人は、現実と心の内という双方の立場から対決することになる。これこそ、戦国時代最大の合戦だった。

その駆け引きの果て、当然のごとく秀吉は勝者となるわけだが、やがて殺したはずの利休に心の内を乗っ取られ、破滅していく。

苛烈な時代を生きる武将たちの心を慰める茶の湯。だがそこには、現実世界を上回る凄絶なドラマが隠されていたのだ。

伊東潤著『天下人の茶』（文藝春秋、2015年）

絢爛豪華たる安土桃山文化の主座を占める茶の湯。それは、死と隣り合わせに生きる武士たちの一時《いっとき》のやすらぎだった。その茶の湯文化を創出した男と、その弟子たちの生き様と死に様もまた、武士たちに劣らぬ凄絶なものだった。戦国時代の後半を舞台に繰り広げられる“もう一つの戦い”秀吉対利休。果たして真の勝者はどちらなのか。利休を描くということは、その死の謎に迫るということ。利休の弟子たちの生涯を描くことにより、徐々に利休の死の謎に迫り、最終的にその核心に達する著者の渾身作！

執筆

桑田忠親（くわた・ただちか）

1902年、東京都出身、1987年没。國學院大學国文科卒。東京帝国大学史料編纂所を経て、國學院大學文学部教授、同名誉教授。文学博士。戦国史・茶道史研究家。著書に『日本茶道史』（角川書店）、『古田織部』（徳間書店）、『千利休』（宮帯出版社）、『本朝茶人伝』（中央公論新社）など多数。

矢部良明（やべ・よしあき）

1943年、神奈川県出身。東北大学文学部美術史科修了。東京国立博物館を経て、人間国宝美術館館長。主な著書に『千利休の創意―冷・凍・寂・枯からの飛躍』『茶人豊臣秀吉』『古田織部 桃山文化を演出する』（いずれも角川書店）など多数。

伊東 潤（いとう・じゅん）

1960年、神奈川県出身。早稲田大学卒業。小説家。吉川英治文学新人賞、山田風太郎賞、中山義秀文学賞など受賞多数。主な作品に『国を蹴った男』（講談社）、『巨鯨の海』（光文社）、『峠越え』（講談社）、『天下人の茶』（文藝春秋、直木賞候補）など多数。

宮下玄覇（みやした・はるまさ）

1973年、神奈川県出身。中央大学中退。古田織部美術館館長。宮帯文庫長。茶書研究会理事。戦国武将追善茶会会長。著書に『古田織部の世界』、編著に『必携 茶湯便利帳』（いずれも宮帯出版社）などがある。

宮帯出版社編集部　宮下玄覇　原口鉄哉　田中愛子
表紙デザイン　宮下玄覇
写 真　越智信喜

主要参考文献

『角川茶道大事典』（角川書店 1990）
『茶人系譜 新編』 末宗廣編（河原書店 1985）
『茶道古典全集』第一巻～第十二巻（淡交新社 1959）
『茶の古典』千宗室監修 筒井紘一編（淡交社 2001）
『戦国武将と茶の湯』米原正義著（淡交社 1986）
『織豊期の茶会と政治』竹本千鶴著（思文閣出版 2016）
『戦国武将と茶の湯』桑田忠親著 小和田哲男監修（宮帯出版社 2013）
『エピソードで綴る戦国武将茶の湯物語』矢部良明著（宮帯出版社 2014）
『必携 茶湯便利帳 改訂版』宮下玄覇編（宮帯出版社 2012）

図版提供・撮影協力

秋田市立佐竹史料館／尼崎市教育委員会／有馬記念館保存会／魚津歴史民俗博物館／永井寺／大阪城天守閣／大野市博物館／刈谷市／岐阜市歴史博物館／京都市立芸術大学芸術資料館／京都大学総合博物館／玄斎寺／興聖寺／国立国会図書館ウェブサイト／金剛寺／齋田記念館／堺市博物館／篠山神社／三玄院／柴田勝次郎／下関市歴史博物館／松雲院／尚古集成館／正伝永源院／瑞峯院／大光院／高山市教育委員会／長慶寺／長府毛利家／DNPアートコミュニケーションズ／伝香寺／天祥院／天徳寺／東京大学史料編纂所／東林山法雲寺／徳雲寺／徳川美術館／徳川ミュージアム／徳島城博物館／栃木県立博物館／富山市郷土博物館／中津峰山如意輪寺／鍋島報效会／南丹市文化博物館／飛騨高山まちの博物館／福井県立郷土歴史博物館／不動院／古河歴史博物館／古田織部美術館／寶樹院／松井文庫／宮帯文庫／龍谷大学図書館／龍光院／霊洞院

ビジュアル版 戦国武将茶人

2018年1月18日 第1刷発行

著 者 桑田忠親・矢部良明・伊東潤・宮下玄覇

発行者 宮下玄覇

発 売 株式会社宮帯出版社
京都本社 〒602-8488 京都市上京区真倉町739-1
営業 (075)441-7747 編集 (075)441-7722
東京支社 〒160-0017 東京都新宿区左門町21
電話 (03)3355-5555
http://www.miyaobi.com/publishing/
振替口座 00960-7-279886

印刷所 シナノ書籍印刷株式会社

Ⓒ 2018 Printed in Japan ISBN978-4-8016-0073-7 C1421

宮帯出版社の武将茶人関連本

戦国武将と茶の湯

桑田忠親 著　小和田哲男 監修

新書判 並製 374頁　定価(1,800円+税)

天下人信長・秀吉の影響で、安土桃山時代に大流行した茶の湯。それは武将たちの社交の場であり、戦乱が続くなかでの慰みの場でもあった。25人の戦国武将の愛用した名物茶器を図版70点を交えて詳細に語る。

[登場する武将茶人]

大内義隆／松永久秀／織田信長／柴田勝家／滝川一益／荒木村重／高山右近／佐久間不干斎／明智光秀／豊臣秀吉／大友宗麟／秋月種実／島津義弘／佐竹義宣／蒲生氏郷／石田三成／加藤清正／細川幽斎／黒田如水／織田有楽／古田織部／福島正則／伊達政宗／徳川家康／細川三斎

エピソードで綴る 戦国武将茶の湯物語

矢部良明 著

四六判 並製 300頁(カラー口絵20頁)　定価(2,700円+税)

利休の茶の湯に対し、戦国武将の側からその推移発展を見たら――。教養豊かな戦国武将たちによる、「名物」を駆使し、「創意」に満ちた茶の湯とはいかなるものだったのか。具体的なエピソードを交えて語る歴史読物。

[登場する主な武将茶人]古田織部／明智光秀／小早川隆景／大友宗麟／荒木村重／牧村兵部／前田利家／豊臣秀長／織田有楽／高山右近／蒲生氏郷／佐久間不干斎／福島正則／加藤清正／伊達政宗／金森可重／細川三斎／上田宗箇／浅野幸長／小堀遠州／毛利秀元／島津義弘／鍋島直茂／毛利輝元／筒井定次／黒田如水

茶杓探訪

西山松之助 著　熊倉功夫 編

A5判 上製 288頁(カラー口絵8頁)　定価(3,600円+税)

日本文化史の泰斗 西山松之助博士が、全国の名茶杓二千余本を探訪したうち、鮮明な写生と共に残した珠玉の111篇の鑑賞記録。

[登場する武将茶人]豊臣秀吉、佐久間不干斎、瀬田掃部、牧村兵部、織田有楽、織田道八、古田織部、細川幽斎、細川三斎、上田宗箇、小堀遠州、佐久間将監、木下長嘯子

三好長慶 室町幕府に代わる中央政権を目指した織田信長の先駆者

今谷 明・天野忠幸 監修

菊判 並製 344頁(カラー口絵8頁)　定価(3,500円+税)

長慶や弟実休について、その政治手腕と文化人としての側面を15人の研究者が再評価する。山田哲也「三好氏と茶の湯」収録。

松永久秀 歪められた戦国の"梟雄"の実像

天野忠幸 編

菊判 並製 368頁(カラー口絵8頁)　定価(3,500円+税)

17人の研究者による論文集。神津朝夫「松永久秀と茶の湯」収録。また、斎藤道三や安見宗房についての論文も載る。

高山右近 キリシタン大名への新視点

中西裕樹 編

菊判 並製 332頁(カラー口絵16頁)　定価(3,500円+税)

荒木村重、織田信長、豊臣秀吉、小西行長、前田利家に仕えながら、信仰を守り続けた知勇兼備の武将を11人の研究者が考究。神津朝夫「高山右近の茶の湯」収録。

黒田官兵衛 豊臣秀吉の天下取りを支えた軍師

小和田哲男 監修

菊判 並製 352頁(カラー口絵10頁)　定価(3,500円+税)

黒田如水を18人の各分野の権威が徹底研究！松岡博和「黒田官兵衛の茶の湯」収録。

徳川家康 その政治と文化・芸能

笠谷和比古 編

菊判 並製 404頁(カラー口絵16頁)　定価(3,500円+税)

多趣味な文化人でもあった家康を、18人の研究者が多角的に検証する論文集。佐藤豊三「徳川家康と茶の湯」収録。

エピソードで綴る 名物物語 歴史・分類と美学

矢部良明 著

四六判 並製 364頁(カラー口絵8頁)　定価(2,700円+税)

「名物」という不思議な魅力を放つ文物にとりつかれた人びとの営みと価値観の変遷を、史料に基づきながら解き明かす。

桃山・江戸時代初期の大大名の茶の湯

矢部誠一郎 監修

菊判 並製 200頁(カラー口絵8頁)　定価(3,500円+税)

島津・毛利・蜂須賀・前田・伊達・佐竹といった、茶の湯を嗜んだ大大名についての論文集。

キリシタン大名 布教・政策・信仰の実相

五野井隆史 監修

菊判 並製 556頁(カラー口絵8頁)　定価(4,500円+税)

25人の研究者が大名・武将とキリスト教の関係を考究した論文集。高山右近・蒲生氏郷・牧村利貞(兵部)ら武将茶人の論文も収録。

金森宗和 異風の武家茶人

谷 晃 著

四六判 上製 304頁(カラー口絵8頁)　定価(3,200円+税)

金森可重の子として生まれるも廃嫡され、自らの茶風を確立して、上級武家や公家の支持を集めた宗和の評伝。

利休の師 武野紹鷗

武野宗延 著

四六判 並製 264頁　定価(1,300円+税)

わび茶の発展に多大な影響を与え、茶の湯史上重要な貢献をなした武野紹鷗。その末裔が紹鷗の生涯と利休の死の真相に迫る。

千 利休

桑田忠親 著　小和田哲男 監修

四六判 並製 248頁(カラー口絵8頁)　定価(1,500円+税)

信長との関係、秀吉との因縁から、利休処罰の原因と動機に迫る。

利休随一の弟子 三斎 細川忠興

矢部誠一郎 著

四六判 並製 208頁　定価(1,800円+税)

54万石の大大名である一方、千利休の教えを忠実に受け継ぎ、織部亡き後、武家茶の湯を確立した茶人としての側面を解き明かす。

立花宗茂 将軍相伴衆としての後半生

岡 宏憲 著

四六判 並製 208頁(カラー口絵8頁)　定価(2,500円+税)

関ヶ原で改易されるも徳川秀忠の御伽衆として復権、数々の御成に相伴するなど厚遇された宗茂の、茶人としての面に注目する。

永井尚政 数寄に通じた幕府の重鎮

深谷信子 著

四六判 並製 304頁(カラー口絵8頁)　定価(2,700円+税)

老中や山城淀藩主として活躍した尚政の事績を辿り、家臣佐川田昌俊や小堀遠州・松花堂昭乗との交友を描く。